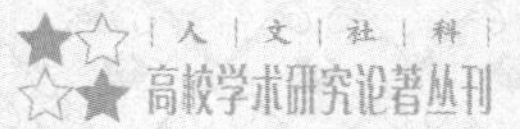

翻译与外语教学研究论文集

覃修桂　蓝　岚　主编

图书在版编目(CIP)数据

翻译与外语教学研究论文集 / 覃修桂, 蓝岚主编.
-- 北京 : 中国书籍出版社, 2023.7
ISBN 978-7-5068-9487-6

Ⅰ.①翻… Ⅱ.①覃… ②蓝… Ⅲ.①翻译学 – 文集
②外语教学 – 教学研究 – 文集 Ⅳ.①H059-53②H09-53

中国国家版本馆CIP数据核字（2023）第129265号

翻译与外语教学研究论文集

覃修桂　蓝　岚　主编

丛书策划　谭　鹏　武　斌
责任编辑　牛　超
责任印制　孙马飞　马　芝
封面设计　东方美迪
出版发行　中国书籍出版社
地　　址　北京市丰台区三路居路97号(邮编：100073）
电　　话　（010）52257143（总编室）　（010）52257140（发行部）
电子邮箱　eo@chinabp.com.cn
经　　销　全国新华书店
印　　厂　三河市德贤弘印务有限公司
开　　本　710毫米 × 1000毫米　1/16
字　　数　385千字
印　　张　21.5
版　　次　2024年1月第1版
印　　次　2024年1月第1次印刷
书　　号　ISBN 978-7-5068-9487-6
定　　价　98.00元

序 言

每年编辑出版一本论文集，及时反映协会会员的学术成果，这是广西翻译协会始终坚持的传统。今年的论文集《翻译与外语教学研究论文集》，共收论文32篇，分别编入“翻译研究”“外语教学研究”和“语言文学研究”三个栏目。

翻译协会编辑出版的论文集，自然会突显翻译研究，因此该栏目的文章最多，共有21篇，占文章总数六成以上，文章的选题充分体现出浓郁的广西区域特色。众所周知，广西是多民族聚居的地区,汉、壮、瑶、苗、侗等民族在长期发展的过程中各自形成了独特的文化传统，由于民族之间的交流以及民族文化海外传播的需要，翻译自当是一个常论常新的话题。文集中关于《北路壮剧》中的文化负载词以及刘三姐歌谣中的意象和韵律如何英译等文章，无疑凸显了这种区域性的民族特色。近年来，翻译理论研究范式层出不穷，文集中从文化翻译视角研究《壮锦》文化的翻译策略、从多模态视角考察壮族史诗《布洛陀》英译的文章，为传统民族文化的译介研究提供了崭新的视角。放眼区域外部，广西地处祖国南疆，与越南等东盟国家相邻，域内人民交往历史悠久，翻译研究潜力无限，文集中对越南小说*Người sót lại của rừng cười*以及泰国广告字幕的汉译研究充分反映了这一特色。随着新时代中国对外话语体系建构步伐的加快，如何传播好中国声音成为翻译研究的一个新发力点，文集中对《习近平谈治国理政》中所引用的我国古代诗词泰译的研究亦可为我们提供新的启示。此外，如何通过机器将壮、瑶等广西少数民族民间故事译成日语的研究，应和了当今越发受到关注的机器能否翻译少数民族文学作品的问题，可谓推陈出新，令人感到欣慰。

“翻译研究”一栏中的其他研究同样各具特色。对外国文学名著不同汉译本的比较研究能够帮助读者从精微层次品读不同译者的翻译风格和策略，此类研究在美国作品《心是孤独的猎手》和日本作品《金阁寺》译本的对比研究中得到了较为充分的体现。随着时代的发展，我们已经逐渐从向中国“翻译世界”进入到了向世界“翻译中国”的新阶段，在文明互鉴的过程中我们如何对外讲好中国故事，成为当下翻译研究的新趋势，这些在论文集中均有体现：以作品文本为直接考察对象的，有对《道德经》《过故人庄》以及《木兰辞》等不同文体的中国古代文学作品的英译研究；以译者为视角的，有对女性译者朱虹的翻译实践研究；以观照不同文类为视角的，有对书信体文本、书法学术文本以及影视作品、外宣节目的相关翻译研究。近年来问世的一些中国网络新词如“甩锅”等也频频出现在外交部发言人回答中外记者的提问当中，文集中关于该词英译的探讨也颇具现实意义。另外，公司网站以及英语插入语的汉译研究等在文集中同样受到了关注。

“外语教学研究”一栏共有5篇文章，其中3篇以“课程思政”为主题。习近平总书记在全国高校思想政治工作会议上指出，要“把思想政治工作贯穿教育教学全过程”，“使各类课程与思想政治理论课同向同行，形成协同效应”。外语专业和大学外语教学由于学生的覆盖面广，外语教学的课程思政研究由此方兴未艾。3篇文章分别聚焦高校英语专业课程思政案例库建设、大学英语教材课程思政元素挖掘以及英语教师课程思政教学能力考评等，研究内容涉及教学材料准备和教学效果评价，有理论、有实践、有创新，值得高校外语教师参考。其余2篇文章则分别探讨“新文科”背景下研究生公共英语的教学创新和翻转课堂模式在医学英语课程中的应用，均属当前教育领域特别关注的“教学创新”这一前沿课题。

语言文学研究的文章较少，由是之故，我们将它们合并为一栏。其中语言学研究的2篇文章，一以话语分析理论研究博鳌论坛中国家领导人的致辞，一以词汇分析为手段考察美国媒体在国际舆论战中的新闻态度与站位，均具有鲜明的时政特征。相比之下，栏内4篇文学类文章似乎都在“回归经典”，分涉吉卜林、斯坦贝克等诺奖作家和佐拉·尼尔·赫斯顿等知名作家及其作品，其中一篇所聚焦的罗切斯特，更是《简·爱》这部经典作品中的经典文学形象。

论文集从征稿审稿到编辑付梓，历经了一个较为漫长的过程，一路走来殊为不易。坦诚说来，集内的部分文章无论是在理论高度、研究方法，还是在论述深度和写作技巧等诸多方面都存在着较大的提升空间。我们每年编辑出版论文集，其初衷主要是为协会会员，尤其是青年教师和研究生提供一个“练兵”的场所，让他们在登上更为高大绚丽的学术殿堂前，有一个初试啼声的机会。正如广西壮族的谚语所云：“上山才知山高低，下水才知水深浅”。观鱼也好，揽胜也罢，莫不如登山临水，就深就浅，手执书卷，一一读之。

是为序。

编者

2023年4月22日壮族三月三

于广西民族大学相思湖畔

目 录

第一篇 翻译研究

第一篇　翻译研究

翻译中女性主义意识的体现
——以朱虹的翻译实践为例

周晓颖　关熔珍

摘要：女性主义译者将性别概念引入翻译理论和实践活动研究，以女性视角重新审视和解读翻译活动，探讨译著中暗含的文化现象，希望用女性话语建构一个女性拥有和男性平等地位的世界。本文将从女性主义翻译出发，探讨女性主义译者朱虹在翻译文本的选择、翻译字词的选择和翻译的“忠实”原则等方面体现的女性主义思想，总结其翻译特点，为中国女性主义翻译提供些许参考。

关键词：翻译；女性主义意识；朱虹；翻译的选择

一、引言

20世纪60至70年代，妇女解放运动首先在欧洲和美国等国家和地区兴起，由此衍生出的女性主义文学批评开始关注文学中的女性形象和女性意识，女性主义思潮不断涌现。女性主义翻译理论是女性主义思潮在翻译研究中的体现，女性主义者将性别视角引入翻译理论和实践活动研究，以女性视角重新审视和解读翻译活动，探讨译著中暗含的文化现象，希望用女性话语建构一个女性拥有和男性一样平等地位的世界。1996年，加拿大翻译研究学者雪莉·西蒙（Sherry Simon）出版了《翻译中的性别：文化身份与传播的政治》一书，书中明确指出，将翻译置放在文化研究之中，意味着“文化”“身份”和“性别”这些概念不再被视为不言而明之物，它们成为研究对象（Simon，1996）。该书是西方第一本全面论述女性主义视角下的翻译问题的学术性专著（陈多友，2015：4）。1997年，路易斯·冯·弗洛图（Luise von Flotow）发表了《翻译和性别：“女性时代”的翻译》一书，归纳了“增补”“加写前言和脚注”和“劫持”等三种女性主义译者常用的翻译策略（Flotow，1997）。随后，加拿大著名女性主义译者苏姗妮·德·洛特宾尼尔·哈伍德（Susanne de Harwood）、加拿大女性主义翻译的先锋芭芭拉·戈达尔德（Barbara Godard）和印度文学理论家和文化批评家佳亚特里·斯皮瓦克（Gayatri C. Spivak）等女性主义翻译家也不断进行理论研究和实践检验，初步确立了女性主义翻译观。西方女性主义学者在20世纪60年代末至70年代初提出“社会性别”（gender）这一概念。他们认为，“社会性别”是人类社会组织活动的一种制度和基本方式，包含在人的社会化过程中（王政，2004：175）。译者作为特定历史文化语境中的个体，其翻译活动自然与社会性别之间存在千丝万缕的联系。20世纪80年代，翻译研究中发生的“文化转向”（cultural turn）打破了语言学与文学之间的界限，翻译研究以一门相对独立的学科身份步入了学术殿堂，创新了翻译领域的理论视角和研究方法，女性主义翻译观也因此受益，得到了较大发展。

20世纪80年代，中国著名女翻译家朱虹第一个引进女性主义翻译观，开始翻译西方女性主义作品，开创了国内女性研究之先河。2002年开始，西方的女性主义运动和思想对中国翻译实践活动和理论构建的影响逐渐加大。1999—2003年是中国女性主义翻译研究的起步阶段，主要代表人物有穆雷、廖七一、刘亚儒和葛校琴等，研究主题主要有女性主义与翻译研究、女性主义翻译本质等。该阶段的相关文章包括穆雷教授对金圣华教授（1999）、孔慧怡教授（2002）和朱虹教授（2003）的访谈；廖七一（2002）的神话重写、刘亚儒（2002）对《双语人》的解读、葛校琴（2003）谈女性翻译本质。第二阶段是2004—2007年，是中国女性主义发展的黄金时期。西方女性主义作品不断引进，女性主义翻译相关论文也增多，研究主题包括女性主义翻译理论及其影响、翻译与政治、翻译与性别等。2008年起，女性主义译者将文学中的“误读”概念、“双性同体”概念与女性主义翻译结合，以探讨、弥补女性主义翻译中的不足。

从上可知，朱虹的翻译在起步阶段就带有女性主义色彩，本文将从女性主义翻译出发，探讨女性主义译者朱虹在翻译文本的选择、翻译字词的选择和翻译的“忠实”原则等方面体现的女性主义思想，总结其翻译特点，为中国女性主义翻译提供些许参考。

二、翻译中的女性主义体现

（一）翻译文本的选择

进行翻译实践活动需要选定源语文本，文本的类型与主题十分值得考究。哈伍德（Susanne de Harwood）曾明确表示，翻译实践其实是一项政治活动，旨在让语言为女性发声。他本人也尽可能地采取翻译策略，使女性的思想或地位能在语言中占据一席之地（Simon，1996：15）。因而，女性主义译者在选材方面往往会选择可以传递女性主义观念的文本、为女性发声、谋求政治平等。例如，克里斯塔·沃尔夫[①]（Christa Wolf）翻译的《分裂的天堂》（*Der Geteilte Himmel*），原文中谈及了女主人公向新社会主义德国和刚刚建筑起来的柏林墙妥协，这在译者伍尔夫看来，是对女性的贬损，因而在她的译本中对这一部分内容进行了删改（Simon，1992：21）。

朱虹深受西方女性主义的启发，向中国女性介绍了许多女性主义作品，以此来唤醒中国女性的自主意识。例如，贝蒂·弗里丹（Betty Friedan）的《女性的奥秘》（*The Feminine Mystique*），该书揭露了20世纪60年代笼罩在幸福家庭主妇假象下美国妇女的无名痛苦，是美国自由主义女性主义的经典之作；凯特·米列特（Kate Millett）的《性的政治》（*Sexual Politics*），消解了传统上男性作家在文学中再现女性形象的权威性和可信性，被誉为女性主义批评的里程碑；弗吉尼亚·伍尔芙（Virginia Woolf）的《一间自己的房间》（*A Room of One's Own*），以“妇女和小说”为主题，指出女人应该有勇气有理智地去争取独立的经济力量和社会地位，该书是女性文学的代表之作。

朱虹从女性角度去思考翻译女性主义作品，在选材时带有自觉的女性意识（李静，2019：60–63）。1981年，朱虹从哈佛燕京学社访学回国后，沿着自己女性意识的研究路向，高度关注中国的女作家群，致力于让更多外国读者听到中国女性的各种声音，让他们了解中国女性的状况。朱虹在访谈中曾谈及她的翻译选

① 克里斯塔·沃尔夫（Christa Wolf），德国当代著名女作家、德国女性文学杰出代表，2002年获有“文学奥斯卡”之称的“德国图书奖”，多次获诺贝尔文学奖提名。其小说擅长将女性疾病作为惯用的主题和意象，以象征和隐喻作为审美手段和叙述策略。

材标准：作者是女性，作品写的是女人（穆雷，2003：41–44）；性别在翻译中起着不可忽略的作用，在翻译实践中女性身份可以让她在翻译女作家的作品时更加投入，更能在感情、情绪上和她们产生共鸣和认同，而在翻译男作家的作品时会存在距离感（穆雷，2008）。本着这样的翻译理念，朱虹在文本选择上会更加倾向于选择感情细腻、能引起读者内心深处的共鸣，以及能够真实反映女性生活中的困苦现状的文本，而且在进行对外翻译时，也更愿意将反映中国女性特征的文本传播到西方世界，如《中国西部短篇小说选》《恬静的白色》《坚硬的稀粥及其他》《嬉雪》等。其中《恬静的白色》是新时期中国女作家英译作品的第一部合集，收录了9位作家的11部作品，书中描述了中国女性在20世纪80年代左右的悲惨命运和生活境遇；《嬉雪》收录了18位女作家的43篇作品，不同年龄段女作家们不经意的汩汩真情浸濡张张书页，竟翻腾起磅礴动荡的20世纪风云，精灵般的映出了中国在这了不得的时代动心的涟漪（朱虹、周欣，2002）。其翻译的文章如胡辛的《四个四十岁的女人》，描写了捉襟见肘的生活，病痛给敏感的女性所造成的压迫，这些精神压迫时刻在消耗、榨干女性；陆星儿的《今天没有太阳》，描写了几个女人在医院门口排队等待进入屈辱的人工流产的机械流程。朱虹在译文中展现的女性形象，每日每时在灶前操劳，她们咬紧牙关自我牺牲，在家庭琐碎的矛盾中习惯于放弃自己，在紧张忙碌中度过一生而没有意识到自己生命的价值。而这些都是20世纪60年代中国女性的真实写照。

由上可知，朱虹在选择翻译文本时倾向于选择翻译以中国女性的生活为主或能唤醒女性独立意识的文本，而且通常会选择能引起情感共鸣的作品，一是为了将中国女性生活的真实状态介绍到西方国家，二是为了呼吁女性崛起，增强女性意识。

（二）翻译字词的选择

中国女性主义翻译研究者徐来（2004）曾指出，女性主义译者会质疑原文文本的用词表达、语法、思想等方面内容，并且对原文中暗含性别歧视的话语特别重视，他们会尝试新的翻译方法或者对原文内容进行改写，以此凸显文章中存在的性别问题，提高读者对于该问题的关注度并深入思考其影响。

朱虹对西方以男性词汇（如“he”）来表示男女两性的译法或现象没有给予太大关注，而是更偏向于用较隐晦的方式表达其女性主义翻译思想，即借用其他不具有性别特征的词汇来表达。

例1：上帝看待女人似乎十分不公，给了女人比男人漫长的生命，却只给予更短促的青春；给了女人比男人长久的忍耐渴力，却只给更软弱的臂力。（朱虹，2002：340）

译：God did not treat women fairly: he gave women longer life, but a shorter youth; he gave women great powers of endurance, but weaker muscles.（朱虹，2002：347）

例2：人们总是指责男人自私，可是他是没法不自私的，他只能从自个儿的自己出发去理解人类与世界。（朱虹，2002：341）

译：People accuse man of selfishness, but man cannot help being selfish, as he can only start out from his own being to understand the world and men.（朱虹，2002：348）

上述两个例子来自朱虹收录并翻译的王安忆《男人和女人，女人和城市》一文（朱虹，2002：340–357）。朱虹的翻译中，直接将“上帝”翻译为“he”，“人类”用“men”来指代。而一些西方女性主义翻译家对待具有性别特征的词汇会选择创造新词或使用“those”“them”等中性词来指代。例如，丽丝·高文（Lise Gauvin）的《另一个人的来信》（*Letters d'une autre*）原文中的全称词汇一律使用阳性词汇表达，但在哈伍德的译文中对此进行了修正：将Quebecois（阳性，魁北克人）全部替换译为Quebecois-e-s（阴性，魁北克人）；在Human Rights一词中，特地将字母m转换为M，就是为了突出这一词汇本身存在的性别歧视问题；在翻译法语词汇auteure（女作家）时，更是创造了一个新单词auther（女作家），与author（男作家）形成对等；一些女性化词汇如aube（dawn），则统一用英文单词she来替代（Simon，1992：21）。

朱虹是中国女性主义翻译的带头人，但没有像西方女性主义翻译者那般热衷于用中性词或创造新词来翻译具有性别特征的词汇，这就表明她对这类具有性别特征的词汇并没有给予高度重视。这是因为中国的汉语词汇结构中本身缺少性别特征，所以其表现的性别歧视并非只是依靠性别特征的词汇来显现，而更多地从字里行间中语句所表达的句意凸显出来的。例如，译者会将注意力放在某些动词上，分析其中涵盖的褒贬义，或是根据原文主旨判断作者对于人物或事件的态度，由此来选定合适的词。文学作品中反映性别歧视的现象和手段是多样的，并非只有性别特征的词汇才会显示出男性对女性的偏见，因而中国的女性主义思想也可以通过非性别词汇表现出来。

例3：那时候，这口号被我们喊在嘴上，心里只感到骄傲与豪迈。（朱虹，2002：242）

译：At the time, as we chanted the slogan, our hearts were filled with pride.（朱虹，

2002：244）

例3摘自朱虹收录并翻译的陆星儿《女人的“一样”与“不一样”》（朱虹，2002：242–246）一文。朱虹没有选用“shouted”或是“yelled”这两个与汉语词“喊”意思相对应的单词，而是选用了“chanted”这一个含义更加丰富的词。根据《牛津高阶英汉双解词典》（赵翠莲译，2014：323）的释义，“chant”指“反复呼喊的话语；重复唱的歌词；圣歌；反复吟唱的祷文”，作为动词用时，意味着“反复唱；反复呼喊；唱圣歌”。“shouted”是“大声叫喊以引起注意”的意思（Della Thompson，2003：1906）。“yelled”是“（因疼痛、气愤、害怕、鼓励、高兴等而）大叫”的意思（Della Thompson，2003：2430）。而原作的主题思想是“女人能撑起半边天”，所以在该语境下，选用“chanted”是最合适的，它既能表达女性接受并宣扬该口号的心态，也能表明女性对当下及未来“女性能撑起半边天”思想的坚信，并且该词蕴含着女性通过反复传唱、不断勉励自我，使自己变得更加强大的愿望。由此可见，如果选用“shouted”或“yelled”，那便与原文所要传达的意思存在偏差：一是无法传达出作者赞扬女性、呼吁女性独立自强的主张，使读者在阅读时无法捕捉到原文的深层含义；二是“shouted”和“yelled”都是表达个人情绪而发出的喊叫声，且多带有贬义色彩，如果译者选用了这两个词，那在一定程度上会贬损该时期的女性形象，与原文宣扬女性能力和贡献的主旨思想不相符。

因此，朱虹在翻译过程中谨慎地选择字词，以便能够准确地传达或展现其女性主义思想，根据文章主旨反复筛选，深入考究词汇的深层含义，选出最适合的词汇来完整表达原文的女性主义思想。

（三）翻译的“忠实”原则

译者是在目标语文本中较为完整地保留原作的结构和内容，还是出现较随意的大规模删减或增添，与译者如何平衡目标语文本的充分性和可接受性相关。

西方女性主义翻译受到三次女性主义运动的影响，在政治上比较激进。女性主义译者将翻译活动当作是政治运动，认为是他们向外界传递自己声音的途径。正如加拿大文学翻译家和翻译理论家弗洛图（Luise von Flotow）所说：“性别必须成为翻译中的一个问题是很明显的，因为女权主义思想家和‘政治正确’反映都赋予语言以政治重量。”为了实现这一政治目的，西方女性主义译者在翻译时便会根据自身的政治立场以及想要表达的思想对原文内容进行改动，充分发挥其译者主体性。女性主义翻译家、诗人阿芙拉·贝恩（Aphra Behn）在进行翻译活动时，常常将一些政治观点“嵌入”到她的翻译作品中。在巴尔都斯拉·德·巴斯克赛（Balthazar de Bonnecorse）的《情人之表》（*La Montre*）的译文中，由于她不断根据自己的材料加入新内容，因而最后的译作篇幅远远多于原文文本的篇幅，分别于1971年和1977年分两次出版。阿芙拉·贝恩基于自己的喜好或主观意图，对不具有女性主义倾向甚至持相反意见的文本进行全新的解读与改写，对原文本进行“操纵”，旨在文化上支持英国保皇派，并且讽刺当时的社会现实，将现实事件折射到文化中。除此之外，她的拉丁文译作《植物六卷》中，卷六页边处对内容给予旁注：“以女性主义译者的身份发表言论”。阿芙拉·贝恩（Aphra Behn）的译作彰显了她作为诗人所能描绘的语言魅力，使其中的女性主义思想带有诗性美，也达到了宣扬女性树立个人信仰的目的（方兴，2010：221–222）。由此可知，西方的女性主义翻译文本的“创新性”强，带有浓重的个人主义色彩和政治意识，她们的译作更忠实于自己，而不是忠实于原文作者或读者。

朱虹的女性主义翻译很少受到中国政治运动的影响，在选择翻译文本时政治目的不强，译作中男女对立现象不突出，整体的语言风格是偏向温和的。而且在她的翻译实践中，由于受到中国特有的历史、文化背景和“忠实”翻译传统的影响，偏向于在不改变原文内容的基础上，间接地进行批注或补充以使原文意思能够准确传达。对于西方的理论，她也不是全部生搬硬套，如“劫持”这一翻译方法在朱虹女性主义翻译作品中几乎很少看到，而是遵循“忠实”这一翻译标准，忠实于原文，保持原作和译作的内容一致。

当女性主义译者想要为女性发声时，她们很少对原文本进行大篇幅的修改，而是会尽力保持原作和译作的内容一致。在需要解释才能正确完整表达原意时，最常见的方法是加写脚注。朱虹曾提到：“我会根据自己对每一段的理解，尽量做到让读者读起来能有同样的感受，尤其是在翻译中国特色的东西时我会加注。”（张鹏蓉、杨健，2014：123–127）

例4：甚至那样爱至上的贾宝玉，都要在完成了家族交予的传宗与功名两项任务之后，才可追随黛玉而去。（朱虹，2002：342）

译：Even the archetypal lover Jia Baoyu had to first fulfil his duty in propagating the family line and to win worldly honors before he gives up everything for his beloved Daiyu.（朱虹，2002：350）

例5：如《孔雀东南飞》，焦仲卿永远不可能像刘兰芝那样，将一切置之身外去实践爱情理想。他总是有那么多牵挂，而无法做到像刘兰芝那样的爱情至上。

（朱虹，2002：342）

译：For instance, in the Chinese classical story "The Cranes Fly Southeast," the man Jiao Zhongqing was never willing, like the woman Liu Lanzhi, to give up everything for the sake of love.（朱虹，2002：350）

例4和例5摘自朱虹收录翻译的小说集《嬉雪》中王安忆的《男人和女人，女人和城市》（朱虹，2002：342）。例4句子中出现了"贾宝玉"这一人物形象，熟悉《红楼梦》的人对此形象并不陌生，但是朱虹的译本是面向西方读者，因而她在脚注处明确对此人物进行说明："Male protagonist in the classical Chinese novel Dream of the Red Chamber."例5中"《孔雀东南飞》""焦仲卿（男）""刘兰芝（女）"都是引自中国文学作品，而且文中谈论了"焦仲卿"和"刘兰芝"两个不同性别的人对待爱情的不同态度，在此情况下要对他们的性别进行说明，朱虹也是直接用"the man""the woman"简单注明两个人物的性别，除此之外不添加任何个人态度与主张。朱虹的这一做法是忠实于原文与原作者，极大程度上体现了译者对翻译原文的尊重，虽然也发挥了译者主体性，但是并没有将自己的看法嵌入到译文，使其成为译文的正文内容。

由上可知，朱虹的女性主义翻译的所遵循的"忠实"原则是，译者要在翻译时要以原文本与原作者为主要标准，尽量保持原文与译文的一致性，不随意对原文内容进行大量的增补或改写以致超出或失去原文的应有之义。朱虹以原著文本为根本，在忠实的基础上操纵变异，旨在传达文学原著信息，让更多的人了解中国和中国文化。

三、朱虹女性主义翻译的特点

第一，朱虹的女性主义翻译作品关注中国女性的真实生活状况。朱虹译出一系列高质量的中国文学作品，如《恬静的白色》《嬉雪》《花的节日：中国女作家散文选》等，这些翻译作品在西方反响良好，得到了西方主流媒体及汉学家的一致好评（李静，2019：60–63）。得益于女性主义作品的翻译实践活动，国外对中国女性的生活及地位有了更多的了解。此外，朱虹的女性主义翻译较少受到西方女性主义运动的影响，在翻译时不具有强烈的政治目的，所以女性主义译作的语言和风格与西方激进的状态相比，是较温和的，也不带有浓重的政治目的和色彩。

第二，朱虹的女性主义翻译基本没有采用“劫持”这一翻译手段。即使在翻译过程中，为了使上下文内容更好地衔接或是便于理解，需要对原文内容进行改动时，也不会直接在译文正文中大幅增删或改写，而是忠实于原文作者，尽量客观真实地重现原文内容。如果遇到必须要改动的情况，会选择以注释或加写脚注的形式，保证原文本的重现。

第三，朱虹的女性主义翻译致力于让世界对中国女性群体的生存现状和社会地位有更深入、更真实的了解，但是在其译作中，没有很明显的男女两性对立，译者也不热衷于用中性词或特地创造新词来指代包含性别特征的词汇。对于容易引发性别对立和争议的词汇，朱虹则是根据该词汇的普遍翻译方式，不做特殊处理，但是会在一些与女性相关的实词翻译上，暗暗表达其女性主义思想和对女性的尊重。中国女性主义译作通常能真实地反映中国女性的生存现状，通过细枝末节来表现女性的优秀品质或遭遇的不平等对待，引导西方正确树立对中国女性的印象。

四、翻译女性主义作品的启示

从上文中我们可以看到，朱虹的女性主义翻译在文本选择、字词选择以及“忠实”原则的实践上都有细致的考量，她关注包含女性问题的作品，并且注意对存在性别歧视的词汇进行更正的同时坚持忠于原文本和原作者。

朱虹的女性主义翻译实践对中国女性主义翻译具有一定的启发，在翻译女性主义作品时，我们可以参考借鉴以下两点：

第一，翻译具有女性意识的作品时，即使译者的性别（gender）为男性（社会性别），也应该尽力认同原文中的女性主义观点和思想。因为具备一定的女性主义意识有助于译者更好地理解和诠释女性主义作品，也有助于审视和捕捉原作者的创作意图。女性主义观点并不时时直接表现在主题上，有时会通过字词或语句，或是通过文本的某些事件折射作者创作时期的真实事例，隐晦表达其思想意识，这就要求译者本人熟悉原作者的个人成长生活经历和创作背景，并具备细腻的情感捕捉技巧，也要求译者支持女性主义作家的主张，避免出现观点不同而错译、误译。

第二，译者自身应具备男女平等意识，减少翻译中的性别歧视。女权主义的最终目的并不是构建一个“母性世界”，而是呼吁给予女性平等的权利和地位，因此不必在译作中表现强烈的男女对立。女性主义追求是男女在保留各自差异的基础上，互相理解和尊重，实现真正的平等。只有在女性主义翻译中承认两性关系，才能保持作者与译者之间的最佳平衡。我们不必为了彰显作品的女性主义而有意忽视男性的存在及作用，真正的女性主义作品会在许多方面表现其思想主张。译者可以承认性别的差异，但是心中保持男女性别的平衡界定。

五、结语

朱虹的女性主义翻译致力于让世界听到女性的声音，希望帮助女性用话语建构一个男女平等的世界。女性主义意识是社会文明进步的体现，当我们开始平等地注视女性、女性作品和女性翻译时，我们就已经具备女性主义意识。女性主义运动将女性主义翻译带进了人类视野中，启发了人们宣扬女性主义思想的方式与途径。女性主义译者将积极发挥其作用，深入研究女性主义及其相关作品，宣扬女性主义意识形态，为女性发声。

参考文献

[1] Della Thompson. 牛津现代英汉双解词典[M]. 北京：外语教学与研究出版社，2003.

[2] Flotow, Luise von. Translation and Gender: Translation in the “Era of Feminism” [M]. Manchester: St. Jerome，1997：1+24.

[3] Simon, Sherry. Gender in Translation: Cultural Identity and the Politics of Transmission[M]. London: Routledge，1996.

[4] 陈多友.翻译学理论与翻译文学研究集萃[M].上海：上海交通大学出版社，2015.

[5] 方兴.翻译问题新探——基于戴维森意义理论的反思[M].北京：中国社会科学出版社，2010.

[6] 葛校琴.女性主义翻译之本质[J].外语研究，2003（06）：35–38.

[7] 贾辉丰.一间自己的房间[M].北京：人民文学出版社，2013.

[8] 李静.论朱虹译作的女性主义翻译策略[J].盐城师范学院学报（人文社会科学版）,2019（05）：60–63.

[9] 廖七一.重写神话：女性主义与翻译研究[J].四川外语学院学报，2002（02）：106–109.

[10] 刘亚儒.翻译与女性——读加拿大著名女权主义翻译者苏姗妮所著的《双语人》[J].西安外国语学院学报，2002（01）：7–12.

[11] 穆雷，孔慧怡.翻译界：男性的一统天下？——香港女翻译家孔慧怡博士访谈[J].西安外国语学院学报，2002（02）：108–111.

[12] 穆雷.翻译研究中的性别视角[M].武汉：武汉大学出版社，2008.

[13] 穆雷.翻译与女性文学——朱虹教授访谈录[J].外国语言文学,2003（01）：41–44.

[14] 穆雷.心弦——女翻译家金圣华教授访谈录[J].中国翻译，1999（02）：36–38.

[15] 王政.越界：跨文化女权实践[M].天津：天津人民出版社，2004.

[16] 巫漪云.女性的奥秘[M].南京：江苏人民出版社，1988.

[17] 张鹏蓉，杨健.女性主义视角下朱虹译作研究[J].湘潭大学学报（哲学社会科学版），2014（05）：123–127.

[18] 钟良明.性的政治[M].北京：社会科学文献出版社，1999.

[19] 朱虹，周欣.嬉雪：中国当代女性散文选汉英对照本[M].沈阳：辽宁教育出版社，2002.

作者简介

周晓颖，广西大学外国语学院21级硕士研究生，研究方向：英语语言文学。

关熔珍，教授，博士，广西大学国际教育学院，主要研究方向：比较文学与跨文化研究、世界文学、翻译理论与实践。

功能对等理论指导下《心是孤独的猎手》两个中译本的对比分析

熊俊潇　韦储学

摘要：《心是孤独的猎手》是美国作家卡森·麦卡勒斯的第一部长篇小说，也是让其一举成名的作品。该小说极具源语文化特点，在源语环境下对其进行阅读更能明白故事内容和作者心境，所以许多读者在阅读译本之后都有“不如原文”的想法。本文则以奈达的功能对等理论为基础，对秦传安与陈笑黎的译作进行对比分析，探讨专有名词、习语、复杂句翻译的差异，为日后的文学翻译学习与实践提供启示。

关键词：功能对等；《心是孤独的猎手》；译本对比

基金项目：本论文为2020年广西学位与研究生教育改革课题“翻译硕士教师专业合作发展模式研究”（JGY2020078）的阶段性成果；2020年桂林电子科技大学研究生课程建设项目“《翻译概论》课程案例库”（YKC202006）的阶段性成果。

一、引言

《心是孤独的猎手》于1940年首次出版，居“现代文库20世纪百佳英文小说”第17位。作者麦卡勒斯在其中讲述了一个关于孤独的故事，她以独特的手法描绘了美国的南方小镇，叙述了八月那个漫长沉闷的下午，勾勒了午夜咖啡馆里喝着冰啤酒徘徊于孤独的身影，暗示了黑人心中对于自由的向往，同时又要隐忍的痛苦矛盾，表现了那些期望改革的人们心中那种疯狂绝望，却又依然坚定地向前走的决心。

目前，在国内市场上，《心是孤独的猎手》这部小说有陈笑黎译本（2014）、秦传安译本（2017）等14个不同的中文译本，其中秦传安和陈笑黎两位译者的译本在出版时间上较新，比较具有代表性，且他们在这本书的翻译上采用了不同的翻译策略，翻译风格也大不相同，因此带来了不同的翻译效果和阅读感受，前者注重意义的传达，后者注重文字的使用，二者各有优点和不足。笔者通过查询CNKI、万方网、维普网，目前还没有发现针对该小说译本对比分析研究的相关论文，由此，本文旨在通过对陈笑黎译本和秦传安译本的对比分析，探究功能对等理论对文学翻译的指导作用。

二、功能对等理论概述

对等论作为西方翻译理论中的核心部分一直被各学者所研究，从英国翻译理论家泰特勒的同等效果论到德国翻译理论家考尔的效果相等，再从里厄的对等原则到美国语言学家、翻译家奈达的功能对等理论，其理论本质属性就是追求语言之间的对等。

1964年，美国翻译学家尤金·奈达首次提出“形式对等”和“动态对等”两个概念，之后于1969年，经过对其理论的完善，奈达在其著作《翻译理论和实践》中提出功能对等理论。在这一理论中，他指出：翻译是用最恰当、自然和对等的语言从语义到文体再现源语的信息（Nida，1969：12）。其理论中的功能对等包含四个方面：词汇对等、句法对等、篇章对等以及文体对等。但由于原文与译文之间存在着不可忽视的语言、文化等差异，在翻译时很难达到完全对等。因此奈达认为，译者在翻译时应优先考虑意义上的对等，其次是形式上的对等，尽量让译入语读者能够基本按照源语读者理解和欣赏原文的方式来理解和欣赏译文（Nida，1993：116）。

简单来说就是，在功能对等理论下，翻译不应过多受制于原文的语言形式，译者应在综合考虑读者感受的前提下，保证译文与原文在形式的对等，同时完成信息传递，使译文措辞通顺自然，译文内容达意传神，原文读者与译文读者的反应基本一致。

三、功能对等视角下对《心是孤独的猎手》两个汉译本的对比研究

本文选取了陈笑黎译本和秦传安译本，主要从专有名词、习语、复杂句三个层面来分析两个译本的异同之处。

（一）专有名词翻译

专有名词是相对于普通名词而言的，它包括人名、地名、组织机构、书名、电影片名等。专有名词作为文化的一种特殊载体，在翻译过程中，要尽可能地为译文读者考虑一番，要尽可能地将专有名词背后的文化信息呈现给译文读者，达到功能效果上的对等（戴骏，2014：109–110）。

例1：One day at noon he walked calmly out of the fruit store of his cousin and urinated in public against the wall of the First National Bank Building across the street.

秦译本：一天中午，他平静地走出表哥的水果店，走到街对面，大庭广众之下对着恒丰银行大楼的墙壁撒尿。

陈译本：一天中午，他从表兄的果品店平静地走出来，走到街对面第一国家银行大楼的墙根下撒尿。

“First National Bank”在美国通常指“恒丰银行”，所以秦传安根据大家所熟知的这一信息来进行通俗的翻译，让译入语读者读起来更加具有亲近感。但是现实中的“First National Bank”成立于1998年5月18日，这就与该小说设定的背景不相符合，这样的翻译给源语读者的感受和译入语读者带来的感受并不一致。根据功能对等理论，翻译需要达到意义上的对等，同时也要尽量让原文读者和译入语读者的反应基本一致，不能给读者在理解上造成偏差。陈笑黎的翻译“第一国民银行”简单直接，属于直译，因为原文中的“First National Bank”是第一次出现，没有其他特殊背景介绍，所以这样的译法没有既没有脱离意义，也没有脱离情境，既符合形式上的一致，带来的阅读感受也会更加一致。

例2：The gift was a moving-picture machine for private use, with a half-dozen of the Mickey Mouse and *Popeye* comedies that Antonapoulos enjoyed.

秦译本：那是一台私人用的电影放映机，连同半打安东尼帕罗喜欢的《米老鼠》和《大力水手》动画片。

陈译本：那是一个私人用的电影放映机，里面有半打安托帕纳罗喜欢的《米老鼠》和《大鼓眼》喜剧片。

在这个例子中，"Popeye"斜体书写，且首字母大写，属于专有名词，根据语境得知，这里谈到的是一部动画片。秦传安将其译为《大力水手》，这是约定俗成的翻译；陈笑黎将其译为《大鼓眼》，做到了在语义上的符合，但是不符合源语文化。这里的"Popeye"是一部动画片，同时也是主人公的名字"波派"，其绰号为"大力水手"，所以在中国这样已经约定俗成的翻译《大力水手》，让动画中主人公的形象特点更加鲜明，也能更加吸引读者。这遵循了功能对等理论的原则，译文不求文字表面的死板对应，而要传神达意。

例3：I suppose you done read in the paper about this Government Pincher business for old folks?

秦译本：我猜，你从报纸上读到了关于政府为老年人度身定制的"夹钳"养老计划吧？

陈译本：我想你在报纸上读到过政府养老计划的消息？

根据原文，"Government Pincher"是政府制定的一项养老计划，属于专有名词。秦传安将其译为"夹钳"养老计划，他对"Pincher"一词的意义进行了具体化翻译，没有丢失任何部分的翻译；陈笑黎将其译为"政府养老计划"，她采取了省略译法，省略掉"Pincher"的翻译，简单明了，直击主题。功能对等理论告诉我们，翻译要达到功能上的对等，译文要让读者和原文读者有着基本相同的感受。这里的"Pincher"有"蝎钳"的含义，它并不是随意命名的，在文中，该计划后面被证实为是一个"圈钱的计划"。所以，秦传安对该专有名词的翻译十分巧妙，"夹钳"谐音为"夹钱"，指明了该计划的根本，也为后文该计划的真实情况做了铺垫。因此，秦译更合适。

（二）习语翻译

英语习语在英语语言中享有非常重要的地位，蕴含着丰富的文化信息且来源复杂多样，它主要包括成语、谚语、俗语、典故和一些俚语。英语习语是英语学习的重要组成部分，但文化差异是英语习语翻译的一大障碍，只有全面理解文化差异，才能进行正确的翻译（吕艺，2021：77–78）。

例4："Holy Jesus!" Portia said. "Twelve dollars!"

秦译本："天啊！"波西娅说，"十二元！"

陈译本："神圣的耶稣！"波西娅说，"十二块！"

"Holy Jesus"作为英语国家的习语非常常见，这类习语属于人名习语，"Jesus"是上帝的儿子，中文翻译为"耶稣"，但是在日常生活中，这个词通常是失去人名代码的作用，只是表达一种惊叹的语气。功能对等理论告诉我们，译文要使原文读者与译文读者的反应应当基本一致。所以，在翻译这类词时，一般不译为人名，这里采取归化翻译更加合适，秦传安的译文符合这一策略，而且也符合译入语读者的文化习惯。陈笑黎的译文在形式上符合源语，但是带有翻译腔的生硬之感。因此，秦译更合适。

例5：a drop in the bucket

秦译本：九牛一毛而已

陈译本：微不足道

"a drop in the bucket"在中文里面有多种形式传达意义，如"九牛一毛""沧海一粟""微不足道""杯水车薪"等。功能对等理论指出，翻译是用最恰当、自然和对等的语言从语义到文体再现源语的信息，所以如何选择也是值得考虑的问题。这里的"a drop in the bucket"属于一种习语表达，秦传安将其译为"九牛一毛"；陈笑黎将其译为"微不足道"，基本意义正确，也都体现了文体上的对等。但仔细比较这两个成语，不难发现还是存在着些许差异。秦传安的译文更注重数量而不是意义；而陈的译文中的"微不足道"，更偏重于意义方面的微小。而原文内容表达的是一个人只看到了事物的一部分，所以这里的"a drop in the bucket"强调的是数量上的少，所以秦译更合适。

例6：Biff Brannon noticed it immediately and raised his eyebrows.

秦译本：比夫·布兰农马上注意到了，吃惊地扬了扬眉毛。

陈译本：比夫·布瑞农一眼就看到了他，疑惑地扬扬眉头。

这个例子中，"raise one's eyebrow"属于表达人物情绪的一个习语，字面意义为将眉毛上扬，抬高眉毛，形容人吃惊、惊奇。秦传安将其译为"吃惊地扬了扬眉毛"，既表达了内在含义，又符合了形式上的一致；陈笑黎将其译为"疑惑地扬扬眉头"，意义稍有偏差，两位译者都没有直接字对字地进行直译。他们都遵循了功能对等原则，与形式对等相比较，意义对等更重要，所以秦译更好地传达了原意。

（三）复杂句翻译

在英文翻译中，复杂句的翻译一直是难点也是重点。其丰富的内容和复杂的结构往往导致的不仅是理解上的问题，更重要的是翻译表达上的困难，从而构成翻译的难点（马瑶，2020）。文学作品中更涉及语言文字的表达和内容的衔接，所以在功能对等理论下选择合适的策略和方法很重要。

例7：A lone Turk who had roamed into the town years ago and who languished with his family behind the little store where they sold linens claimed passionately to his wife that the mute was Turkish.

秦译本：一个孤独的土耳其人多年前漫游到镇上，和家人一起在他们卖亚麻布的小店后面饱受思乡之苦，他充满激情地对妻子宣称，哑巴是土耳其人。

陈译本：一个孤独的土耳其人，多年前流浪到小镇，软弱无力地和家人缩在卖亚麻的小店里，他对妻子充满激情地声称哑巴是土耳其人。

这个句子里面包含有多个关系词，包含多个定语从句，在翻译时，一般来说应该选择后置译法，但也要具体问题具体分析。秦传安和陈笑黎都是采取了后置译法，但是在词和句的翻译上，秦传安将“roam”译为“漫游”，将“languished with his family behind the little store where they sold linens”译为“和家人一起在他们卖亚麻布的小店后面饱受思乡之苦”，而陈笑黎将其译为“流浪”和“软弱无力地和家人缩在卖亚麻的小店里”，两个译本都没有很好地传递原文的含义。翻译是用最贴切、自然、对等的语言从语义到文体再现原文的信息。所以，这里要在选择正确词义的基础上，使语言更自然。“roam”应译为“流浪”，“languish”应指“思乡之苦”。语言上的自然取决于句法上的处理，根据上下文，这里是在谈不同的人对一个哑巴身份的谣言，“犹太人说哑巴是犹太人”，“商人说他是个有钱人”，“还有人交头接耳说他是工联大会的组织者”，所以这里采用定语前置译法最佳。“一个多年前流浪到此，和家人做起亚麻生意，饱受思乡之苦的土耳其人激动地告诉妻子，哑巴是也是土耳其人”。这样处理让译文更贴切。

例8：Which? To hang on to certain wonderful parts and think them over so that later she wouldn’t forget or should she let go and listen to each part that come out without thinking or trying to remember.

秦译本：究竟是哪部分？抓住精彩的部分，仔细琢磨，以后就不会忘掉——

或者应该放松，听播放的每个部分，既不琢磨，也不试图记住？

陈译本：哪部分？牢牢记住精彩的部分，一遍一遍回味，这样她就不会忘记——或者她应该放松，不要去想也不要努力记住？

奈达在功能对等理论指出翻译应完成信息传递，译文措辞应通顺自然。两名译者在这句话的翻译上都遵循相同的词序，按字面进行翻译，这样翻译太过直率，缺乏美感。汉语的句子结构不同于英语句子，作为一种意合语言，汉语连接句子不用太过依赖连接词。所以，后面应处理为“抓住精彩之处，仔细回味，让其萦绕于脑海？还是顺其自然，暂别思考，享受每一段音乐呢？”这样的文字简洁自然，富有文学性。另外，这样处理也能体现出和前面“Which”一词前后呼应的关系。

四、结语

《心是孤独的猎手》作为一部小说，其精炼的表达、讲述故事的方式、特有的文化色彩等都对读者是具有吸引力的，但也是翻译时应该慎重考虑的地方。笔者以奈达的功能对等理论为指导，对两个英译本进行了对比分析，发现秦传安的译文更注重意义的表达且具有联想性，陈笑黎的译文更注重于原文的形式。无论哪种译文，都不可能做到源语和译入语之间的绝对对等，但我们要努力达到译入语读者在阅读译作时，和原文读者阅读原作时有相同的感受和反应，这就是功能对等在文学作品翻译上的指导作用，即译文与原文达到功能上的对等，这也是一名译者在翻译实践中努力追求的目标。

参考文献

[1] 陈笑黎. 心是孤独的猎手[M]. 上海：上海三联书店，2014.

[2] 戴骏. 霍译版《红楼梦》专有名词翻译策略探究[J]. 海外英语，2014（15）：109–110.

[3] 吕艺. 基于文化差异的英语习语翻译原则[J]. 海外英语，2021（04）：87–88.

[4] 马瑶. 浅析英语复杂句中难句的翻译方法[D]. 北京外国语大学，2020.

[5] 秦传安. 心是孤独的猎手[M]. 北京：人民文学出版社，2017.

[6] Nida, E. A. Language, Culture, and Translating[M]. Shanghai: Shanghai Foreign Language Education Press，1993：116.

作者简介

熊俊潇，桂林电子科技大学外国语学院翻译专业硕士生，主要研究领域：英语笔译。

韦储学，教授，桂林电子科技大学外国语学院，研究方向：英语教学、翻译理论与实践、教师发展。

论“甩锅”一词的英译

王安民

摘要：目前，“甩锅”一词颇为常用，但它并非新词，其本义指在食物烹制过程中用炒勺等将其反复颠起落下。它表达“推卸责任”属于旧词新义，主要始于2017年。目前，语料库语料及网络检索结果都表明其“推卸责任”这一用法目前要常见得多。其本义与引申义之间存在隐喻式的语义拓展关系，其语义核心为“推卸责任”而不仅仅是简单的“回避责任”（shirk/avoid responsibility）。它作名词时可以译作“blame game/blame-gaming”；作动词时，可以译作“pass the buck（onto sb.）”与“blame”用作名词、动词时的不同搭配。

关键词：甩锅；旧词新义；语体风格意义；语义拓展；英译

课题：本论文为广西学位与研究生教育改革课题立项项目“英汉平行语料库驱动的翻译能力培养研究——以广西民族大学翻译硕士（笔译方向）为例”（JGY2019072）、广西民族大学学位与研究生教育改革课题立项项目“英汉平行语料库与MTI词语专题翻译”（gxun-chxjg201810）和广西民族大学外国语言文学一流学科2019年度立项项目“语用充实型英汉学习词典应用的开发”的阶段性成果（2019YLZD05）。

一、引言

目前，“甩锅”一词颇为常用。举例说明：“美式‘甩锅主义’分析”[①]（魏南枝，2022）。那么，“甩锅”是新词吗？它究竟是什么意思？它该如何翻译呢？这是本文需要探讨的内容，下面我们将分节论述。

二、“甩锅”一词的语义分析

首先来看一下“甩锅”一词的具体意义。目前，包括最新版的《现代汉语词典》（第7版）（2016）在内的纸质汉语词典都没有收录该词。因此，自然也就不会有该词的释义。不过，网上倒是可以找到该词的释义。例如，百度百科和360百科为其提供了定义。这两个定义在内容上各有侧重，在一定程度上可以相互补充。

百度百科（2022）[②]与360百科（2022）[③]对“甩锅”一词的定义相同，即“指推卸责任，企图将自身的矛盾转移到其他地方去，让别人来背黑锅的意思”。两者都认为“甩锅”为网络流行语，都指出“此说法流行于英雄联盟中，其余的还有碾压局 、尽力局、carry局、躺赢局、挂机局、浪输局和翻盘局。一般来说，甩锅局玩家的该场数据会比较高”。

我们可以从以上定义看出“甩锅”的核心意思，即“推卸责任”。在词源信息上，百度百科和360百科都重在说明该词与“英雄联盟”这一游戏有关，同时指出“甩锅”便是不背锅，即不愿意承担责任。据此，我们可以试着将“甩锅”的这一用法定义如下：网络流行语，表示转嫁危机，让别人来承担责任。但是，

① 魏南枝.美式“甩锅主义”分析[EB/OL].（2022-1-17）[2022-3-20]. https://news.gmw.cn/2022-01/17/content_35451374.htm.

② 甩锅_百度百科[EB/OL].[2022-12-15]. https://baike.baidu.com/item/%E7%94%A9%E9%94%85/635281.

③ 甩锅（网络流行语）_360百科[EB/OL]. [2022-12-15]. https://baike.so.com/doc/804028-850510.html.

“推卸责任”一义究竟与“英雄联盟”这样的游戏有多大联系，很难考证。

那么，“甩锅”是否算新词呢？非也。对语料库的检索结果进行分析表明，它是人们平常所说的旧词新义。为旧词赋新义这一做法更为符合语言经济率，因为它充分利用了现有的语言资源，在一定程度上减轻了人们的认知负担。语料库检索和检索结果的分析证明了这一点。

本文作者查询了两个语料库，即北京大学中国语言学研究中心的CCL现代汉语语料库的现代汉语子库，库容为5.8亿多字。另一个是北京语言大学的BCC现代汉语语料库，库容约为一百五十多亿字。CCL中并没有“甩锅”的相关语料。在BCC中，本文作者分别在多领域和报刊子库中找到了9和19个例证。考虑到BCC巨大的规模，这些语料确实很少，与一些常用词动辄数万的语料检索结果相形见绌。但是，经过分析之后，还是得出了一些初步的、有价值的结论。限于篇幅，文中未将“甩锅”的28条语料全部列出。

对BCC中检索到的语料的梳理反映出“甩锅”至少有两种意义。BCC“多领域”子库中“甩锅”的八条语料中除一条来自《文汇报》外，其余七条都来自2013年的微博。就表意而言，七条语料表示“在食物烹制过程中用炒勺等工具将其反复颠起落下，目的是让其受热和调味更加均匀，以保证其色泽与口感”这一意思。只有一个例外，即源自微博的：“各位童鞋圣诞大餐都吃啥了？某位甩锅一如既往攻克研究某款app游戏”①（北京语言大学信息科学学院大数据与教育技术研究所，2021）。这里的“甩锅”似乎可以指一个不愿意承担失败责任的人。BCC“报刊”子库中所有语料“来自1945年至[2017年]的《人民日报》”（荀恩东等，2016：96）。所有该库中“甩锅”都表示“推卸责任”之意。最早的一条语料时间可追溯到2016年的11月份：“〈B〉《人民日报》2016年11月22日〈/B〉其要。既要明确划分行政事务中的具体责任，做好衔接工作，杜绝甩锅……”（北京语言大学信息科学学院大数据与教育技术研究所，2021）。剩余的语料全部来自2017年的《人民日报》。

从对“甩锅”相关语料的分析中可以得出以下两个结论。第一，“甩锅”表达“推卸责任”这一意思，主要是从2017年开始的，因为BCC的其他子库都基本没有提供这一用法的相关例证。目前，“甩锅”表达“推卸责任”这一意义的用

① 北京语言大学信息科学学院大数据与教育技术研究所.甩锅[DB/OL].[2021-12-11]. http://bcc.blcu.edu.cn.

法更为普遍。本文作者将“甩锅”输入百度搜索框，检索到了1亿多条相关网页信息。前几页检索结果页几乎清一色地都是表达“推卸责任”，不胜枚举：“美式‘甩锅’必将成为国际笑柄”[①]（晓平，2021）和“‘甩锅’还有‘剧本’，美国用心够深”[②]（海外网,2021）。第二，就BCC中的语料而言,“甩锅”表示“推卸责任”这一用法主要出现于《人民日报》这样的权威报纸，所以，它的语体风格是中性的。但是，现在“甩锅”的使用情况似乎有所变化，它也广泛用于各种非正式语体之中。换言之，它兼具非正式与中性的语体风格。

那么，从“在食物烹制过程中用炒勺等工具将其反复颠起落下，目的是让其受热和调味更加均匀，以保证其色泽与口感”到“推卸责任”，“甩锅”的语义拓展路径究竟是什么呢？人们可以进行如下推理。厨师在烹饪时将饭菜在空中颠来倒去，但百密一疏，说不定哪一次出了岔子，菜被甩到地上或者菜和锅同时落到了地上。按理来说，这时厨师应该承担责任，但是他说锅太重了，锅的手柄太滑了，菜太重了，菜太多了，就是不说自己没抓牢，自己应该承担责任。所以,“甩锅”的这两种意思之间具有极大的相似性，其语义拓展路径是隐喻。

三、“甩锅”一词的英译

在讨论完“甩锅”一词的意义及语义拓展路径之后，接下来讨论“甩锅”表示“推卸责任”时该如何翻译。基于查询纸质、电子、网络词典等工具书以及检索互联网、语料库等方式，“甩锅”一词可以有以下不同译法：根据该词在汉语句子中所充当的不同语法成分，人们可以将其翻译如下，它作名词时可以译作“blame game/blame-gaming”。当“甩锅”用作动词时，可以将其译作“pass the buck（onto sb.）”与“blame”用作名词、动词时的不同搭配。需要指出的是，翻译是“条条大路通罗马”，译者完全可以在翻译“甩锅”时根据需要做词性上的灵活转换，并不一定要照以上建议行事。

---

① 晓平.美式“甩锅”必将成为国际笑柄[EB/OL].（2020-4-30）[2021-12-3]. http://opinion.china.com.cn/opinion_70_221570.html

② 海外网.“甩锅”还有“剧本”，美国用心够深[EB/OL].（2020-4-30）[2021-12-7]. http://news.haiwainet.cn/n/2020/0430/c3541093-31780394.html.

如上文所言，“甩锅”表示“推卸责任”时属于网络流行语，对BCC中语料的分析表明它兼具中性与非正式的语体风格特征。所以，在翻译它时必须确保其语体风格意义在目标语中得到体现。这一点非常重要。

作主语或宾语时，“甩锅”可以译作“blame game”或“blame-gaming”。美国广播公司（ABC）的主持人使用了该词批评特朗普抗疫不力。国内最大的英汉词典，如《英汉大词典》（第2版）、《新世纪英汉大词典》等都没有收录该词。最后，本文作者在www.lexico.com网站上查到了该词，该网站是牛津大学出版社与专门的词典网站——www.dictionary.com合作的产物，它所提供的“定义、例证与同类词汇编都由牛津大学出版社提供”（https://www.lexico.com/about），因此应该权威可信。

该网站对“blame game”定义如下：“informal A situation in which one party blames others for something bad or unfortunate rather than attempting to seek a solution”（lexico.com，2021）（粗体与下划线为本文作者所加，以示强调）。这不正是“甩锅”，即“推卸责任”吗？并且，该词典还指出，blame-gaming与它意义相同，由它派生而来，也是名词。如上文所言，“甩锅”具有中性与非正式的语体特征，而www.lexico.com标注“blame game”与“blame-gaming”均为非正式用词。但同时需要注意的是，当代美国英语语料库[①]（Davis，2021）中所提供的111个检索结果中，除个别的源自口语与博客的语料之外，绝大多数都来自新闻媒体。前者为非正式用法，后者为中性用法。换言之，除了传递概念意义之外，该表达可以与“甩锅”在语体风格意义基本保持一致。

现在结合实例来说明“甩锅”做名词用时的翻译。比如，新闻标题“‘甩锅’岂能拯救生命”[②]（人民网，2021）可以译作：“How could blame game/blame-gaming save lives?”这一译法准确、地道、简洁，同时与原标题的语体风格保持高度一致。我们再看另一个新闻标题的翻译：“美式‘甩锅’真面目”[③]（新华社客户端，2021），我们可以将其译为“The truth about American blame game/blame-gaming”。同上一译例一样，除达意之外，这种简洁的译法可以保留原标题的语体

① Davis, M. blame game[EB/OL].[2021-5-2]. https://www.english-corpora.org/coca/.blame_game.

② 人民网．“甩锅”岂能拯救生命[EB/OL].（2020-5-2）[2021-11-3].http://world.people.com.cn/n1/2020/0502/c1002-31695795.html.

③ 新华社客户端．“美式‘甩锅’真面目”[EB/OL].（2020-5-9）[2021-12-3]. http://www.chinanews.com/ll/2020/05-09/9179821.shtml.

风格特征。

那么，当“甩锅”用作动词时该如何翻译呢？人们可以将其译作“pass the buck”以及“blame”做名词与动词用时的不同搭配。首先，它可以译作“pass the buck”。《新牛津英汉双解大词典》(《新牛津英汉双解大词典》编译委员会，2007：271）为其提供的释义与对应词如下：“[informal] shift the responsibility for something to someone else（[非正式] 推诿责任）”。《英汉大词典》(第二版)(陆谷孙，2007：241）中提供的译义基本相同：“〈口〉推诿责任（给某人）”。但是，这两部词典中并未提供任何例证。《新世纪英汉大词典》(胡壮麟，2016：336）中提供了如下例证及其译文：“David says the responsibility is Mr Smith’s and it’s no good trying to pass the buck.（戴维说责任在史密斯先生，想推诿也没用。)”但是，按照《现代汉语词典》(第7版)(中国社会科学院语言研究所词典编辑室，2016：1331）中“推诿”一词的释义，其前并无任何语体标志，因此它可被视为中性用法。因此，将其译作“甩锅”这一网络流行语或许更加贴合“pass the buck”的“informal（非正式）”这一语体标志。因此，《新世纪英汉大词典》中例证的译文可以改为：“戴维说责任在史密斯先生，他想甩锅也没有用。”这一译法更能体现出“pass the buck”与“甩锅”在语体风格意义上的一致性。同时，需要注意，“甩锅”自然还要有人“背锅”，否则锅是甩不出去的。因此，在强调“甩锅”的对象时，便可以将其译作“pass the buck to sb.”。本文作者从www.lexico.com中为“pass the buck”提供的例证引用了其中一个。选择它的原因是它凸显了“甩锅”背后的动因，即让别人背锅要比自己承担责任容易得多。该例证同时也体现了如果人们要甩锅给别人，介词“to”是必不可少的。“The government can pass the the buck to companies, and workers can abdicate all responsibility.（政府可以把锅甩给公司，但工人们可以拒绝背锅。)”

此外，“甩锅”也可以译作“blame”，并且作名词或动词用时具有不同的搭配形式。从语体风格上讲，“blame”属于中性，它也可以用于口语。这些“blame”的搭配在语义上具有共性，即表示“将坏事或错事归咎于某人或某物”，因为这样才可以凸显“甩锅”推诿责任的本质。具体而言，“shift blame/responsibility（for sth.）onto sb./sth.”“blame sb./sth. unfairly/unjustly for sth.”“blame sth. on sb.”和“place/put/lay/pin the blame on sb./sth.”都可以作为“甩锅”一词的潜在译法。限于篇幅，这里不再讨论以上短语的意义。本文仅仅援引两个“甩锅”用作动词的例证来说明它如何翻译。

“解雇、革职和报复 特朗普‘甩锅’专家手段多”①（央视，2021）（Firing experts, removing them from office, taking revenge on them, the various ways for Trump to shift blame/responsibility onto them|the various ways for Trump to place/put/lay/pin the blame on them）“美国把防控不力甩锅中国？这波最新操作真让人开眼”②（明日绫波，2022）（Shocking to see America blaming China unjustly/unfairly for its being slack in COVID–19 prevention and control/Shocking to see America blaming its being slack in COVID–19 prevention and control on China|shocking to see American passing the buck to China for its inability contain the pandemic effectively）。这两个“甩锅”作为动词的用法的翻译中，用到了本文提及的“pass the buck”与“blame”作为名词与动词用时的搭配。

四、结束语

基于北京语言大学BCC现代汉语语料库中的语料检索结果，本文首先分析了当下的网络流行语——“甩锅”的词义。其本义为“在食物烹制过程中用炒勺等工具将其反复颠起落下，目的是让其受热和调味更加均匀，以保证其色泽与口感”，引申义为“推卸责任”。它作为“推卸责任”用时为“旧词新义”。基于BCC的语料分析表明这一用法主要始于2017年。隐喻是“甩锅”一词本义与引申义之间的语义拓展路径。在翻译“甩锅”时，保持源语与目标语语体风格意义的一致性非常重要。它作名词用时可以译作“blame game/blame–gaming”。当它作动词时，可以译作“pass the buck（onto sb.）”与“blame”用作名词、动词时的不同搭配。“blame game/blame–gaming”与“pass the buck”既传递“甩锅”的概念意义，还可以完全传递其语体风格意义。“blame”的各种搭配也可以有效传递“甩锅”的语体风格意义，因此也可以使用。至于“甩锅”一词在不同语境中的其他潜在译法，以及不同语境下情感色彩（如贬义和中性义等）的不同译法，还

① 央视.解雇、革职和报复 特朗普“甩锅”专家手段多[EB/OL].（2020–5–3）[2021–12–20]. http://news.sina.com.cn/w/2020–05–03/doc–iircuyvi1082314.shtml.

② 明日绫波.美国把防控不力甩锅中国?这波最新操作真让人开眼[EB/OL].（2020–3–23）[2022–1–20].https://news.sina.com.cn/zx/2020–03–23/doc–iimxyqwa2750545.shtml.

值得进一步探讨。

参考文献

[1] 北京语言大学信息科学学院大数据与教育技术研究所.甩锅[EB/OL].[2021-12-11]. http://bcc.blcu.edu.cn.

[2] 海外网. “甩锅”还有“剧本”，美国用心够深[EB/OL].（2020-4-30）[2021-12-7]. http://news.haiwainet.cn/n/2020/0430/c3541093-31780394.html.

[3] 胡壮麟.新世纪英汉大词典[Z].北京：外语教学与研究出版社，2016.

[4] 陆谷孙.英汉大词典（第2版）[Z].上海：上海译文出版社，2007.

[5] 明日绫波.美国把防控不力甩锅中国？这波最新操作真让人开眼[EB/OL].（2020-3-23）[2022-1-20]. https://news.sina.com.cn/zx/2020-03-23/doc-iimxyqwa2750545.shtml.

[6] 人民网. “甩锅”岂能拯救生命[EB/OL].（2020-5-2）[2021-11-3].http://world.people.com.cn/n1/2020/0502/c1002-31695795.html.

[7] 甩锅_百度百科[EB/OL]. [2022-12-15]. https://baike.baidu.com/item/%E7%94%A9%E9%94%85/635281.

[8] 甩锅（网络流行语）_360百科[EB/OL]. [2022-12-15]. https://baike.so.com/doc/804028-850510.html.

[9] 魏南枝.美式“甩锅主义”分析[EB/OL].（2022-1-17）[2022-3-20].https://news.gmw.cn/2022-01/17/content_35451374.htm.

[10] 晓平.美式“甩锅”必将成为国际笑柄[EB/OL].（2020-4-30）[2021-12-3]. http://opinion.china.com.cn/opinion_70_221570.html.

[11] 新华社客户端. “美式‘甩锅’真面目”[EB/OL].（2020-5-9）[2021-12-3]. http://www.chinanews.com/ll/2020/05-09/9179821.shtml.

[12]《新牛津英汉双解大词典》编译委员会.（译）新牛津英汉双解大词典[Z].上海：上海外语教育出版社，2007.

[13] 荀恩东，等.大数据背景下BCC语料库的研制[J].语料库语言学，2016，3（01）：93-109+118.

[14]中国社会科学院语言研究所词典编辑室.现代汉语词典（第7版）[Z].北京：商务印书馆，2001.

[15] 央视.解雇、革职和报复 特朗普“甩锅”专家手段多[EB/OL].（2020-5-3）[2021-12-20].http://news.sina.com.cn/w/2020-05-03/doc-iircuyvi1082314.shtml.

[16] 中国社会科学院语言研究所词典编辑室.现代汉语词典（第7版）[Z].北京：商务印书馆，2016.

[17] Davis, M. blame game[DB/OL].[2021-5-2].https://www.english-corpora.org/coca/.blame_game.

[18] Lexico.com. Blame game[DB/OL].[2021-9-3].https://www.lexico.com/definition/.

作者简介

王安民，博士，副教授，广西民族大学外国语学院，研究方向：双语词典学、翻译学及语用学。

图文共现：壮族史诗《布洛陀》多模态英译

周睿　陆莲枝

摘要：布洛陀是壮族的人文始祖，《布洛陀》史诗以诗的语言，叙述布洛陀开天辟地，创造万物，倡导伦理道德，推进社会文明的伟大功绩。英译《布洛陀》，是传承中华民族传统文化元素的途径之一，目前已经出版发行的有节选英译本和精选编译本。这些译本封面、资料页和注释呈现多模态语篇，涉及的模态有：文字、绘图、照片、地图、图表、颜色等，多种模态共同建构意义，形成了文字和插图的整体表意，实现概念功能、交际功能和语篇功能。译本封面呈现图形和文字并重的多模态语篇，资料页呈现插图为主、文字为辅的多模态语篇，而注释则呈现文字为主、插图为辅的多模态语篇。这些图文语篇开创了《布洛陀》多模态英译先例，图形模态和文字模态体现了协同和主辅关系，建构了图文整体意义。系统功能语言学、多模态语篇、符际翻译等为图文多模态意义建构提供了指导和借鉴。

关键词：插图；文字；《布洛陀》；多模态翻译

项目基金：本文系2021年广西哲学社会科学规划研究课题“壮族史诗《布洛陀》的多模态翻译研究”（批准号：21BYY004）的阶段性成果。

一、引言

布洛陀是壮民族的始祖神、创世神和智慧神，在壮族民间享有至高无上的尊荣，他犹如一座丰碑，千百年来屹立于壮乡民众的心灵深处。布洛陀形象浸透于壮乡人家生活的方方面面，在壮族神话传说、民间故事、谚语歌谣、风俗礼仪、节庆祭祖等，都有歌颂布洛陀丰功伟绩的专题和形式。壮族及其先民通过创世歌、祭祀歌、麽经唱本、岩洞歌圩等方式，纪念和颂扬布洛陀，形成了特色鲜明的布洛陀文化体系。该体系包括布洛陀神话、史诗、宗教、始祖、歌谣等文化，内涵丰富，历史价值、文化价值和学术价值尤为重要（覃乃昌，2003：65–72）。布洛陀以文本形式进入学界视野，始于民间故事传说，如《壮族文学史》（1958）收录了民间故事“陆陀公公”，覃建真（1964）在《民间文学》上发表《通天晓的故事》，覃承勤等（1977）收集整理了《布洛陀史诗》（油印本）等（覃乃昌，2003：66）。《布洛陀》相关文献的整理研究始于1986年，壮学专家学者凝心聚力，基于22种民间手抄本，于1991年整理出版了《布洛陀经诗译注》，共120万字，呈现了布洛陀文化基本风貌，该书出版具有里程碑意义。由于国家很重视民族民间传统文化保护工作，布洛陀文化的整理和研究工作更加深入，完整收录汉译29种麽经抄本的《壮族麽经布洛陀影印译注》（8大卷本）于2004年出版发行，《布洛陀》2006年入选第一批国家非物质文化遗产名录，《壮族麽经布洛陀遗本影印译注》（三卷本）于2016面世，整理汉译了广西田阳个强屯农氏家族的13种手抄本，是壮族布洛陀文化典籍整理翻译的又一巨作（黄中习，2017a：46）。这些作品统称《布洛陀》，都是研究壮族历史和文化的宝贵文献，以诗歌的语言和形式，生动叙述布洛陀创天地、造万物、排秩序、解忧难的功绩。《布洛陀》是壮族古老而又宏伟的创世史诗（覃乃昌，2003：68），是壮族的复合型史诗，也是我国南方少数民族复合型史诗的代表（黄中习，2017a：46）。

作为壮族文化典籍的代表，《布洛陀》对外译介研究取得了一定的成就（邓英凤，2021：104）。20世纪80年代以来，尤其是进入21世纪以后，《布洛陀》的英译理论与实践研究呈“井喷”态势，述著丰厚，成果喜人，影响巨大。韩家权、黄中习的《布洛陀》英译研究课题分别于2008年、2016年获得国家社科基金项目立项。韩家权团队翻译出版的《布洛陀史诗》（壮汉英对照）于2013年荣获第十一届中国民间文艺山花奖民间文学作品奖，2014入选第二届向全国推荐百种优秀民族图书。国外学者贺大卫（David Holm）基于考察调研，先后出版了《布洛陀》的选译本：（1）《杀牛祭祖：中国西南地区古壮文献研究》（2003）（*Killing a buffalo for the ancestors*：*a Zhuang cosmological text from Southwest China*）；（2）《赎魂：中国南部广西的创世文本〈布洛陀经诗〉研究》（*Recalling Lost Souls*：*the Baeu Rodo Scriptures, Tai Cosmogonic Texts from Guangxi in Southern*

China)；（3）《汉王与祖王》（*Hanvueng*：*The Goose King and the Ancestral King*，*An Epic from Guangxi in Southern China*）。《布洛陀》的翻译实践和研究不断引起译学界兴趣，其研究论文不断增加，在中国知网（CNKI）输入“布洛陀翻译”进行主题检索（2022年7月16日），出现59个条目，首篇出现于2004年，2011年开始发文量逐年增多，2017年、2019年、2020年发文量最多，研究视角不断拓宽，理论研究主要涉及英译原则、策略、词句转换，研究视角有文化翻译、深度翻译、民族志翻译、多模态途径等，对如何提高英译文可读性进行了诸多尝试。文献检索结果表明：译界关注到《布洛陀》多模态译介研究的学者仅有个位数，其中黄中习（2019：49）认为，《布洛陀》的研究与传播要实现路径转变，即单模态到多模态、单媒体到多媒体的融合译介，另外，他在和陈树坤合著的另一篇文章指出：布洛陀民族志译注以语言、图像、录音、表格等多种模态解说原文的语篇，各模态注释分工合作，在‘解说’中发挥各自优势（陈树坤、黄中习，2019：96）。可见，《布洛陀》英译有必要实现多模态化路径转变，其多模态译注实践对民族文化外译有借鉴意义，《布洛陀》多模态英译还有很大的研究空间。本文基于系统功能语言学、多模态语篇和符际翻译等理论，探讨《布洛陀》英译中图文多模态语篇意义的建构，以期拓宽民族典籍文化英译的理论研究和实践路径。

二、理论基础

（一）系统功能语言学

系统功能语言学的核心要素是元功能、系统、语境和层级。元功能是语言固有的概括性功能（Halliday，1967：243），包括概念功能、人际功能、语篇功能（Halliday，1994），体现于小句层面，不存在主次之分。概念功能指人们用语言描述世界（现实或内心世界）经验，由及物性系统体现。及物性系统就是语义系统，分为物质过程、关系过程、心理过程、言语过程、行为过程、存在过程，多数过程还涉及相关参与者和潜在环境因素（Halliday，1985：101–102）。人际功能指人们通过语言交流来建立人际关系，通过语气系统和情态系统来表达。语篇功能指依据语义将零散的语言成分组合成篇，主要组篇方式有主述位结构、信息结构和衔接。语言是一种潜势或系统，是语言成分的聚合群，纵聚合关系表达意义潜势，可供语义选择，由若干个子系统构成，语法是语言组织规则，言语者可以根据语义，从系统网络中作出选择。Halliday将文化语境和情景语境纳入系统功能语言学体系之中，提出语言是社会符号的观点，文化语境指的是社会文化、意识形态等，情景语境是文化语境的实例，包含三个变量：语场（field）、语旨（tenor）、语式（mood）（Hallday，1978：120）。语场指发生何事，进行何种活动；语旨指谁和谁说话，交际双方是什么关系；语式指交际媒介、渠道、修辞方法等。Halliday & Matthiessen（2014：25）将语言分为内容层与表达层，内容层包括语义层与词汇语法层，表达层包括音系层和语音层，认为语言具有层级性。

（二）多模态语篇

多模态指在一个交流制品或交流事件中，多种符号模态（如语言、音乐等）有机组合（van Leeuwen，2005：281）。该定义表明：人们不仅使用语言来理解和表征意义，同时也使用图像、手势、眼神、体态等其他交流形式（Jewitt，2009：14）。不同的模态有不同的意义潜势（meaning potential）或称供用特征（affordances），通过语言、图像等多种符号资源进行交际的现象，就是多模态语篇。Maichael O'Toole是将系统功能语法用于分析视觉符号的第一人，其著作《陈列艺术的语言》（*The Language of Displayed Art*）（1994）探讨了雕塑、建筑、绘画的视觉语法，提出了较为简略的视觉艺术作品的分析框架：再现意义（representational meaning）、情态意义（modal meaning）和构成意义（compositional meaning）。

Gunther Kress和Theo van Leeuwen于1996年合著出版了《阅读图像：视觉语法》（*Reading Images: The Grammar of Visual Design*）一书，这是全面系统分析视觉符号的第一部学术专著，该书2006年再版。这本书基于社会符号学的理论框架，将语言的三大元功能延展到视觉符号系统，构建了视觉模态的语法分析框架：再现意义（representational meaning）、互动意义（interactive meaning）、组图意义（compositional meaning）。再现意义分为叙事再现（narrative representation）和概念再现（conceptual representation）。互动意义是关于制图者、图中事项和看图者之间的关系，以及看图者对图中事项所持态度，即接触（contact）、社会距离（social distance）、态度（attitude）。组图意义通过信息值（information value）、突显（salience）、定框（framing）三个要素来实现。Painter等人（2013）认为，从社会符号学角度解读绘本，应基于对视觉意义的描述，视觉意义和文字意义同等重要（Painter et al.，2013：9）。他们进一步提出了绘本中图像和文字之间的多模态互补框架，包括一系列视觉意义潜力及其相应的视觉意义体现（Painter et al.，2013：137–139）。

（三）符际翻译

在翻译研究中，符号学概念的引入可以追溯到Jakobson（1959：233）的翻译三分法：语内翻译（intralingual translation）、语际翻译（interlingual translation）、符际翻译（intersemiotic translation）。Jakobson的翻译分类和定义借鉴了传统符号学理论，正如Munday（2010：5）所言，翻译确实不局限语言之间的转换，书面文本可以转换为音乐、电影、绘画等其他表现方式，这就是符际翻译。符际翻译是语言符号和非语言符号之间的转换，语言、符号、文化等诸多因素催生形态各异的文本符号，这就是当今数字化时代的文本特色，也是多模态翻译产品的表征。翻译是一个跨模态过程，在再生产过程中媒介、体裁、意义等都将发生一系列转换（Kress，2003）。这种模态间的转换是符号资源的选择过程，必将结合各模态的意义、形式和社会背景，以确保意义的一致性。可以说，翻译就是一种再生产，是符号资源之间的转换，更是意义系统的重构。

三、《布洛陀》英译中图文多模态意义建构

壮族史诗《布洛陀》先是口耳相传，后用古壮字誊写抄录，以手抄本形式流传于壮族民间，历经从口传到书写的漫长历史，其价值是多方面的，如语言学、文化学、诗学、美学等，承载着丰富多样的壮乡文化，体现着人与自然和社会和谐共生的主题思想。《布洛陀》依托演唱场景凸显意义，演唱者、听众、服装、表情、器物等参与意义表达，形成视觉、听觉有机结合的交际活动。英译时，除了文字模态，译文可添加插图模态，形成图文表意整体。余小梅和耿强系统地探讨了图文文本翻译的理论和方法，认为插图、封面画、排版布局等都是视觉元素，和文字一起建构意义（2018：82）。《布洛陀》英译的图文多模态语篇聚焦于译本的封面、资料页和译注，反映了图文共现、建构意义的特点和规律，体现了

图形模态和文字模态之间的关系。

（一）封面：图文并重

书籍类读本的封面很重要，它是读者对书籍的第一印象，是激发读者阅读兴趣的窗口，Kress和van Leeuwen（2006：142）认为，封面是一种独特的交流方式，书籍封面具有独特的表意功能。壮族史诗《布洛陀》被誉为壮族原生态文化的百科全书，其译文封面图文符号彼此交互，协同构建封面内涵，传达作品主要信息，其中，文字组合、字体字号、颜色搭配、组篇布局、图像选择，都参与意义表达。

《布洛陀》史诗内容丰富，以歌颂布洛陀功绩为主线，由众多篇目组合而成，却又可根据次主题内容独立成篇，各篇目适用于不同场合喃唱。《杀牛祭祖》《赎魂》《汉王与祖王》都是《布洛陀》的节选译本，《布洛陀史诗》是《布洛陀》精选编译本。《杀牛祭祖》是David Holm英译《布洛陀》的首创成果，2003年由美国北伊利诺伊大学（Northern Illinois University）的东南亚研究中心（Center for Southeast Asian Studies）出版发行，全书32开版，共304页。《赎魂》是David Holm英译《布洛陀》的另一成果，于2004年由泰国的白莲出版公司（White Lotus Co., Ltd.）出版发行，全书32开版，共310页。《汉王与祖王》是David Holm继《杀牛祭祖》和《赎魂》两大译本之后于2015年推出的《布洛陀》英译又一力作，由荷兰博睿学术出版公司（Koninklijke Brill NV）出版发行，全书641页。《布洛陀史诗》（壮汉英对照）是韩家权教授带领团队开展课题研究的成果之一，2012年由广西人民出版社出版发行，共计277页。2013年12月，该书荣获中国文学艺术界联合会、中国民间文艺家协会颁发的第十一届中国民间文艺山花奖，同年，荣获广西壮族自治区新闻出版局颁发的第十七届广西优秀图书奖一等奖，2014年入选国家新闻出版广电总局和国家民委联合评选的“第二届向全国推荐百种优秀图书”。

这四本译著的封面有图形，有文字，有颜色，图文色多种符号资源共现于特定时空，体现多模态话语特征，是图文的整体表意，体现了文字和图像的概念功能、人际功能和语篇功能。《杀牛祭祖》利用图形模态来协同文字符号来表意，字号及其位置表征书名信息值，文字图形叙事再现意义，字体字号、封面底色、绘图叙事相互依存，展现译本信息，图文搭配比纯文字更能吸引读者注意，有助于读者了解译作主题，实现读者和译作的交互功能。文字提供译作的必要信息，图形和封面底色增强文字的文化特性，是对书名的复现解释，是文字的生动再现，提供了情景语境，文字、图形、框纹和底色通过颜色拼搭形成定框，呈现“中心—边缘”样态，凸显主题信息，实现了封面的组图功能。《赎魂》和《汉王与祖王》也是用图像和文字来实现组图意义，文字通过红色和黑色的反差以及不同字号来吸引读者视线，加入插图，再现概念意义，增强读者和译作的互动。相对于前三本，《布洛陀史诗》则以橙色为封面底色，显得庄重，书名有中文，也有英文，此外，还有译著相关的课题名称及编号等，彰显学术性。可见，多种模态如颜色、线条、文字、图形等协同建构封面意义，实现概念、人际、语篇等表意功能。

封面图文意义的建构，不仅和主题内容和图文功能有关，更和社会文化语境、出版目的等有关，也体现封面设计者的偏好和旨趣。《布洛陀史诗》是中华多元文化的有机组成部分，如何在其译著封面设计中彰显优秀的传统文化元素，建构吸引读者眼球的多模态话语，值得封面制作者付出更多的心力。封面设计直接影响读者兴趣，图文同构要考虑诸多设计要素，如文字、图形、色彩、构图等，多模态语篇理论给译作封面提供诸多启示，封面文字需简练，主要是书名、作者名等，其字体字号设计作用巨大，图形可写实、可抽象、可写意，呈现形式为插图、摄影、图案等，色彩直接冲击视觉，最容易打动读者，色调设计与文字表达应相得益彰，构图应形式多样，可根据主题需要，形式为叠合、向心、边线、交叉、底纹、散点等。

（二）资料页：图主文辅

资料页指的是置于目录页和前言页之间补充作品相关资料的页面，一般由插图和文字呈现，给读者提供相关的文化语境和情景语境。由于“布洛陀文化历史悠久，具有强烈的信仰性、活态性、广泛性和多元性”（张志巧、张建春，2018：86），作为壮族文化经典的《布洛陀》，凝聚和承载着独特的壮家文化智慧和基因，其英译是跨越时间和跨越空间的跨文化交际行为。对英译文读者来说，若不了解中国壮族的历史文化，不了解《布洛陀》流传的环境和形式，阅读难度则更大。若能借助图片的直观性，结合文字符号的使用，形成多模态表意，呈现相关背景知识，则有助于表达文化信息，传递文化内涵，降低译文读者解读难度。现以《布洛陀》选译本《赎魂》和《布洛陀史诗》的资料页为例，探讨插图和文字是如何实现多模态意义的。

《赎魂》分前置、主体、后置三大部分，资料页位于前置部分，前置部分的内容为：插图列表（List of Illustrations）、序言（Preface）、手抄本及音译说明（Note on Transcription and Transliteration）、缩略凡例（Abbreviation）、CD光盘说明（The Companion CD），这些都是译本背景知识的介绍，其中，插图列表凸显插图为主、文字为辅的多模态语篇（David Holm，2004：i–ix）。

David Holm是民族志译者（黄中习，2017b：51），于20世纪90年代初深入壮家民间，了解《布洛陀史诗》流传情况，走村访寨，就抄本地解读问题请教相关人员，上述组图就是David Holm田野调研的实地拍摄照片，呈现给读者的是玉凤村（中国广西田阳的偏远村落）20世纪90年代初的生活风貌，有地理环境、生活日常、住房形状等，组图方式基本都是上下结构：图片抢眼，占据主要位置，居上；文字横排，居图下，简单明了。图文主次分明，提供了有助于读者理解《布洛陀史诗》的文化语境，令读者印象深刻。

《布洛陀史诗》（壮汉英对照）是首部由国内学者完成的壮族史诗《布洛陀》的英文译本，是国家社科课题“壮族典籍英译研究——以布洛陀史诗为例”的研究成果。资料页展示了16张图片，内容为：国家课题结项证书及课题研究活动照片、壮族麽经布洛陀影印译注封面（八卷本）、壮族始祖布洛陀铜像、《布洛陀》古壮字抄本等。每张图片都附有文字说明，文字为中文和英文。组图方式为：图为主，居上，字为辅，横排时居下，竖排时居左或右。

第1幅图是《布洛陀》英译研究团队研讨会合影，第2幅图是团队成员调研走访布洛陀传承人并合影留念，第3幅图是民间布洛陀手抄本原貌，第4幅图是布洛陀祭祀大典的现场盛况。图片呈现的信息是英译团队开展实地调研和英译实践的生动素材，展现了《布洛陀》古壮字书写样貌，也提供了布洛陀祭祀大典场景，使读者对译作由来和译者活动有些许了解，属于文化语境和情景语境信息。

《布洛陀》手抄本资料散落民间各处，古壮字原文本同音同义异字多，难以找到统一规范的原文，哪怕是《布洛陀经诗译注》等原典文献问世之后，译者在开展翻译工作之前，也需要了解《布洛陀》的文化语境和情景语境，要做大量的原文考证与解读工作，资料页的插图和文字就是这些工作本身的注释说明。图文表意对比度强，信息量大，比黑白两色呈现的文字单模态更容易引人注意，这些图文和译者活动相关，是译者实地考察的佐证材料，体现了译者表达意图和偏好。这些图文和《布洛陀史诗》有所关联，包含了文化语境和情景语境信息，给译文读者补充了相关背景知识。

（三）译注：文主图辅

译注是译者在译文中添加的注释，用来提供有用的信息，是对译文的解释、补正或解惑，是一种“学术行为”（陈树坤、黄中习，2019：96），向来备受典籍译者青睐。就现有的《布洛陀》英译本来看，David Holm的《赎魂》主题内容覆盖面广，包括创天地、造万物、定秩序、解灾难、定伦理等，颂扬了布洛陀“为子孙后代创造良好生存环境的丰功伟绩，折射出壮族源于物质的世界观、物我合一的生命观、共存转化的事物观”（陈树坤、黄中习，2019：99）。全书共12章，本文将聚焦《赎魂》的前言（Introduction）和译文注释的图文表意，并以此为个案，探讨《布洛陀史诗》图文多模态注释的规律和特点。

《赎魂》的前言长达50页，译者首先介绍壮族的文化语境，即民间信仰、壮族变迁、价值判断、意识形态、地域环境、语言变化等，内容为：壮族概况（The Zhuang）、地域环境（The Locality）、北壮信仰（Religious Life of the Northern Zhuang）、人文始祖布洛陀和姆六甲（Baeu Rodo and Mo Loekgyap）。接着，译者就译本的情景语境进行描述，从语场、语旨和语式三个语境变量向读者译介“布麽”（麽公）和仪式（The Boumo and their Rituals），语场意义是麽公喃唱，偶伴舞蹈，以期消灾解难，祈求平安；语旨意义是场景正式，依照仪式进行，麽公处于权力高位，受众处于权力低位；语式意义是喃诵手抄本经文。再者，前言介绍壮语原文的语言系统，内容为：《布洛陀》诗性与格律（Poetics and Versification in Boumo Scriptures）、壮语音系系统（The Language of the Scriptures）、古壮字文字系统（The Old Zhuang Script）。最后，译者介绍《布洛陀》的发现与收集情况，并列举了116个文化词条注释（Notes）。

《赎魂》全书英译文共12篇，篇目为：请祖神、造天地、寻水、造火、赎稻魂、赎牛魂、赎猪魂、赎鸡鸭魂、赎鱼魂、赎房子园子渔网魂、造土官皇帝、造文字历书，英译正文（Text）体例为英语和壮语隔页对照（双页为English translation，单页为 Zhuang text），篇幅仅占全书310页的35%。注释占比却很大，有题解（Introductory Note）、原文注释（Notes to the Original Edition）、民族志注释（Ethnographic Notes）和附录（Appendix）。每篇译文前有题解，相当于引言式注释。每篇译文都有原文注释和民族志注释，都以诗行为注释单位，原文注释是基于原文对可能造成理解难点的地方加以注释，而民族志注释是译者根据自身理解加以注释，是译者的解读性注释。注释体例基本格式为：语篇解读+(文化/情景语境)，即从个别词汇（通常为文化特色词）出发，解释其音义，后拓展该词相关语境信息（陈树坤、黄中习，2019：100），在原文注释和民族志注释之间插入图片，有照片或绘图，形成多模态注释。《赎魂》译文1注释插入18幅照片，译文2注释插入16幅照片，是译者田野调查实地拍摄的，属于情景语境信息。

除了照片，译者还在其他译文注释插入绘图，直观呈现一些语言文字难以言状的事物，如壮族民间用于占卦的鸡卜工具、用竹篾编织的捕鱼工具、广西淡水鱼的不同鱼类形状等，给译文读者提供文化语境信息，例图如下（见图1）：

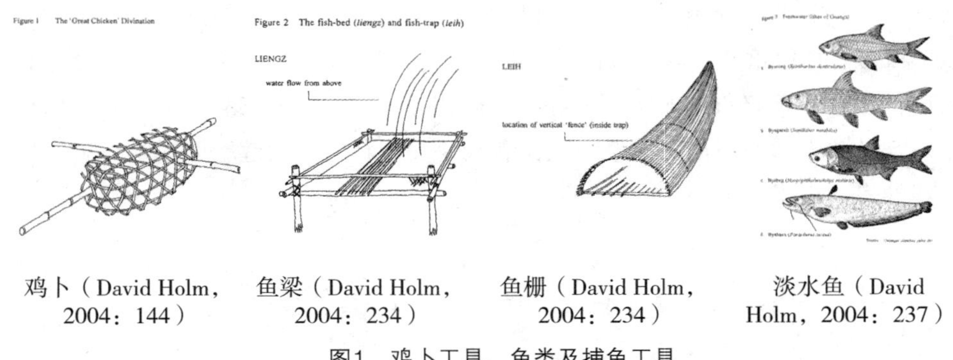

鸡卜（David Holm，2004：144）　鱼梁（David Holm，2004：234）　鱼栅（David Holm，2004：234）　淡水鱼（David Holm，2004：237）

图1　鸡卜工具、鱼类及捕鱼工具

附录是壮语音系系统的相关说明，内容为：壮语8个调号、22个首声母（initials）、108个韵母（rhymes），呈现方式为多模态：文字、列表、表格，例图如下（见图2）：

TONES

There are eight tones in Standard Zhuang. Tones on open syllables are designated by a consonant letter attached to the end of the syllable. This consonant is not pronounced, but serves merely to indicate tone, in much the same as diacritical marks in other transcription systems. The tonal values given below are those for Standard Zhuang, which is based on the language of Wuming.

Tone	*Symbol*	*Value*	*Example*	
1st Tone	(no symbol)	24 ˨˦	*son*	'to teach'
2nd Tone	-z	21 ˨˩	*mwngz*	'you'
3rd Tone	-j	55 ˥	*hwnj*	'to ascend'
4th Tone	-x	42 ˦˨	*max*	'horse'
5th Tone	-q	35 ˧˥	*gvaq*	'to pass by'
6th Tone	-h	33 ˧	*dah*	'river'

壮语调号列表

INITIALS

There are 22 initials in Standard Zhuang. Their values are given in alphabetical order be

Symbol	*IPA Equivalent*	*Example*		
b	p	*bae*	(pei^{1})	'to go'
by	pj	*bya*	(pja^{1})	'fish'
c	c	*caez*	(cɐi^{2})	'together'
d	t	*dawh*	(tɐɯ^{6})	'chopsticks'
f	f	*fangz*	(fa:ŋ^{2})	'ghost'
g	k	*gwn*	(kɯn^{1})	'to eat'
gv	kv	*gvaz*	(kβa^{2})	'right, right-hand'
gy	kj	*gyaeuj*	(kjɐu^{3})	'head'
h	h	*haj*	(ha:^{3})	'five'
l	l	*lwg*	(lɯk^{8})	'child, baby'
m	m	*mieng*	(mi:əŋ^{1})	'ditch'
mb	ʔb	*mbanj*	(ʔba:n^{3})	'village'
my	mj	*myaiz*	(mjai^{2})	'saliva'
n	n	*naz*	(na:^{2})	'wet-field'
nd	ʔd	*ndei*	(ʔdei^{1})	'good'
ng	ŋ	*ngoenz*	(ŋon^{2})	'day'
ngv	ŋv	*ngveih*	(ŋβei^{6})	'kernel'
ny	ȵ	*nyi*	(ȵi^{1})	'to listen'
r	ɣ	*raemx*	(ɣɐm^{4})	'water'
s	θ	*sang*	(θa:ŋ^{1})	'high, tall'

壮语声母列表

RHYMES

There are 108 rhymes in Standard Zhuang. Rhymes are composed of one of the six vowels (a, e, i, o, u, or w) plus an optional coda (m, n, ng, p, t, k), or a diphthong. There is a distinction between long and short vowels for all vowels except /e/. Rhymes can be put in tabular form as follows, giving first plain vowels and diphthongs (A), rhymes with nasal codas (B), and dead-syllable rhymes in 7th Tone (C) and 8th Tone (D):

	long a	*short a*	*long e*	*long i*	*short i*	*long o*	*short o*	*long u*	*short u*	*long w*	*short w*
A											
	a		e	i		o		u		w	
	ai	ae	ei			oi		ui		wi	
	ao	aeu	eu	iu		ou					
B											
	am	aem	em	iem	im	om	oem	uem	um		
	an	aen	en	ien	in	on	oen	uen	un	wen	wn
	ang	aeng	eng	ieng	ing	ong	oeng	ueng	ung		wng
C											
	ap	aep	ep	iep	ip	op	oep	uep	up		
	at	aet	et	iet	it	ot	oet	uet	ut	wet	wt
	ak	aek	ek	iek	ik	ok	oek	uek	uk		wk
D											
	ab	aeb	eb	ieb	ib	ob	oeb	ueb	ub		
	ad	aed	ed	ied	id	od	oed	ued	ud	wed	wd
	ag	aeg	eg	ieg	ig	og	oeg	ueg	ug		wg

壮语韵母表格

图2　壮语音系系统

就《赎魂》的各种形式注释来看，总体而言，语言文字描述占绝大部分篇幅，以译文1的注释为例，译文共194行，诗行排版，共6页，原文注释190条，散文式排版，共5页，民族志注释30条，共14页，而非语言符号只有18幅插图，共8页，形成了文字为主插图辅的多模态注释。《布洛陀》译注中还要很多文化特色词，可进行符际翻译，实现从文字到图形的跨符号转换，译者可基于多模态语篇，围绕概念功能、人际功能和概念功能，充分利用文字和图形符号资源进行系统选择和意义重构，着重考虑参与者、过程和情景的意义表达，通过“接触”（表征参与者与看图者是否有目光接触）、“距离”（表征参与者与看图者的距离，以框架尺寸体现，有近景、中景、远景）和“视角”（水平、倾斜、俯视和仰视）来建构看图者和事件的互动关系，利用信息值、突显和定框来选择意义进行组图，其中，颜色表意值得译者加以重视，因为颜色是重要的视觉元素，可体现“凸显性”，颜色和形状可直接激发人们的情感反应（Kress，van Leeuwen 2020：33）。译者需要依据跨模态互动关系和逻辑语义关系，在读者和译文注释之间架起一座时空桥梁，优化注释的表达效果。

四、结语

壮族史诗《布洛陀》英译实践与研究只是近二十年的事情，已经出版发行的英译本目前还是个位数，有节选英译本，也有精选编译本，这些都是介绍中国文化（尤其是壮族传统元素）的重要读本。多模态研究的兴起，为《布洛陀》英译实践和研究提出新建议和新路径，其英译产品实现从黑白两色的单模态文字符号到图文等多种符号资源共享的多模态语篇转换。系统功能语言学、多模态语篇和符际翻译理论给《布洛陀》英译带来诸多启示，其英译本除了语言符号资源外，给读者展示了许多插图，有照片、绘图、地图、图表等，多模态语篇集中体现在封面、资料页和注释。封面有文字，有绘图或照片，再合理利用颜色搭配，协同建构封面的内涵意义，形成文字和图形并重的多模态语篇。封面页插图占据主要位置，附加文字说明，主次分明，形成了插图为主、文字为辅的多模态语篇。注释形式多样，数量众多，基本体例是“语篇解读+文化/情景语境”，语言文字描述占比大，对文字描述难以言表的事物，译者通过符际翻译，借助插图表意，相对于文字篇幅，插图比重很小，形成了文字为主、插图为辅的多模态语篇。《布洛陀》英译本的封面、资料页和注释，呈现了并重和主次的图文关系，形成了多模态英译语篇，开启了壮族典籍多模态翻译的先河。作为壮族的文化经典，《布洛陀》是中华民族多元文化的有机组成部分，其译介有助于促进世界文化的沟通和交流，如何围绕概念功能、人际功能和语篇功能，结合文化语境和情景语境，将图文多模态表意最佳化，值得更多译者深入探索和研究。

参考文献

[1] 陈树坤，黄中习.再实例化视角下民族志多模态译注研究——以《回招亡魂：布洛陀经文》为例[J].西藏民族大学学报（哲学社会科学版），2019，40（02）：96–102+119.

[2] 邓英凤.壮族文化典籍“走出去”研究——以《布洛陀》对外译介为例[J].边疆经济与文化，2021（09）：100–104.

[3] 韩家权.布洛陀史诗（壮汉英对照）[M].南宁：广西人民出版社，2012.

[4] 黄中习．壮族布洛陀文化典籍整理翻译的又一巨作——简评三卷本《壮族麽经布洛陀遗本影印译注》[J].桂林师范高等专科学校学报，2017（05）：46–49.

[5] 黄中习.译介学视角下的民族志译者角色研究——以贺大卫为例[J].广西师范学院学报（哲学社会科学版），2017，38（06）：51–55+68.

[6] 黄中习.布洛陀史诗文化的多模态、多媒体译介初探[J].桂林师范高等专科学校学报，2019，33（04）：49–53.

[7] 覃乃昌.布洛陀文化体系述论[J].广西民族研究，2003（03）：65–72.

[8] 余小梅，耿强．视觉文本翻译研究：理论、问题域与方法[J]．外语与外语教学，2018（03）：77–87，145.

[9] 张志巧，张建春.布洛陀文化与壮族地区中华民族共同体意识的培育[J].广西师范学院学报（哲学社会科学版）,2018，39（04）：82–86.

[10] Halldiay, M. A. K. “Notes on Transitivity and Theme in English” [A]. In Journal of Linguistics，1967，3（01）：37–81.

[11] Halliday, M.A.K. Language as Social Semiotic: The Social Interpretation of Language and Meaning[M]. London: Edward Arnold，1978.

[12] Halliday, M. A. K. An Introduction to Functional Grammar[M]. London: Edward Arnold，1985.

[13] Halliday, M. A. K. An introduction to functional grammar（2nd ed.）[M]. London: Edward Arnold，1994.

[14] Halliday, M. A. K. and Matthiessen, C. M. I. M. Halliday's Introduction to Functional Grammar[M]. London: Routledge，2014.

[15] Holm, D. Killing a Buffalo for the Ancestors: a Zhuang Cosmological Text from Southwest China[M]. Dekalb: Northern Illinois University，2003.

[16] Holm, D. Recalling Lost Souls: The Baeu Rodo Scriptures, Tai Cosmogonic Texts from Guangxi in Southern China[M]. Bangkok: White Lotus Press，2004.

[17] Holm, D. Hanvueng: The Goose King and the Ancestral King[M]. Leiden: Koninklijke Brill NV.，2015.

[18] Jakobson, R. "On linguistic aspects of translation"[A]. In R. A. Brower（Ed.）. On translation [C]. New York, NY: OUP，1959.

[19] Jewitt, C. The Routledge handbook of multimodal analysis[M]. London: Routledge，2009.

[20] Kress, G. Literacy in the New Media Age[M]. London & New York: Routledge，2003.

[21] Kress, G., & van Leeuwen, T. Reading images: The grammar of visual design [M]. London: Routledge，1996/2006/2020.

[22] Munday, J. Introducing Translation Studies: Theories and Applications[M]. Shanghai: Shanghai Foreign Language Education Press，2010.

[23] O'Toole, M. The language of displayed art[M]. London: Leceister University Press，1994.

[24] Painter, C, Martin, J. R. & Unsworth, L. Reading visual narratives: Image analysis of children's picture books[M]. London: Equinox，2013.

[25] van Leeuwen, T. Introducing social semiotics[M]. London: Routledge，2005.

作者简介

周睿，暨南大学外国语学院研究生，研究方向：英语笔译。

陆莲枝，百色学院教授，研究方向：语言文化、典籍翻译。

从交际翻译角度浅析英语书信体文本的翻译——以《听爸爸的话》为例

曹洋　周柳琴

摘要：书信作为一种十分正式的通讯方式，具有自身语言和形式上的特点。本论文在交际翻译理论视角下，以*Take it from Dad*《听爸爸的话》作为研究材料，从中选取典例作为研究对象，探究英语书信体的翻译原则、翻译方法、翻译策略。本次研究旨在论述交际翻译理论对此类书信体文本的指导意义，总结这类书信体文本的翻译方法和翻译策略，为当代英汉书信体翻译提供一些策略和经验，以便今后书信体的翻译能跨越文化差异带来的理解障碍，最大程度地实现文本的交际功能。

关键词：交际理论；翻译方法；翻译策略；书信翻译

一、引言

随着现代通信技术的发展，书信作为交流工具在慢慢淡出人们的视野，但在当今世界，全球化的浪潮越来越势不可挡，而书信作为一种较正式的通讯方式也在不同文化的交流之中重新展现出它独特的魅力。很多国外的文章传入中国，极大地丰富了国际的文学文化。但笔者在知网、万方等文献检索平台查阅“书信翻译”研究现状、翻译原则、翻译方法等相关论文后，了解到国内外研究现状，发现当代国内外书信体英汉翻译的译本比较少，汉英翻译则比较常见，但体裁多为小说、散文等。对于家书这一类型文体文本的翻译研究更是少之又少。为了进一步加深英汉翻译中书信体文本的研究，也为了向当代英汉书信体翻译提供一些策略和经验，本论文在交际翻译理论视角下，以*Take it from Dad*（《听爸爸的话》）作为研究材料，从中选取典例作为研究对象，探究英语书信体的翻译原则、翻译方法、翻译策略，使书信体文本的翻译向汉语读者靠拢，能最大程度地实现文本的交际功能。

二、书信体文本和《听爸爸的话》一书简介

（一）书信体文本介绍

书信体文本是翻译体裁中比较常见的文体，在书信体的文本翻译中不仅要注重对原文本的翻译还要注重对文体的保留以及所挖掘出来的信息。书信是传递信息与文化的一个途径，通过对书信体的翻译，可以对信息和文化进行交流与传递。在书信翻译中译者需基于翻译理论指导，对源文本或源语进行准确翻译，尤其是面对双语转换中可能出现的问题能运用适合的翻译技巧及方法加以解决。书信体最基本的功能就是沟通，写信人给收信人写信也是为了达到交流的目的。书信体文本属于信息型文本，在翻译的过程当中，采用交际翻译原则，突出文本的信息内容来增强译文的可理解性（Newmark，1981：21）。所以，在翻译书信体文本时，信件作为信息交流的媒介，能够传达含义和感情。译者在翻译此文本时应该将目标语读者的接受度情况考虑在内，从而更好地还原原文本信息。书信文体在中外文体学发展进程中产生重要而深远的影响，文体价值应该得到充分的肯定和重视（沈月，2022：110–119）。书信作品的内容贴近生活、富含时代气息，蕴含丰富的文化思想，是加强人文交流的重要途径（吕思语，2021：7）。

（二）源文本的介绍

源文本由美国的新英格兰作家乔治·格里斯沃尔德·利弗莫尔（George Grisworld Livemore）所著。该书确切地说属于说教性的家书体裁，文本的主题是

关于父与子之间的家庭教育。该书于2015年3月28日在美国出版，总字数为48596字。书中提到20世纪新英格兰对教学的重视，在源文中作者也十分注重孩子的教育。该书的出版在当时引发了人们对子女教育重视的讨论，其影响至今犹在。不管在哪个年代父母都特别注重对孩子的教育，而这一点在享有美国乃至全世界最优越教育资源的新英格兰更是如此。原文提到刚刚转学进入一个新学校的儿子时常感到迷茫并且困惑，作者就通过家书的方式与孩子交流并且帮他疏解心中的疑虑。文中作者对儿子的谆谆教诲和热切期盼，不仅体现出父子之间浓浓的情谊也刻画出为人父母语重心长教育孩子的伟大形象。书信文体是父母与孩子之间沟通的桥梁，承载着传统教育思想的精华，结合书信的内容，学会语言交际的技巧，掌握与父母、朋友沟通的方法（杨薇，2019：59）。

三、翻译理论和翻译原则

（一）翻译理论的介绍

交际翻译理论最早由英国著名翻译家纽马克提出。纽马克最大的贡献就是强调了交际翻译与语义翻译的区别，并对两种翻译理论的本质和适用范围进行了准确的阐释，这在一定程度上弥补了尤金·奈达交际翻译理论的局限，并得出交际翻译产生的效果和影响力求接近原文文本（谢天振，2008：62）。语义翻译重在传达原文的语义内容，交际翻译则注重读者的理解和反映（杨士焯，1998：48–50）。

总体来说，交际翻译法更具有相对意义，并且具有归化，意译和地道翻译的优势。交际翻译以目的语读者和接受者为目标，在处理原文的时候，译者不仅只是复制原文本的语言文字，而是有较大自由度地去解释原文，调整文体，使目标语读者理解原文本的意思，真正做到保留原文本的功能并且努力使译文对目的语读者所产生的效果与原文对源语读者所产生的效果相同（Newmark，1981：63–64）。

源文本的题材属于家书类型，是讲述父子亲情关系的说教体文本。书中父亲写给儿子的家信，风格类似中国的《傅雷家书》。文章语言真挚无华，但由于原文本的年代比较久远，在翻译的过程中，译者不仅要做到忠实于原文，也要使译文符合目标语表达的习惯。作为译者，“首先要忠实原文作者，其次要忠实于原文语言，最后还要忠实于译文读者”（Newmark，2001：64）。

（二）书信体翻译原则

以原作者为中心还是以读者为中心？（叶子南，2013：10）我们并不否认有时以原作者为中心是译者所应采用的方法。但这种译法所占的比例相当小。翻译的总原则是以读者为中心，这一点在英汉翻译中尤为突出。在翻译书信体文本时，译者应该考虑目标读者，使自己的译本符合源语语境的表达习惯和写作规范，让目标语读者对原文的信息一目了然，理解和读懂原文，继而达到文化交流和文化传播的目的。

这类书信体属于英汉翻译，那以源语为导向还是以译入语？（叶子南，2013：173）除了为某一特殊目的，如用靠近源语的译法翻译以反映原文表达的文化特点，以供学术研究所用外，大多数情况下译者翻译的任务还是传达信息为主。介绍源语文化不应该以牺牲译入语表达习惯为代价，因为靠近源语的译法总是会生成很多不符合译入语习惯的句子，因此英汉翻译的基本原则应该主要是向译入语靠拢，尽量地发挥译入语优势，同时交际翻译则较流畅、清楚，符合译入语的习惯。这就需要译本符合中文读者的语言习惯和中文的文本格栅。文本格栅（textual grid）的概念最早由巴斯内特和勒菲弗尔指出，指某一文化中为人接受的表达方式的集合（强晓，2021：69）。

为了通顺流畅，可以将很多文字以外的因素考虑进去（叶子南，2013：173）。书信体文本多为对话形式，信息简洁，如果直接翻译会让目标语读者不能准确地理解原文，可以适当地增添一些内容，使原文符合逻辑思维和表达习惯，以便目标语读者理解，更好地实现交际目的。对于有些英文中存在的但是汉语没有的词汇，译者可以选取一两个出来进行说明，这也体现不同文化的差异性和多样性。而对于中英文表达习惯相差太大的部分，作者可以做一些转换和取舍，从而最大程度保留原文信息和保证译文的通顺。联和国纽约总部资深译审蔡力坚（2020：183）认为，“译者要知道自己在说什么”，不能“只要找到所有词语的对应词，即大功告成。”翻译是跨语言跨文化的对话。译者所起的作用，是帮助原文作者和译语受众相互沟通，达到预期目的（陈小慰，2015：32）。

四、交际翻译角度下的案例分析

交际翻译忠于目标读者，翻译内容需较流畅、清楚，符合译入语的语言习惯和表达习惯。在这一节中笔者将论述交际翻译对书信体翻译的指导意义，以及总结书信体的翻译方法、策略和技巧。译者应采用一些翻译策略，使得译文可以跨越文化差异带来的理解障碍，更好地被读者接受（王颖，2011：6）。

（一）信息的增减

例1：

原文：When he awoke he said I'd been a good boy not to disturb his nap, and he gave me a nickel, which surprised me so I almost refused it.

译文：等奈特叔叔醒来的时候，奈特叔叔说我是个好孩子，因为我没有打扰他睡觉，他给了我一个五分的镍币，这让我觉得意外，但我也不太敢要这枚镍币。

例2：

原文：At the door he shot another venomous arrow by hurrying off in an opposite direction, exclaiming, "Well, you can't go with me anyhow"!

译文：到了门口，他（奈特）的嘴又控制不住地向他新室友（奈特的室友）发射出另一支毒箭，他（奈特）喊道："你不能跟我一起走！"

分析：例1中句子末尾，"it"指代前面的"nickel"，英文不喜欢大量重复，会用代词"it"替换之前已出现的名词，但因为中文喜欢重复、大量重复、对偶，因为交际翻译忠于的是译文的读者，所以译者将"it"没有处理成"它"，而是重复翻译出来，符合中文语言的表达习惯和读者，并且原文的"he"翻译成"他"，目标读者不明所以，因此需要将他补充出来，他指奈特叔叔。例2上下文语境是奈特的室友问奈特，今晚的晚会能不能带他一起去，但是奈特发自内心看不上室友，就不想带他，原文删减内容，但为了通顺流畅，可以将很多文字以外的因素考虑进去（叶子南，2013：173）。书信体文本多为对话形式，信息简洁，如果直接翻译会让目标语读者不能准确地理解原文，可以适当地增添一些内容，使原文符合逻辑思维和表达习惯。因此，需要增加（奈特）和新室友（奈特的室友）。

（二）直译与意译的运用

直译在符合译文语言的表达规范情况下，保留原文文本的表达方式来保持其内容和风格。可以先直译，真实传达作者思想，后调整，符合汉语表达习惯（王树福，2014：84–92）。而意译采用译文语言中与原文相同或相似的表达形式，来代替原文文本中因两种语言不同而无法保留的内容与形式之间的相互关系，从而进行一些转换来增强译文的可读性。

例3：

原文：Uncle Nate lived over at Epping Four Corners, six miles from our farm, and owing to his judgment of horse flesh he was about as popular there as General Pershing would be at a Red meeting.

译文：内特叔叔住在埃平四角，离我们的农场只有六英里远。由于他能准确识别出哪块马肉新不新鲜，他在当地就像潘兴将军参加红色会议时一样受人欢迎。

分析：从例3可以看出，原文存在像“like”以及“as”等这些具有明喻色彩的词汇，译者在翻译时直接翻译成“像……一样”。中文中比喻此，有“如”“像”在处理这一类表达时，译者运用直译法，目标读者能理解。

例4：

原文：Then, too, I guess you're beginning to realize that the leader of the Lynn High School Glee Club and left end of the football team isn't so big a frog.

译文：而且，我想你已经意识到，林恩高中欢乐合唱团的团长同时也是足球队里的左边锋也算不上什么大人物。

分析：例4中的“frog”这个词在英文词典中有法国人的意思，但是多贬义，是对法国人的蔑称，所以不能直接翻译成算不上一只大青蛙或者法国佬，需要意译转换一下为，算不上什么大人物。

（三）句式结构的转换

英语重形合（Hypotaxis），而中文重意合（Parataxis）。考虑中英文两者的表达差异，译者在翻译时，要厘清原文内部语法结构，才能使译作易于被目的语读者接受。

例5：

原文：I pointed my nose toward home and skedaddled and, believe me, I went some until I hit the woods just below the intervale, where the wind was soughing through those tall pines like invisible fingers plucking on Old Nick's harp.

译文：我朝着家的方向指了指鼻子然后就跑开了。相信我，我跑了很久终于到了山谷下面的树林里，风在高大的松树间呼啸着，就像是一双无形的手在拨弄着老尼克的竖琴。

例6：

原文：Along about seven it began to grow dark and I began to miss my mother. Uncle Nate sat in a rocking chair in the dining room with his feet on the stove, chewing fine cut and reading a farm journal, and I sat in a small chair with my feet on the floor, reading the "Pruno Almanac" and chewing my fingers.

原文：大约七点钟的时候，天色开始变暗，我开始想念我的妈妈。内特叔叔坐在餐厅的摇椅上，脚搁在炉子旁，嘴里嚼着上等的烟草丝，手上不停翻着一本农场杂志。我坐着一张小椅子，脚搁在地板上，吸吮着手指看一本关于监狱酒的年鉴。

分析：英语重形合（Hypotaxis），句子由词组、短语等成分按照一定的规则串联起来，形式结构较严谨。而中文重意合（Parataxis），句子由零散的表达意义部分组成，句式松散，没有连接词，英文句法则更像枝繁叶茂的大树，大枝生小枝，在从属结构中逐层推进（强晓，2021：70）。从例5来看，译者在"skedaddled"这个地方划分一句话，后面又是一句话，交际翻译理论强调译入语，所以应该符合汉语的表达习惯。汉语多短句，所以译者才会将英文中的长句处理成几个短句，属于中文的平行句和流水句。例5和例6中，出现了多次的"I""where"和"and"等逻辑词，这在英文的句子里，每一个都不能省略，否则就会缺乏逻辑。而在中文里面，语句干净利落，无需所谓的"逻辑标记"。

（四）归化策略的运用

情书主要"采用模拟代言的形式，描写悲欢离合的情境和虚构情侣之间的关系，并以华美的骈偶句型和文学典故来吸引读者"（潘少瑜，2017：269），翻译上则普遍采用归化手法，语言以典雅、艳丽为主要特征，考虑目标读者是汉语读者，这也为笔者采取翻译策略提供一定启发。

例7：

原文：But when I moseyed through Welt and saw them make fifty thousand pairs without batting an eye, I realized I had been looking at myself through the wrong end of the telescope.

译文：当散步时，我们看到威尔特工厂的工人能一口气磨五万双鞋子，而眼睛都不眨一下，我才发现真是妄自尊大。

例8：

原文：Time was when ham was looked down upon as the poor man's meat, but now, when there are no poor except professional men and shoe manufacturers, his pig shop has come into his own.

译文：曾经一段时间，人们看不起火腿，认为是穷人的肉，但是现在，除了专业人士和鞋匠以外，没有穷人，火腿也变得盛极一时。

分析：例7中的"look through the wrong end of the telescope"原指在战争中军队从望远镜的底端来观测敌情，意为不能清晰地认识自己从错误的角度观察事物。在这里指自认为了不起，不能认清与他人的差距，译者考虑中文译入语的特点，将其翻译为妄自尊大。例8中，英文多用被动，但是中文多用主动，在此转化，将人们作主语，"come into his own"在英文中意为显示自身的特点，得到尊重，盛行起来。考虑中文的目标读者，译者将其处理为盛极一时，运用四字成语这一汉语中独特的表达方式，可以使文章句子读起来言简意赅，节奏明快。

五、总结

本论文在交际翻译理论视角下，以*Take it from Dad*（《听爸爸的话》）作为研究材料，从中选取典例作为研究对象，探究英语书信体的翻译原则、翻译方法、翻译策略。本次研究旨在论述交际翻译理论对此类书信体文本具有重要的指导意义，总结这类书信体文本的翻译方法和翻译策略，为当代英汉书信体翻译提供一些策略和经验。

就书信体的翻译原则而言，翻译的总原则是以读者为中心，这一点在英汉翻译中尤为突出。因为靠近源语的译法总是会生成很多不符合译入语习惯的句子，所以，英汉翻译的基本原则应该主要是向译入语靠拢，尽量地发挥译入语优势，同时，交际翻译则较流畅、清楚，符合译入语的习惯。这就需要译本符合中文读者的语言习惯和中文的文本格栅。在书信文本中会出现一些谚语，目标读者是国内读者，笔者采用归化翻译策略，即归化翻译要求汉语译者向目的语的读者靠拢，用归化翻译策略将谚语处理成中文的四字成语，这样符合中文表达习惯。

直译在符合译文语言的表达规范情况下，译文刻真求真，通过保留原文文本的表达方式来保持其内容和风格。与其他文体相比，书信体倾向于采用一些口语化的表达方式和较短的句式，直译则符合书信体这一要求，笔者需要用直译，选词尽量通俗、易懂的语言。书信体文本多为对话形式，信息简洁，且英文不喜欢大量重复，会用代词替换之前已出现的名词。

为了通顺流畅，可以将很多文字以外的因素考虑进去（叶子南，2013：173），但因为中文喜欢重复、大量重复、对偶，这需要增译之前重复之前出现的内容，而不是省略。

本论文一定程度丰富英语书信体的翻译研究，为今后英语书信体翻译起到抛砖引玉的作用，但本次研究选取的例子不多，存在一定的片面性，在今后研究中还得深化交际翻译理论视角下书信翻译的研究，尽可能使这类研究全面。

参考文献

[1]蔡力坚.译者要知道自己在说什么[J].中国翻译，2020（04）：183–188.

[2]陈小慰.翻译：构建译语受众与源语“他者”对话环境的过程—以《以赛亚·伯林书信集》翻译为例[J].外语研究，2015（05）：66–112.

[3]李颜伟，陈艳芳，范成功.论书信体散文汉英翻译中的“关系”处理——以《亲爱的安德烈》的汉英翻译为例[J].新余学院学报，2017（06）：44–73.

[4]吕思语.《博茨瓦纳女性书写》书信部分英译汉实践报告[D].上海：上海师范大学，2021.

[5]潘少瑜.抒情的技艺：清末民初的情书翻译与写作[J].东亚观念史集刊，2017（12）：239–286.

[6]强晓.从汉英文本格栅差异看对偶句的英语译写[J].上海翻译，2021（04）：69–73.

[7]沈月.《战国纵横家书》书信的文体价值[J].人文杂志，2022（12）：110–119.

[8]王树福.易卜生的汉译传播与研究面向—《易卜生书信演讲集》的学术追求及其他[J].哈尔滨工业大学学报（社会科学版），2014，16（01）：84–92.

[9]王颖.浅析书信体文本的翻译策略[D].上海：上海外国语大学，2011.

[10]谢天振.当代国外翻译理论导读[M].天津：南开大学出版社，2008.

[11]杨士焯.彼得·纽马克翻译新观念概述[J].中国翻译，1998（01）：48-50.

[12]杨薇.《傅雷家书》书信文体的“实用价值”[J].中学语文教学参考，2019（27）：59-60.

[13]叶子南.高级英汉翻译理论与实践（第三版）[M].北京：清华大学出版社，2013.

[14] Live-more, George Gris-world. Take it from Dad（First Edition）[M]. Charleston: Create Space Independent Publishing Platform，2015.

[15] New-Mark, Peter. Approaches to Translation [M]. Oxford: Pergamon Press，1981.

[16] New-Mark, Peter. A Text of Translation [M]. Shanghai: Shanghai Foreign Language Teaching Press，2001.

作者简介

曹洋，广西科技大学外国语学院硕士研究生，研究方向：科技翻译。

周柳琴，教授，硕士，广西科技大学外国语学院，研究方向：应用语言学与英语教学研究。

《北路壮剧》文化负载词之英译研究

刘丽娟　关熔珍

摘要：《北路壮剧传统剧目精选》（壮汉英对照）承载着壮族人民文化生活的点滴，是以壮剧为代表的壮族文化走出去的开山之作。本文从文化人类学角度出发，以《北路壮剧传统剧目精选》（壮汉英对照）为研究对象，分别从身份认知、文化认同和共同体三个角度探究书中文化负载词的翻译，分析这些文化负载词的不同处理策略和方法，以期为壮族典籍外译提供新视角，为讲好中国故事开拓新思路。

关键字：《北路壮剧》；文化负载词；身份认知；文化认同；共同体

课题：本论文是由中国—东盟区域发展协同创新中心科研专项和教育部长江学者和创新团队发展计划联合资助的重大立项项目“壮族典籍英译与壮族文化走出去”（CWZD201704）的阶段性成果。项目资助经费30万元。

一、引言

近年来，习近平总书记在一些重要讲话上反复强调“讲好中国故事，展现真实、立体、全面的中国”（习近平，2017：44）。随着中国文化走出去，讲好中国故事的呼声日益高涨，越来越多的学者开始思考什么是中国故事，如何讲好中国故事。中华民族是由56个民族构建的大家庭，少数民族的文化亦是中国文化不可分割的一部分。壮族作为人口最多的少数民族，其文化生生不息、历久弥新。

从全球化视野来看，文化本身既呈现出趋同的一面，又呈现出求异的一面。文化的趋同性和求异性如鸟之两翼、车之双轮，始终并行在一起，共同构筑了人类文化繁荣发展的大局面。而这也就决定了翻译过程中趋同性和求异性的共存，也就是说，在翻译过程中，译者必须处理好文化翻译的同质性和异质性，合理取舍，一方面保留本国的异质文化，另一方面搭建不同国家互通的同质文化。只有这样，才能更好地输出中国故事，进而实现讲好中国故事的初衷。因此，本文认为要讲好中国故事，不能一味地追求同质文化，也不能一味地保留异质文化，而是要综合考虑中西方文化语境，从文化负载词本身出发，通过恰切选择翻译策略和方法，实现中国文化输出，达成中西方文化交流互通。

2014年，周秀苗主编的《北路壮剧传统剧目精选》（壮汉英对照）（以下简称《北路壮剧》）由广西人民出版社出版发行。《北路壮剧》反映了壮族人民的生活样态、生活文化、生活喜好和生活态度。作为一部经典的壮族典籍，其隶属于民族文化的一部分。著名壮学专家梁庭望在该书的序言中表示："《北路壮剧传统剧目精选》（壮汉英对照）的可贵之处，在于保存了古壮字原文，使读者能够看到壮族民间戏剧的原汁原味。"并且对此书做出高度评价："北路壮剧传统剧目精品甚众，但过去都窝在山弄里。现在有了《北路壮剧传统剧目精选》（壮汉英对照）译注本，它们便可以向国内甚至国外辐射了，使这一民族珍品成为各民族共享的文化套餐，何其爽快！"（周秀苗，2014）《北路壮剧》包括六个壮剧剧本，分别是：《太平春》《农家宝铁》《侬智高招兵》《蝶姹》《朱买臣》和《七女与龙子》，这些剧本从不同角度反映了壮族人民的生活样貌。壮人的太平观、婚恋观、是非观、道德观在书中体现得淋漓尽致。

二、文化负载词与文化人类学

文化负载词是一个民族特有的文化现象，其翻译远远超出了语言层面的内容，更多涉及文化层面的内容。四川外国语大学教授、博士生导师廖七一认为，文化负载词指的是"标志某种文化中特有事物的词、词组和习语，这些词汇反映了特定民族在漫长的历史进程中逐渐积累的有别于其他民族的独特的活动方式"（廖七一，2000：232）。文化负载词具有鲜明的地域特色，承载着独特的文化信息，映射着一个民族的历史积淀与文化样貌。因此，文化负载词的英译不仅要求译者能准确再现文中的文化特色和地域特色，还要实现从语言到文化的过渡，达到跨文化交流的目的。

文化人类学作为人类学的一个分支，是一门以语言和文化为主要研究对象的人文学科。从人类文化学的角度出发，文化以符号为基础，文化最重要的符号是语言。（威廉·A.哈维兰，2006）语言作为一种符号，一方面表征着文化，另一方面也影响着文化。换言之，"语言符号=文化样态"。

目前，已有研究者从翻译美学、翻译时空理论、译介学等视角探究《北路壮剧》作为壮族典籍的英译问题，还没有研究者从文化人类学的角度去思考探究《北路壮剧》中文化负载词的英译问题。有鉴于此，本文拟借用文化人类学的概念，以语言符号和文化之间的关系为着眼点，从身份认知、文化认同和共同体三个角度探究文中文化负载词的处理策略，指出其中的问题，并分析这些策略对于助推中国故事走出去的意义，对于助力读者理解、促进跨文化交流与传播的价值。

三、《北路壮剧传统剧目精选》英译中的身份认知

《北路壮剧》以壮汉英三语对照为特色，其中壮族文字的呈现直接明了地展现了少数民族的语言样态，外国读者可以切身体验其独特的语言形式。在英译文本中，一些壮族特色词汇保留了其原始形式，原汁原味地呈现了壮族的风土人情和风俗习惯，使得读者能够近距离感受异质文化特色，但与此同时，译本中也有一些文化负载词在英译过程中丧失了原本承载的文化信息以及蕴含的文化特色。

例1：如果匪头来到，叫他到秀房见我。

If the mountain lord comes, ask him to the Xiufang（the girl's room）.

例1中"秀房"的"秀"是通假字，通"绣"，多用来指青年女子的居室。壮族文化中的"秀房"也就是闺房，专门用来指未婚女子的住所，是青春少女生活起居、研习诗书礼仪的地方。这里的"秀房"蕴含着丰富的民族文化，译文将其翻译为"Xiufang（the girl's room）"，通过音译加注的形式原汁原味呈现了"秀房"的含义。首先音译以异质的手段保留了源语的文化特色，引发西方读者对"秀房"这一物质文化负载词的兴趣，紧接着通过加注的方法向西方读者传达了"秀房"的核心内涵，实现了异质文化的保留和内容意义的传达，达成了语言符

号到内容的动态对等，完成了壮族人民在住所文化上自我身份的构建。

例2：哦！原来是这样，妹一定是饿了。家丁，拿个粽粑来给她。

Oh, Poor girl! You must be hungry. Bring her a zongba（zongba is a traditional Chinese rice-pudding）.

例2中的“粽粑”是壮族特有的饮食习惯。正所谓一方水土养育一方人，壮族是一个传统的稻作民族，生活在中国典型的原生态草创稻作文化带，有着自己独特的糯食文化。壮人将粽子称为粽粑，壮人制作的粽粑花样繁多，根据不同的形状，粽粑也有了不同的名称，如孕妇粽、羊角粽、驼背粽等。“粽粑”不仅仅是一种简单的米制食物，其名字蕴含着壮族人民生活的地理环境和独特的饮食称谓，译文通过音译加注的形式将其翻译为“zongba（zongba is a traditional Chinese rice-pudding）”，使得这种独特的饮食文化得以保留下来、呈现出来。首先根据语言所处的语境，读者可通过前面的语言文字猜想到这里的“粽粑”是一种食物，至于具体是什么，单单音译是体现不出来的，因此可以直接引发西方读者对“粽粑”这种食物的探究。接着通过括号加注的形式让读者了解到“粽粑”不仅是壮族的一种食物，还是一种以稻米为原材料的中国式布丁。这里的翻译实现了文字到文化的过渡，完成了壮族先民在饮食文化上自我身份的构建，是讲好中国故事的成功实践。

例3：我不看热闹，无心听唢呐。

I don’t care about the lion dance, or about the sona music.

例3中的“唢呐”是中国一种传统的民族管弦乐器，形似喇叭。“唢呐”根据筒音的音高分为高音、中音和低音三种。通常是一种在婚丧嫁娶庆祝的日子里吹奏的民间乐器。西方文化中是不存在这种乐器的，因此这里的“唢呐”也属于文化负载词的范畴，根据尤金·奈达对文化负载词的分类来说，“唢呐”是一种物质文化负载词。译文在翻译“唢呐”时采取音译加注的翻译方法，将其翻译为“sona music”，首先“sona”这一音译向外国读者输出了“唢呐”这一概念，又通过“music”传达出其性质是作为一种中国传统乐器，很好地展现了中国特有的民族文化，完成了壮族先民在乐器文化上自我身份的构建。

例4：啊！油盐已买得回，幂纸也买好。伯父衣服已买，伯母也有美衣裳。

We have already bought cooking oil, salt, paper money for deceased, and the clothes for uncle and aunt.

《北路壮剧》中并不是所有的文化特色都得以保留。例4中的“幂纸”这一民俗特色在向外传播的过程中则被省略了。“幂纸”是壮族人民特有的表达，代指冥币，是民间传统祭拜鬼神或祖先时火化的祭祀品之一，是逝者在阴间使用的钱。这里译文采用意译的翻译方法，将“幂纸”译成“paper money for deceased”，尽管确切传达了“幂纸”的内容和含义，但也失去了其特有的文化特色。一方面，即使意译成“paper money for deceased”，外国读者还是会觉得不明所以，因为在西方文化中是没有这样一种祭拜祖先的活动，“幂纸”在西方读者的认知中属于文化空缺词，在西方世界找不到对等的文化意象。另一方面，在中国文化走出去的大背景下，对于这类文化空缺词，译者在翻译过程中应该有意识去考虑如何原汁原味地传播中国文化，保持中国文化的异质性，让西方世界了解不一样的中国特质和特色。因此，这里带有文化特色的“幂纸”可以采取音译加注的翻译方式，将其译成“mizhi（a kind of ancestor money in honor of deceased）”，以此来呈现壮族典籍的民族性，完成壮族在民俗文化上的身份构建，实现语言符号承载文化信息，文化信息寓于语言符号之中。

《北路壮剧》作为壮族典籍的支流，承载着丰富的文化信息。要实现《北路壮剧》英译中全方位身份认知的构建，讲好中国故事，译者理应自觉保持中国文化特色。要实现中国文化在不同领域自我身份的构建，在文化负载词英译策略的选择上应主张“异化为主，归化为辅”，以保持民族性为首要任务，避免阉割自身文化以过度迎合西方读者的阅读期待。

四、《北路壮剧传统剧目精选》英译中的文化认同

《北路壮剧》不仅承载着壮族人民的生活风貌和价值认同，更是中华民族优秀传统文化的组成部分，是中国人建立文化自信的源泉和底气。要讲好中国故事，就要构建西方读者对中国文化在形式、规范和价值等方面的认同。在《北路壮剧》走出去的过程中，壮族特色作为中国文化的一部分理应得到保留，在西方世界中全方位构建对中国文化的文化认同，进而实现民族认同和国家认同，打造中国的文化软实力。

例1：女儿啊，太阳都升起有几竿子高了，你也该起床啦！

My daughter, the sun has been three poles high and you need to get up.

例1中的“太阳都升起几竿子高了”出自《北路壮剧》第六个剧本《七女与龙子》第四场《刺绣》，描写了壮家汉子李进与妻子张氏的大女儿好吃懒做，不

愿劳作，睡到晌午都不起床，其母张氏叫大女儿起床时说的话。这里“太阳都升起几竿子高了”即汉语中的成语“日上三竿”，出自《南齐书·天文志上》，意思是太阳已经升得很高，时间不早了。这里译文采用直译的翻译方法，保留了原文日上三竿的文化含义，而没有意译成“It’s too late”。一方面，从西方读者的角度来说，当读到“the sun has been three poles high”时，即使有所疑惑，也可以立刻从下一句话“you need to get up”中进行情境联想，通过上下文的语境了解到这里“太阳升起几竿子高了”的含义，并且也可以通过这种异化的策略引起读者的阅读兴趣，使读者更加深入地探索壮族文化的魅力，全面了解丰厚的中国文化宝库。另一方面，从中国文化走出去的角度来说，翻译过程中异质文化的保留有利于实现对壮族文化经典的认同，丰富西方读者对中国文化的多元认识，达到语言符号和文化样态的统一。

例2：若是日后再犯错，天上雷公下来劈。

If I were to do anything evil in future, I’d be struck by the thunder.

例2中的“天上雷公下来劈”出自《北路壮剧》第六个剧本《七女与龙子》第七场《还魂》，描写了李进的大女儿因妒忌妹妹七女的生活，将其推入池塘淹死。得救后的七女并没有报复大姐，而是以德报怨，原谅了大姐犯下的过错，为此大姐深受感动，以“天上雷公下来劈”立誓，决定痛改前非、重新做人。“天上雷公下来劈”出自《红楼梦》第六十八回中的“天打雷劈”，常用来骂人或赌咒，比喻不得好死。译文采用直译的翻译方法，将其翻译为“I’d be struck by the thunder”，保留了原文中雷公的意象，达到了语言符号和文化内涵的对等，再现了壮族典籍的民俗性和文化性，引发西方读者对“天打雷劈”这一文化内涵的探究，有利于助推壮族典籍走出去。

例3：哦，远在天边，近在眼前。

Oh, right here is one.

例3中的“远在天边，近在眼前”出自《北路壮剧》第二个剧本《农家宝铁》第一场《求媒》，描写了梁生意得知壮族农家姑娘陈玉英秀外慧中、聪明伶俐，想和玉英姑娘结为连理，便去找媒公说媒，途中他来到梁生财的店里歇脚，两人交谈的过程中，梁生意询问梁生财有没有认识的媒公，这时梁生财以“远在天边，近在眼前”这句谚语作答。这里汉语采用了对仗的修辞手法，句式整齐、音韵和谐，富有节奏感和音韵美，增加了词语的表现力，增强了语句的韵律美。《北路壮剧》作为壮剧剧本，重在传唱抒情、传唱言志，而对仗的句式看起来整齐醒目，听起来铿锵有力，读起来朗朗上口，极其便于记忆传诵，是壮族人民喜闻乐见的演唱语言，是壮剧特有的文化底蕴形式。这里译文运用意译的翻译方法，将原来对仗的语句简单处理成一个短句“right here is one”，虽然做到了内容意义的传达，但是对仗的句式没能保留下来，没有实现语言符号和文化内涵的呼应，异质文化特色没能很好地体现出来。因此，从文化负载词之文化认同的角度来说，这里的翻译还有待进一步完善。

例4：人有失手马有失足，恰好阿姹的父亲还没回来。

Man makes mistakes, so do I. But Ah Cha's father happens to be not at home.

例4中的“人有失手马有失足”出自《北路壮剧》第四个剧本《蝶姹》第四场《陷害》，描写了阿姹的继母因为阿姹即将嫁给少爷成为官人的妻子，自己的亲生女儿阿平却没能得到少爷的青睐，使自己也没法成为官人的岳母而心生嫉恨，打算杀死阿姹时的心理活动。这里的“人有失手，马有失足”作为语言文化负载词，表示人难免有犯错误的时候。首先该谚语遵循中国语言特有的对仗形式，运用字数相等、结构相同、意义对称的一对句子来表达两个相近的意思。其次，该句运用比拟的修辞手法，通过人失手、马失足这样一对意义一致的概念，将继母的形象显性化，神形毕现、栩栩如生，完美呈现继母的心理活动以及呼之欲出的人物形象，极具中国特色。译文则采用意译的翻译方法，对仗的修辞在译文中得到了保留，但是比拟的修辞格却没能呈现出来。从文化负载词之文化认同的角度来说，译文还有待进一步实现语言符号和文化样态的对等。

从以上4个示例可以看出，作为一种壮族民间戏剧，《北路壮剧》中蕴含着丰富的文化知识，涉及典故、成语、谚语等各个方面，处处彰显着壮族人民的生活态度、价值观念和民风民俗。而这些正是构建中国文化所必备的元素，在英译过程中，这些文化元素的翻译对译者来说既是一种责任，亦是一种挑战。

五、《北路壮剧传统剧目精选》英译中的共同体

共同体是中国政府反复强调的关于人类社会的新理念，作为一种价值观，重在达成人类一致共同的认知，叙述人或物的社会存在及其群体性和世界性。《北路壮剧》中涉及各色各样的文化负载词，尽管大多数的文化负载词在西方世界找不到相对应的概念，形成了一种文化空缺，但是其中一些文化负载词还是能够在西方文化语境中找到相对应的概念，形成了中西方的文化共识，构建了中西方的

文化共同体。这种共同体能够把中西方文化联系起来，促成中西方文化交融的局面，使得人类社会成为一个文化既相异又相融的集合体。

例1：四角镶麒麟，非常的壮观。

Unicorns are spectacularly embedded at the four corners.

例1这句话出自《北路壮剧》第一个剧本《太平春》中的《赞新屋》部分，描写了通往房屋第四级台阶的装饰，展现了新屋的壮观别致。这里的“麒麟”是中国古代神话中的一种瑞兽。在中国文化的认知中，“麒麟”寓意丰富，既代表着多子多福的美好祈愿，又象征着吉祥如意、荣华富贵。“麒麟”作为一种祥瑞的象征，寓意着即将在新屋开启美好的生活。译文运用意译的翻译方法将“麒麟”处理成“unicorn”，即独角兽，传说中一种神秘的生物，亦是一种祥瑞，代表着高贵、勇气、美好和纯洁。从这两者的象征意义来说，都代表了一种对美好生活的祈愿，且都是一种祥瑞的象征。在这种情况下，中国文化中的“麒麟”等同于西方文化下的“独角兽”，是一种文化共同体的认知，是两种文化相互融合后达成的潜在共识。因此，对于中西方文化中能形成照应的文化内涵，应从文化负载词共同体角度出发，构建中西方文化的共识。

例2：夫妻相敬爱，名头赛官家。

We base our union on love, we’d be happier than Jove.

例2这句话出自《北路壮剧》第二个剧本《农家宝铁》第四场《对歌》，描写了壮族农家姑娘陈玉英以对歌的方式为自己寻找夫婿。这句话正是她和青年农民张爱田对歌时唱的山歌。这里的“官家”指朝廷、官府、公家，是对做官之人的尊称。这句话表达的内涵是只要夫妻相亲相爱，心往一处想、劲往一处使，那么就会过上幸福地生活，这种生活比做皇帝当官还要好。译文采用意译的翻译方法将“官家”翻译成“Jove”，即朱庇特。朱庇特是罗马神话里统领神域和凡间的众神之王，也是罗马十二主神之首，拥有至高无上的权力。不管是“官家”还是“朱庇特”，这里欲传达的思想都是夫妻的幸福生活赛过做官掌权。因此，译文从文化共同体角度出发，重在突出夫妻生活幸福，弱化权力带来的快乐，从而达成中西方读者对夫妻相亲相爱重要性的共同认知。

例3：唯有狠心将妹子推下水塘，才好跟龙子成亲过快活日子，我也不再管什么三七二十一了。

I have to be ruthless to murder my sister, so that I can live with Dragon Prince. I’d hesitate no more.

例3中的“我也不再管什么三七二十一了”出自《北路壮剧》第四个剧本

《蝶姹》第六场《遇害》，描写了李进的大女儿李莲因羡慕妹妹七女荣华富贵的生活，欲取而代之，进而谋划杀害七女时的心理活动。这里的“我再也不管什么三七二十一了”是一则由数字构成的俗语，其深层含义是“我不再犹豫了、我考虑不了那么多了”。这里译文采用意译的翻译方法，将其翻译成“I'd hesitate no more”，同样也是以英文中的俗语来照应，两者都表达了大姐李莲冥顽不灵，不再考虑事情的是非曲直，决定蛮干的心理。很明显，译文如果采用直译的翻译方法，既不成语法，也不成意义。从文化负载词之共同体角度入手，这里的翻译处理达成了语言和文化的对等，促进了中西方文化的交融。

从以上示例可以看出，在中国文化走出去的过程中，除了保留异质文化，增强自我主体文化的建构，对于中西方能够达成一致认同的文化，在壮族典籍英译的过程中，应该构建中西文化交流的共同体，形成你中有我、我中有你的文化大局观。

六、结语

从文化人类学角度出发，对《北路壮剧》中的文化负载词从身份认知、文化认同与共同体三个维度进行解析，探究这些文化负载词中语言符号与文化样态之间的对等关系，可以发现，《北路壮剧》作为中国故事的素材，在文化负载词英译的过程中，一方面，讲好中国故事中“好”的实现基于对中国自身特色文化的肯定和保留，在于传播过程中异质文化特色的建构，彰显对中国文化的身份认知和文化认同；另一方面，在世界交融、文化相通的时代背景下，讲好中国故事还要做到文化互通，构建中西文化的共同体，让西方读者全方位、多角度领略中国文化的魅力，真正实现中国文化软实力的构建。

参考文献

[1] Eugene A. Nida. Language Culture and Translation [M]. Shanghai: Shanghai Foreign Language Education Press，1993.

[2] 廖七一. 当代西方翻译理论探索[M].南京：译林出版社，2000.

[3] 威廉.A.哈维兰：《文化人类学》[M], 瞿铁鹏，张钰，译. 上海：上海社会科学院出版社，2006.

[4] 习近平.决胜全面建成小康社会 夺取新时代中国特色社会主义伟大胜利——在中国共产党第十九次全国代表大会上的报告[M]. 北京：人民出版社，2017.

[5] 周秀苗. 北路壮剧传统剧目精选（壮汉英对照）[M]. 南宁：广西人民出版社，2014.

作者简介

刘丽娟，广西大学硕士研究生，研究方向：翻译理论与实践。

关熔珍，教授，博士，广西大学国际学院，研究方向：翻译理论与实践、欧美文学研究。

成构互文性视角下对外宣传片字幕英译策略研究
——以《美丽中国》为例

谭玮　骆芷欣

摘要：近年来，对外宣传逐渐热门，多数对外宣传片由于无译文或译文质量不佳，致使对外宣传片还未有效打开海外市场。学界现对对外宣传片的研究正如火如荼，但以互文性手法进行研究的却少有踏足。因此，本文以互文性中的成构互文手法为指导，对宣传纪录片《美丽中国》的字幕从体裁、修辞、结构和主题四方面进行探究，发现译者通过增译法、转换法等翻译策略去无限贴近译入语读者，有效提高了译入语读者的可接受性。

关键字：成构互文性；对外宣传；字幕翻译；《美丽中国》

一、引言

随着中国政治影响力的提升，如何全面地向世界展示中国的古今风貌是当日文化传播之要点。翻译作为文化传播的桥梁，与传播的效果紧密相关。对外宣传一直是翻译学科近年来的热点话题，诸多专家学者都有涉猎，如上海外国语大学教授、博士生导师张健（2020）和福州大学外国语学院教授陈小慰（2013）。

通过在中国知网检索相关关键字发现，多数学者关于对外宣传的研究讨论多从目的论、生态翻译学理论等大热研究理论开展，从互文性理论出发的研究相对较少。但自互文性与翻译理论结合以来，也有不少学者对其产生了浓厚的兴趣并开展了研究，其中对文学作品以及对古代文学作品的意象开展的研究居多。他们的研究理论多基于互文性理论的提出者法国文学批评家、哲学家、精神分析学家克里丝蒂瓦（Julia kristera）或英国翻译理论家哈提姆与梅森提出的七类表象互文手法，而关于语篇整体结构互文效果的研究则甚少。

本研究所选取的纪录片为中国中央广播电视台于2019年上线的纪录片《美丽中国》（*Amazing China*）。学界目前对该纪录片的研究较少，多从目的论、生态翻译理论着手，暂无以互文性理论开展研究。因此，本文以成构互文性为理论依据，对纪录片《美丽中国》的字幕翻译从体裁、修辞、结构和主题四方面进行探究，探究译者如何使用翻译策略使译文贴近译入语读者观感，提高译入语读者的可接受性。

二、互文性的起源与发展

克里斯蒂瓦率先于1967年正式提出“互文性”这一概念，即“Intertextuality”，原意为在纺织时加以混合。克里斯蒂瓦认为，新的文学创作不单单来自原作者的想法，而是在对其他文本的吸收和转换中形成的。因为任何一部文学作品都无法脱离所处的社会环境、社会观念等的影响（克里斯蒂瓦，1969：89）。随后，克里斯蒂瓦的老师法国著名文学批评家、散文家罗兰·巴尔特（Roland Barthes）又提出：“任何文本都是一种互文。”（巴尔特，1981：39）他认为每一篇文本都是一个重新组织构建和引用已有的言论的过程，一个人的文学创作总会或多或少地与前人或同时代的人的思想或话语发生种种直接或间接的“偶遇”。

英国语篇学派翻译理论家哈提姆与梅森于1990年首次将互文性理论运用到翻译研究中，引发了翻译学科研究互文性的风潮。他们在研究中提出了“互文指涉”这一概念，是一个涵盖互文类型和互文手法的总称。他们指出，互文类型有四种，即语类、主题、结构与功能；互文手法有七类，即指涉、套语、文学影射、自我引用、约定、俗语与吸收（哈提姆、梅森，2001）。英国语言学家费尔克劳则首次将互文性分为显性互文性和成构互文性。他指出，显性互文性是指原文本被明显地指涉在其他文本当中，表现为互文的直接使用。成构互文性则指通过重构话语秩序组合而构成新的话语类型，不与具体的文本发生互文指涉，而是从整体结构、体裁等产生互文关联（费尔克劳，1993）。

在国内，“互文性”一词则是由清华大学教授、博士生导师、罗选民于1990年引入中国学术研究领域。进入21世纪以来，互文性理论在翻译领域的研究成果显著增多，众学者分别对克里斯蒂瓦、巴尔特、费尔克劳等人的互文性观点进行研究和评述。2006年，罗选民进一步发展了费尔克劳的互文性理论，认为显性互文性的表现手法主要分为引用、戏拟、用典、糅杂的形式，成构互文性的表现手法分为体裁、修辞、结构、主题等形式。至此，他对互文性理论的结构框架进行了更加细致的补充归纳。罗选民指出，成构互文性是隐性的，他不与具体的互文指涉发生联系，而是指过去和现在的文本的体裁、范式、主题和类型可能在阅读文本中发生相互指涉的关系，存在模仿和借用的关系，涉及话语规范的组合（罗选民，2006）。

三、成构互文性在国内翻译中的研究与运用

互文性与翻译的结合在翻译学科中对比起其他的翻译理论来说历史并不算长，但由于互文性的基本概念与翻译活动的最终目的是契合的，因此仍有诸多学者对互文性与翻译开展了深入研究。

中国翻译学者江慧敏以小说*Moment in Peking*为例，运用费尔克劳的狭义互文性理论，探讨互文性在小说原文及汉语译文中的体现。例如，体裁方面，作者主张针对译入语读者，应采取对应的翻译转换策略，以在整体结构上取得较好的阅读效果。作者列举了原文与《红楼梦》同类型的对话结构，比较分析两本译作的译文效果，其中郁飞的译文着力体现还原林语堂的用意，在原文上模仿《红楼梦》的语言结构，使得译文更贴合译入语读者的阅读习惯（江慧敏，2017）。中国翻译学者麻文静将显性互文性与成构互文性应用到广告翻译研究中，丰富了广告翻译研究领域的理论成果。她指出，广告翻译中在主题和体裁上的互文，无形中能增加广告的联想意义与宣传效果。广告语的精简就好比整个广告的主题句，通常要求译语灵活转换或对等，以达到紧扣原意，吸引人眼球的效果。例如，广告语“The difference is Legendary”被译为了“此景只应天上有”，择自杜甫的《赠花卿》，动静转换间美妙绝伦，激起国人的游览欲望（麻文静，2016）。综上所述，基于英国语言学大师费尔克劳提出的成构互文性理论、罗选民归纳的成构

互文性手法：体裁、修辞、结构、主题四个方面，以及对以上文献综述中所提出的翻译策略的使用，笔者整合出以下的理论框架（图1），用来指导本文后期的案例分析。

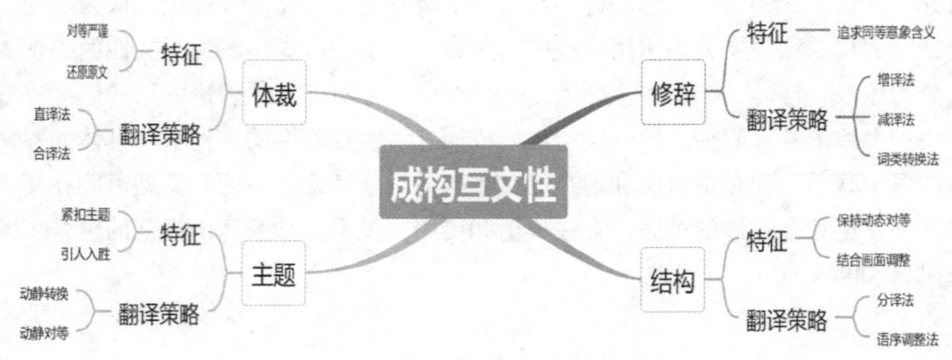

图1 成构互文性理论的分类与翻译策略

四、案例分析

基于以上的理论研究，本文将根据图1成构互文性理论的分类与翻译策略，从体裁、修辞、结构、主题四方面，对纪录片《美丽中国》的字幕翻译进行具体的案例分析。

（一）体裁

哈提姆认为，体裁是以规约的方式来表达特定内容的语篇行为。如教堂举行的特殊仪式致辞、广告商中的有固定格式的广告词，久经流传已趋于固定的神话故事等，都属于体裁表现形式的范畴（哈提姆，1997：35–36）。《美丽中国》中涉及固定体裁时，译者保持了原文与译文间的对应顺序，贴合了体裁范畴下特殊而固定的翻译方式。

例1：传说红云金顶原本就是一座完整的山，同时被两位佛祖看中，他们将山体劈成两半，约定两人一人一半。因此，山体两边分别供奉着释迦佛和弥勒佛。

译文：Legend has it the Red Cloud Golden Summit was originally a single intact mountain, but was picked up by two Buddhas at the same time, they split the mountain in half. One half is for Buddha. Therefore, Sakyamuni Buddha and Msitreya Buddha are enshrined on their respective sides of the summit.

例句1的文本是介绍梵净山的神话由来，充满了佛教神话色彩。此类文本为解说词，归属于体裁固定模式，译文基本按照原文语序进行翻译，未过多调整。在进行成构性互文指涉时，若涉及特殊体裁类，应尽量贴近原文，还原源语文本的语篇氛围，译者不宜添加过多个人色彩。例如，“传说红云金顶原本就是一座完整的山”，译者没有调整语序，原文与译文的每一个意象都按照同样的语序一一对应翻译为“Legend has it the Reed Cloud Golden Summit was originally a single intact mountain”，保持了原文的叙事节奏。

例2：在小说《消失的地平线》中，它难以到达，需要翻过雪山，穿过峡谷。

译文：In the novel Lost Horizon, it is an almost impossible place to reach, and is hidden among snow-capped mountains and valleys.

在此例句中，旁白引用了小说《消失的地平线》来表达香格里拉的神秘，属于特殊体裁的引用。译文采用了合译法处理原文，对于原文中出现的两组动词词组，即“翻过雪山”和“穿过峡谷”，考虑英文中没有特定表达原意“翻”“穿”的对应动词，故转换为了动词“hidden”统一表达，表示出香格里拉被隐藏在雪山峡谷间的景象。

（二）修辞

修辞常见于各类文学作品之中，通常为提高表达效果，通过增添或减少意象进行修饰、调整语句结构，或运用特定的表达形式来提高语言表达作用的方式。多数作者在使用修辞手法时，通常会使用带有特定文化指涉意义的意象，如在《美丽中国》中出现的比喻、比兴、反复等。译者在翻译中需揣摩如何使读者破除文化隔阂，如通过增译法、转换法等。

例3：位于长江和运河的黄金十字交叉点上，可谓咽喉之地。

译文：Located at the golden cross of the Yangtze River and the Beijing-Hangzhou Grand Canal, it is a place of strategic importance.

在例3中，“咽喉之地”是汉语中常见的比喻用词，通常用于形容某地的地理位置如人类的咽喉一般至关紧要，英文直译为“the land of throat”。但在英语中若想表达“咽喉之地”的意思，直译法并不可取，因为英语国家并没有采用“咽喉”等类似意象来表达“十分重要”这一概念。所以，译文使用了“strategic importance”来表达“非常重要”这一战略要地的概念，更加符合英语国家观众的阅读习惯，避免了造成误会的可能。修辞手法常见于多种语言，但由于文化差异，若没有完全对等无歧义的意象，译者还是应采取同义转换，以消化这一文化差异。

例4：涌潮掀起的巨浪可达9米，约等于3层楼高，比4个姚明还要高。

译文：The waves can reach a maximum of 9 meters, about three stories high and even taller than four of China’s famous basketball player, Yao Ming.

在此例句中，原文使用了比兴的修辞手法，即用中国人家喻户晓的运动员姚明的名字作为意象去形容涌潮掀起的巨浪。而众所周知，姚明的身高非常出众，足有2.26米，但对于不熟悉“姚明”的外国观众来说，自然无法理解这里的修辞手法，甚至连“姚明”是人还是物也不清楚，更别说领会其中的诙谐。因此译者合理采用增译法的翻译策略在译文中添加了进一步解释的话语，即“China’s famous basketball player, Yao Ming”。如此一来，非母语者观众就能轻而易举地理解该比喻的趣味性。由于各个国家和地区都有存在文化差异，译者切不可停留于表面翻译，应充分考虑社会文化背景的不同，酌情添加简短的释义，以为目标语观众扫清障碍。

（三）结构

成构互文性中指的结构是指在翻译的过程中，源语文本与译语文本之间的结构调整重组或形成对仗以追求更好的译文效果。中文和英文隶属于不同的语系，因此叙事中的语序结构自然不同。在《美丽中国》的字幕翻译中，由于其文本特殊性，即需综合考量画面信息、旁白音速等因素，因此对使用转换法、分译法等策略去适时调整整体结构非常有必要，可以更好地帮助非母语观众将字幕与义画面结合起来。

例5：两岸陡峭的山崖谢绝了人类的拜访，却为另一种擅长飞檐走壁的动物提供着绝佳的住所。

译文：The steep cliffs on both sides of the river put off human visitors,but provide an excellent shelter for another visitor which is also a good climber.

此例句由汉语的“拜访”同义转换成了“visitor”，而原文本后半部分不再提及“拜访、访者”等意象，只说“另一种飞檐走壁的动物”。译文并没有选择亦步亦趋地逐字翻译，而是跳脱出逐字翻译的局限性，从语句的整体结构进行了重组。在后半句的翻译中，成语“飞檐走壁”由动转静，被译为了“good climber”，以从句的方式跟在“visitor”后面进行修饰。后半句的“visitor”指代的实际上就是“动物”，译者对整体结构的对仗考虑，是为了与前文出现过的“visitor”进行结构上的呼应，译文更加工整。

例6：上险峰，下幽谷，抵达山顶，等待一场奇观。

译文：Up to the dangerous peak, down to the valley, to the top of the mountain, it’s all about anticipating the spectacle.

例6源文本前半部分是一个对句，“上、下”分别对应“up，down”；“险峰”对应“dangerous peak”，“幽谷”对应“valley”，使得在整体结构上实现了字字对应。后半部分原文的动词“等待”没有按照常规的方式来翻译，如“waiting for”等词，而是结合画面语境进行了结构重组。此场景描绘的是无数游客攀峰踏谷，只为登顶一观黄山云海的壮丽风光。在旁白讲述完前半程的跋涉之后，画面已然切换到黄山云海的巍峨景象，旁白才带着苦尽甘来的雀跃之音娓娓地将“it’s all about anticipating the spectacle”念出来。这样的处理虽然没有直接译出“等待”一词，而是用了“it’s all about...”的句式，实际上该表达方法在英语中极其常见，通常用来表示为某事做出许多努力，只为此事而来，非常符合此情此景。

（四）主题

关于主题的定义，主要有两种解释：一种解释参照了俄国形式主义的观点，认为主题是故事中最简单的叙述主题单位，另一种解释是主题可以结合在任何故事中，并能够在不同的故事中以不同的方式再现，其主要用于文学研究之中，在一个文本或一组文本中反复出现（罗选民，2006：108）。在《美丽中国》中，无论是某一集的标题，或是某一场景画面的主题句，都要求译文做到精炼且引人入胜。因此，译文要灵活处理，通过动静对等或动静转换等手法进行翻译，力求译文更好地根据具体场景去转达所暗含的文化意义。

例7：比如羚牛。

译文：Meet takin.

在这个例句中，“比如”一词使用了看似毫无关联的“meet”，即“遇见”一词来翻译，而不是使用常规的“such as”“for example”等等来表达。这样的翻译方法实际上就是脱离了原文桎梏的翻译方法。译文中的meet意为“遇见”的意思，在口语中常用来表示介绍某人或某物，表示“这就是……”“来见见……”的意思。所以，这里是使用了地道简短的一个表达方法来表示来之不易的羚羊奔跑场景。令人震撼的画面仅有两个单词作为旁白，不失为这一奇特景象的“主题”，使人不禁在主题的带领下沉醉于羚牛牧群在草原上疾驰的画面。

例8：黄河入海口

译文：When the Yellow River Enters the Sea.

原文“黄河入海口”是一个名词词组，言简意赅地表明本集的“主角”是黄河入海口，但本集不是讲述黄河入海口周边地区的城市发展程度，而是从历史的地理角度着手，讲述黄河地区周边陆地是如何形成及黄河在今天汇入海洋的奇景。因此，译文没有单纯地选择使用“estuary”或“entrance”来表达入海口这一概念，而是转化为了动态的场景，使之以句子的形式动态地表达黄河入海口所将会发生的景象，刺激了观众的好奇心理，提升了主题的概要程度。

五、结论

本文分析了成构互文性体裁、修辞、结构、主题四方面在纪录片《美丽中国》中的体现及其英译策略和方法。在体裁上本文遵循了直译的翻译手法，力求确保特殊体裁格式的准确性；修辞上对于特定的文化负载词、意象等采用了增译法、转换法及时兼顾译文整体效果；在成构互文结构上，通过动静转换或动静对应的翻译策略综合考虑整句译文呈现效果；在主题上紧扣叙事主体，充分考虑到英文语言的动态特征，将静态中文转换为了动态英文，为主题译文更增添了一分灵动性。因此，成构互文性框架对英文对外宣传片具有一定的指导作用，为我国对外宣传提供了一个新的参考。

参考文献

[1] 陈小慰.对外宣传翻译中的文化自觉与受众意识[J].中国翻译，2013，34（02）：95–100.

[2] 江慧敏.互文性视角下*Moment in Peking*汉译研究[J].北京第二外国语学院

学报，2017，39（03）：46–58+135.

[3] 罗兰・巴尔特 ,李宪生.本文理论[J].外国文学，1988（01）：69–77.

[4] 罗选民.互文性与翻译[D].香港：岭南大学，2006.

[5] 罗选民.话语层翻译标准初探[J].中国翻译，1990（02）：2–8.

[6] 麻文静.广告翻译的互文性研究[J].中国民族博览，2016（08）：120–121+198.

[7] 张健.生态翻译学视阈下的对外宣传交际效果刍议[J].上海翻译，2020（04）：52–56.

[8] Basil Hatim. “Intertextual Intrusions: Towards a Framework for Harnessing the Power of the Absent Text in Translation” in Translating Sensitive Texts: Linguistic Aspect, Karl Simms[M]. Amsterdam–Atlanta, GA，1997.

[9] Hatim B.,Mason Ian. Discourse and the Translator[M].Taylor and Francis，2014.

[10] Julia Christeva. Semeiotikè[M].Paris, Seuil Press，1969.

[11] Norman Fairclough. Discourse and Social Change[M].Cambridge, Polity Press，1993.

作者简介

谭玮，副教授，博士，广西科技大学外国语学院，主要研究领域：应用语言学。

骆芷欣，广西科技大学外国语学院英语笔译专业在读研究生，研究方向：技术笔译。

衔接与连贯理论指导下英语插入语汉译策略

林鸿梅　李树娟

摘要： 英语插入语是一种常见英语语言现象。衔接与连贯理论是由韩礼德（Halliday）和哈桑（Hason）于1976年在合著的《英语的衔接》（*Cohesion in English*）一书里首次正式提出的。该理论认为，英语中的衔接是一个语用概念，主要依靠各种衔接手段，而连贯则是一个更为主观的概念。本文基于衔接与连贯理论对英语插入语汉译进行研究，以《经济学人》里的一篇文章为翻译实践，探讨衔接与连贯理论在英语插入语汉译过程里的具体应用及提出相应汉译策略。研究发现，在英语插入语汉译过程里，为保证语篇的衔接性与连贯性，译者需要采取一些翻译策略，如保持法、包孕法（前置法）、增词法、切断法和重组法等，在语言层面与语境层面等对英语插入语进行适当处理，以促进中英两种语言之间的有效融合，最终提高译文质量。

关键词： 衔接与连贯理论；英语插入语；汉译策略

项目基金： 本文是“广西学位与研究生教育教改课题：基于RCEP新需求的广西翻译硕士（MTI）研究生培养模式研究（JGY2022227）”的研究成果。

插入语是打断句子原有结构或意思的插入成分，有表明语义或语气的作用。由于英汉两种语言的差异，英语插入语汉译过程里往往存在难度。衔接与连贯理论是由韩礼德（Halliday）和哈桑（Hason）于1976年在合著的《英语的衔接》（*Cohesion in English*）一书里首次正式提出的，在语篇分析和翻译研究方面占据着愈加重要的地位。该理论认为，英语中的衔接和连贯都是语用概念，正确恰当的衔接是语篇连贯必不可少的条件。本文以《经济学人》里的一篇文章为研究对象，以衔接与连贯理论为指导，探讨衔接与连贯理论在英语插入语汉译过程里的具体应用，以期为英语插入语的汉译策略提供一定的参考价值。

一、英语插入语概述

（一）插入语的定义和表现形式

不同英文词典或国内外学者对插入语的定义有所不同。首先，《韦氏词典》（2017）中将插入语（parenthesis）定义为“插入在段落中的一个单词、短语或句子，起到解释说明作用，通常用标点符号与其他成分隔开”;《牛津高阶英语词典》（2005）则解释插入语为“添加到口语或书面材料中的单词或句子，提供了额外的信息。在书面语中，用逗号、破折号或括号与其他成分隔开”。其次，广州外语学院教授、博士生导师何自然（2006）对插入语的定义为“插入语是一种很常见的话语结构，是句子中的独立成分，插入语的显著特点就是不作彼此发生结构关系的句子成分，如果将它们去掉，对所在结构没有发生任何影响，也即插入语具有结构上的可取消性”；中国学者包延（2010）表示，“插入语属于独立成分的范畴，是指插在句子中的一个词、一个短语或一个句子；是句子的附加成分，是说话者对句子的内容所持的态度和所做的解释、说明；有三个显著结构特征：位置比较灵活，可置于句首、句中或句末；一般用逗号或破折号与句子隔开；通常与句中其他部分没有直接语法上的联系，将它删掉之后句子结构仍然完整”。

本文研究主要采用包延的解释，即认为插入语需符合以下四个条件：位置灵活，可置于句首、句中或句末；表示说话者对句子内容所持的态度和所做的解释、说明；通常与句中其他部分没有直接语法上的联系；一般用逗号或破折号与句子隔开。

插入语的表现形式多种多样，常以单词、句子或短语出现，具体类型有形容词（如most important of all，strange to say等）、副词（如honestly，however，namely等）、分词短语（现在分词短语和过去分词短语，如providing that...，compared with...等）、介词短语（in short，in other words等）、动词不定式（如to sum up，to tell the truth等）和短句[that is（to say），what’s more等]等。

（二）英语插入语的作用

插入语作为一种语言现象，独立于句子的核心结构之外，看似无足轻重，实际上它却发挥着不容忽视的作用。包延（2010）认为插入语“具有衔接语篇和表达说话者的情感态度等重要作用，从而圆满实现意图获得最佳表达效果，也增强了文章连贯性，逻辑性和可读性”。

英语插入语的作用主要集中在三个方面：语篇衔接、情态作用和修辞作用。首先，插入语具有语篇衔接作用。为保证语篇的整体协调性，句子之间、段落之间需要一些“桥梁”来保持句子的逻辑性和连贯性。这种桥梁主要包括词汇、语法关系和逻辑关系等。插入语便是其中的一种，它通常由逗号、破折号等符号与主句分隔，这在表面上似乎对句子结构的衔接与连贯造成了一定的影响，但实际上它却承担着至关重要的衔接作用。具体而言，插入语可以充当顺序和列举的桥梁（如 firstly等）、充当例证和语义焦点的桥梁（如 for example，such as等）、充当补充、添加和递增的桥梁（如 what’s more等）、充当对比、转折，或改变说法的桥梁（如 however等），还可以引出总结和结论（如 all in all 等）。其次，插入语具有情态作用，主要表现为增加讲话者与人交流的礼貌和客气，促进双方沟通质量（如I mean等）；表明讲话者的地位、身份和态度，有助于讲话者在语篇中视不同语境适当及时调整人际关系（如as a famous author等）；加强或者减弱语气（如needless to say，I’m afraid等）等。最后，插入语具有修辞作用。插入语一方面可赋予语篇一定的表现力，增强话语的生动性，或使语言表达更有层次性、条理性和客观性（如God knows，anyway等）；另一方面能够赋予语篇话语一定的语体色彩，包括无拘无束的口语色彩和正式严谨的书面色彩。

（三）影响插入语汉译的因素

英语和汉语属于不同语系，英语属印欧语系，汉语属汉藏语系，因此两种语言存在很大差异，这些差异造成英语插入语汉译的难度。其中，影响插入语汉译的因素主要有两种：汉英话语组织方法的差异和汉英表达习惯的差异。

一方面，汉英话语组织方法的差异。一般认为，英语属形态语言，重“形合”，汉语属语义型语言，重“意合”。英语里插入语的使用在形式上并不会影响句子重心与理解句子，且其位置相对灵活；而汉语里插入语的使用并没有那样广泛，位置也不那么灵活，一旦过长就可能会改变句子的重心，影响语义的表达，导致语篇结构松散与逻辑混乱，给读者理解造成一定的困难。

另一方面，汉英表达习惯的差异，这主要指安排信息顺序时的不同习惯差异。就汉语而言，叙事时语序与时序对应性很高，如时间顺序，通常是先发生的事先说，后发生的事则后说。又如，逻辑顺序，通常按照先因后果、先假设后推论、先表事后评论等；而英语则习惯开门见山，把结果、结论、观点、态度等重要信息放在句首，然后再追述原因、背景等详细情节等。

基于这两种差异，译者在处理英语插入语汉译时，一方面需要充分考虑句子各成分之间的关系和汉语的语篇特征，依照汉语的逻辑重新组合成句，尤其对于只起到衔接作用的英语插入语在译成汉语时，需要适当做出取舍；另一方面需要在尽量忠实原文的前提下，做出一定的语序调整，使译文符合汉语的表达习惯。

（四）英语插入语的翻译研究

国内学者在英语插入语汉译上产生了一定的研究成果，如中国学者郑声滔（2008）提出了英语插入语汉译的一种新方法——括号翻译法，并以实例分析了使用括号翻译法翻译英语插入语的技巧；中国学者许明武和杨宏（2005）在科技英语插入成分的翻译上表示在翻译含有插入成分的句子时，首先要识别出插入成分在句中的语法功能，然后识别出插入成分与句子主题的关系，句子成分间彼此的语法关系，最终提出了四种方法：包孕法、插入法、拆离法和重组法；包延（2010）从插入语的定义、形式类别和表达功能出发，提出了拆句法、倒置法、包孕法、插入法和重组法五种翻译英语插入语的翻译技巧。

以上学者的研究成果为英语插入语汉译的进一步研究提供了一定的参考价值。不过，大多数学者对英语插入语的翻译研究虽集中于翻译策略上，但是存在一些不足之处：第一，研究往往只涉及某一个领域文本的插入语翻译，如科技英语、法律英语中的插入语等；第二，研究很少借助相关理论指导，如衔接与连贯理论、语用顺应论等；第三，对于案例分析中的例子分析阐述不够全面，有待进一步拓展。

二、衔接与连贯理论及相关研究

（一）衔接与连贯理论

衔接与连贯是篇章语言学中的一对核心概念，也是语篇研究能否站得住脚的关键（胡壮麟，2018：7）。1964 年，系统功能语言学创始者韩礼德（Halliday）首先提出将衔接分为语法衔接和词汇衔接两种。1968年，英国语言学家哈桑（Hasan）在 1968 年出版的《英语口语和书面语的语法衔接》（*Grammatical Cohesion in Spoken and Written English*）中对语法衔接进行了更为详尽的研究。随后1976年，韩礼德和哈桑在合著的《英语中的衔接》（*Cohesion in English*）一书里以英语为依据，从系统功能模式出发，正式提出了一套较完整的语篇衔接理论，认为句子通过衔接手段形成一个上下贯通的语义单位。《英语中的衔接》一书的出版也标志着衔接理论的创立。他们两人将衔接界定为一种语义概念，指"存在于语篇内部的，使语篇得以存在的语言成分之间的语义关系"，是将篇章中的句子连接成为一个整体。

韩礼德和哈桑将衔接手段归纳为五种类型，即指称（reference）、替代（substitution）、省略（ellipsis）、连接（conjunction）和词汇连接（lexical cohesion）。其中指称、替代和省略属于语法衔接手段，词汇连接（复现关系reiteration、同现关系collocation、词汇搭配）属于词汇衔接手段，连接（增补关系、转折关系、因果关系和时间关系）则介于两者之间，主要属于语法衔接，但也包含词汇的成分（杜晓文、唐文杰，2011）。

对连贯的研究早在现代语言学诞生之前就开始了，在修辞学中，连贯被认为是使文章获得统一性的重要前提条件。但是，在语篇分析领域，对连贯的研究则是从20世纪60年代才开始的（苗兴伟，2004）。在韩礼德和哈桑的著作《英语的衔接》（1976）出版之前，连贯概念并未被学界当作重要话题来研究（张德禄、刘汝山，2003：19）。对于连贯，韩礼德和哈桑（1976）认为连贯是存在于语篇底层的语义概念，指语篇整体意义在逻辑上的连接贯通。语篇的连贯性表现在以下两个方面：一是语篇本身具有衔接性，二是语篇在语域方面具有一致性。此外，他们还认为衔接和连贯两者紧密联系，连贯的语篇必须衔接，衔接促进语篇的连贯，即正确恰当的衔接是语篇连贯必不可少的条件，是创造连贯的重要手段。此后，语言学家胡壮麟（1994）的《语篇的衔接与连贯》和同济大学教授张德禄、青岛工学院外语学院院长刘汝山的专著《语篇衔接与连贯理论的发展及应用》(2003)的出版对推动国内在这一领域的研究起到了十分重要的作用。

(二)衔接与连贯理论的相关研究

经过多年的努力与实践，学者们在衔接与连贯理论方面产生了一定的研究成果，主要集中在衔接与连贯理论的发展与研究综述、衔接与连贯理论在英语阅读或写作教学的应用研究与运用衔接与连贯理论进行文学作品语篇分析等，如张德禄(2000)从多方面对语篇连贯概念进行了探讨，认为语篇衔接机制的范围应该扩大到所有语义联系机制，包括结构性衔接、话语语义结构、外指性衔接机制和隐性信息衔接；上海理工大学外语学院导师、副教授余高峰(2009)表示衔接连贯是语篇翻译中的两个重要原则和特征，是翻译实践中需要首先考虑的因素，因此翻译时需要在充分理解原文语篇结构的基础上，灵活地运用汉语衔接和连贯手段，使译文既能充分、完整地表达原文的意思，而对于运用衔接与连贯理论在翻译上的研究相对较少，具体指运用衔接和连贯理论指导翻译实践及提出相应翻译策略的研究很少。

因此，结合英语插入语汉译和衔接与连贯理论的相关研究，本文将基于翻译实践，探讨衔接与连贯理论下英语插入语汉译策略。

三、衔接与连贯理论指导下英语插入语汉译案例分析

英语插入语是常见的英语成分，汉译时若处理不妥当，则易影响语义表达，导致译文语篇结构松散、逻辑混乱，进而给读者造成理解困难。衔接与连贯理论强调语篇里句子之间的衔接与连贯，这可给英语插入语汉译提供一定的指导意义。以下将基于衔接与连贯理论，进行英语插入语汉译案例分析，总结提出了五种英语插入语的汉译策略，包括：保持法、包孕法(前置法)、增词法、切断法和重组法。

本文研究是基于经济学人的一篇文章“The rise of the influencer economy”(选自2022.4.2 Business 版块—The influencer business)的翻译实践，文章里插入语的表现形式及个数粗略统计如下：

表现形式	个数（共 45 个）
Adjective Phrase形容词短语	2
Adverb 副词	2
Nouns Phrase名词短语	13
Participle Phrase分词短语	5
Prepositional Phrase介词短语	15
Independent Sentence独立句子	2
Clauses 从句（限制性/非限制性定语从句等）	6

（一）保持法

所谓保持法，是指保持插入语位置不变，即说翻译时直接按照英语插入语在句中的顺序来译，不用改变位置，其主要适用于一些介词短语做插入语的情况。

例1：In the age of social media, the buyers are talking back.

译文：如今，社交媒体当道，买家也会对卖家做出回应。

例2：For consumers, influencers are at once a walking advert and a trusted friend.

译文：对消费者而言，网红既是行走的广告商，又是靠谱的朋友。

例3：Regulators around the world, as well as some social-media platforms, are beginning to clamp down on influencers who do not tag their content as advertorials.

译文：世界各地的监管机构，以及一些社交媒体平台，都开始打击那些没有给自己的内容贴上广告标签的网红们。

分析：以上例子里，“in the age of social media, for consumers 和 as well as some social-media platforms”分别作为句子的插入语，起到语篇衔接、补充说明的作用。从衔接与连贯理论来看，译者发现在这里不改变原文插入语的位置进行翻译，也一样符合汉语学习者的阅读习惯。因此，直接采用保持法，这也是处理英语插入语汉译最直接的翻译策略。

（二）包孕法（前置法）

华中科技大学外国语学院院长、博士生导师许明武和北京外国语大学英语语言文学博士杨宏（2005）认为“所谓包孕，就是汉译时将原文中的插入成分放在中心词之前，使之成为与中心词紧密相连的限定性前置修饰语而包孕在译句中”。英汉修饰语的位置不同，在汉语中修饰语往往位于被修饰语之前，而在英语中起到修饰或补充说明作用的插入语往往位于被修饰词语之后。英语中起修饰作用或说明作用的插入语，在翻译成汉语时可颠倒语序，将说明或解释的内容放在被修饰成分之前，使译文安排符合现代汉语叙事的一般逻辑顺序。

例4：Such “social commerce” is huge in China, where it was invented.

译文：这种“社交商务”在其发源地中国有着巨大的影响力。

分析：这句话里“where it was invented”是非限制定语从句做插入语，位于句末，对它前面名词“China”起到补充说明作用。若按照原文顺序，译为“这种‘社交商务’在中国有着巨大的影响力，中国是发源地”，显然将插入语与它所补充说明的名词“中国”分隔开，使译文读起来结构松散、逻辑性差。因而，译者在处理时将“在其发源地”前置，直接放在修饰语“中国”前面，即将插入语处理成前置定语，置于它所修饰的名词之前，这样句子表意清楚，表达简洁，译文读起来自然、流畅，增加了句子之间的衔接与连贯，符合汉语表达习惯。

例5：Gauging how much value, precisely, is an inexact science.

译文：确切地说，衡量价值是一门不精确的科学。

分析：英语主谓结构的插入语通常出现在句中和句尾，其他重要内容位于句首突出强调。这句话中副词“precisely”充当插入语，位于句中，前后有逗号与主句隔开，既丰富了句式，又强调了“确切地说”的具体内容。但是在汉语中，表达说话者的看法或态度的主谓结构的插入语多位于句首，所以此句在翻译成汉语时，需要调整语序，将“确切地说”前置，放在整个句子的最前面，以符合汉语的表达习惯，译文也更显得衔接与连贯。如果直接完全按照原文顺序译为“衡量价值，确切地说，是一门不精确的科学”，则会造成语义上的混乱，使句子无法达到有效的衔接与连贯。

综上，包孕法多用于英译汉，指在把英语长句译成汉语时，把英语后置成分按照汉语的正常语序放在中心词之前，使修饰成分在汉语句中形成前置包孕，但修饰成分不宜太长，否则会形成拖沓或造成汉语句子成分在连接上的纠葛。

（三）增词法

增词法大多用于由破折号引导、数字比较等的插入语翻译中，这种插入语主要发挥补充说明作用，但它通常是对前一句中的某一个词进行补充说明，从句子结构的角度来看插入语与被补充说明的中心词之间相隔较远。

例6：Emarketer, a firm of analysts, estimates that 75% of American markets will spend money on influencers in 2022，up from 65% in 2020.

译文：分析公司Emarketer估计，到2022年，75%的美国营销人员将把钱花在网红身上，这一比例高于2020年的65%。

分析：例6中的插入语“up from 65% in 2020”，是对前一句主语的补充，用数据具体解释和比较了2022年与2020年比例的变化。在翻译时，译者采用了增词法，在插入语前面增加了“这一比例”，使句子之间更为连贯，表意更为清晰；如果不增加“这一比例”，在句子语义表达上则容易产生一定的理解困难，缺乏连贯性。

例7：Brand's global spending on influencers may reach $16bn this year, more than one in ten ad dollars spent in social media.

译文：今年，全球各大品牌在网红上的花费可能达到160亿美元，其中超过十分之一的广告花费在社交媒体上。

分析：在例7里，“more than one in ten ad dollars spent in social media”是对前面句子数据$16bn的补充说明，说明用于社交媒体的广告费用的比例。翻译时，译者采用了增词法，在插入语前面增加了“其中”，使前后句子之间更为连贯。

例8：News about their latest collections flowed one way — from the boardroom, via billboards and editorial spreads in glossy magazines, to the buyer.

译文：以往奢侈品最新系列的信息都是单向传播的，这种传播从会议室出发，通过广告牌与各大时尚杂志的评论，再到达消费者那里。

分析：在例8里，破折号后面的内容“from the boardroom, via billboards and editorial spreads in glossy magazines, to the buyer”是对前面句子的“单向传播”方式的一种更具体的补充说明。在翻译过程里，译者去掉了破折号，采用了增词法，在插入语前面增加了“这种传播”，既指代了前面句子的“单向传播”的具体形式，又使前后句子之间更为连贯。

（四）切断法

切断法即英译汉时常常要在原句的关系代词、关系副词、主谓连接处、并列或转折连接处、后续成分与主体的连接处，以及意群结束处将长句切断，译成汉语分句。

汉语强调意合，结构较松散，因此简单句较多；英语强调形合，结构较为严密，因此长句较多。切断法主要指将一个长而复杂的句子拆译成若干个较短、较简单的句子，这也是处理英语插入语汉译的常用策略。

例9：For the brand’s cooperate owners, they are becoming a conduit to Millennial and Gen-Z consumers, who will be responsible for 70% of the $350bn or so in global spending on bling by 2025，according to Bain, a consultancy.

译文：贝恩咨询公司称，对品牌方而言，网红正在成为连接千禧一代和Z世代消费者的渠道。到2025年时，千禧一代和Z世代的消费能力将占据全球约3500亿美元奢侈品消费总额的70%。

分析：在例9里，英语句子较长，其中包含一个由who引导的非限制定语从句（who will be responsible for 70% of the $350bn or so in global spending on bling by 2025）充当插入语来补充说明 Millennial and Gen-Z consumers（千禧一代和Z世代消费者），使得翻译处理上稍微有点复杂。因此，为了使得译文更衔接连贯，译者在翻译处理上采取了切断法，将原来长而复杂的句子拆译成两个简单句子，尤其将插入语的成分单独成句，翻译为“到2025年时，千禧一代和Z世代的消费能力将占据全球约3500亿美元奢侈品消费总额的70%”。

例10：Jackie Aina, whose beauty tips attract over 7m followers across several platforms, explains the importance of high-quality equipment that can show texture, accurate color grading— “Not to mention the lighting”.

译文：Jackie Aina的美容秘诀在几个平台上吸引了七百多万粉丝，她解释了能够显示纹理、准确颜色分级的高质量设备的重要性，“更不用说照明设备了”。

分析：在例10里，英语句子较长，其中包含了一个由whose引导的非限制性定语从句（whose beauty tips attract over 7m followers across several platforms），充当插入语成分来补充说明主语Jackie Aina，使句子情节更为紧凑，内容更为丰富。在翻译过程里，译者考虑到原文句子有点长，因此将该句子切断成两个部分，先处理插入语成分，译为“Jackie Aina的美容秘诀在几个平台上吸引了七百多万粉丝”，然后在后半句话补充了主语“她”，使前后衔接更为连贯，更加符合汉语学习者的阅读习惯。如果不采取“切断法”，那么整个句子的逻辑则显得有点儿混乱，给读者在理解上造成一定的难度。

（五）重组法

许明武和杨宏（2005）认为“重组是指将长句结构完全捋清，按汉语叙事习惯重新组合句子，而非拘泥于原句的结构安排。由于摆脱了原文语序和句子形式的约束，使行文流畅、自然，一气呵成”；包孕（2010）认为“重组指在进行英译汉时，为了使译文流畅和更符合汉语叙事论理的习惯，在捋清英语长句的结构、弄懂英语原意的基础上，彻底摆脱原文语序和句子形式，对句子进行重新组合”。

英语是注重形合连贯的语言，句子各部分之间、分句之间依靠语言手段衔接，在这种情况下，插入语无论多长，多复杂，也仅处于次要地位，不会破坏句子的核心结构或者影响句子的中心，但汉语注重意合，多使用简单句、流水句，如果插入语过长或者结构复杂，则可能会改变句子的重心，造成结构松散、逻辑混乱等问题。所以在翻译英语插入语，尤其长句、复杂句中的插入语时，可以在理解原句意思，捋清原句结构的基础上，打破原句的语序和结构形式，按照汉语的逻辑及表达习惯将各意群重组成句。

例11：One in 2020 from the National Bureau of Statistics in China, where influencers gained prominence earlier than in the West, estimated its contribution to the economy at $210bn, equivalent to 1.4% of GDP.

译文1：根据中国国家统计局2020年的统计数据，估计中国网红产业2020年经济收入为2100亿美元，占GDP总量的1.4%，且相比西方国家，中国网红产业起步更早。

译文2：相比西方国家，中国网红产业起步更早。据国家统计局在2020年发布的一份报告估计，中国网红对经济的贡献约为2100亿美元，相当于国内生产总值的1.4%。

分析：以上例子里，原文里英语句子长而复杂，其中包括一个由where引导的非限制定语从句（where influencers gained prominence earlier than in the West）来修饰China。在翻译过程里，考虑到句子之间的逻辑关系以及衔接连贯，译者采用了“重组法”来处理句子，重新梳理和组合原文句子的结构关系和语序，将上述的非限制定语从句放置在句首或句末处理，译为“相比西方世界，中国网红产业起步更早”，这样便于读者理解原文句子的逻辑关系。

例12：As with many things digital, the pandemic seems to have given it a fillip, as more people were glued to their smartphones more of the time.

译文：在疫情期间，更多人对手机的依赖性大大提高，因此同其他数字产品一样，疫情似乎极大促进了网红产业的发展。

分析：英汉语篇衔接存在着一定的差异，如英语表达里习惯将结果放在后面，原因放在前面，而汉语表达里则相反，习惯原因在前，结果在后。以上例子里，句子里存在着因果关系。原文英语句子里，先描述事件结果“the pandemic seems to have given it a fillip”，后说明事件原因“as more people were glued to their smartphones more of the time”。在翻译过程里，考虑到英汉表达习惯和语篇衔接的差异，译者在译文里先处理原因，后处理结果，而对于插入语部分“as with many things digital”，受到因果关系的影响，译者在理解原句的基础上，打破原句插入语的语序和结构形式，按照汉语的逻辑及表达习惯重组句子，在译文里将其放置在中间位置。

四、结论

总而言之，英语中插入语作为句子语用成分，是语言表达的有机部分，具有语篇衔接、修饰、情感等重要作用，是保持句子、段落及语篇衔接与连贯的重要“桥梁”。英语插入语汉译对于读者正确理解插入语至关重要，因此在翻译过程里，译者应树立语篇意识和翻译的全局观，先理解英汉语篇衔接手段的差异，然后结合实际情况采取不同的处理方式。本文从语篇连贯的角度出发，总结了五种英语插入语的汉译策略，包括保持法、包孕法（前置法）、增词法、切断法和重组法，以期为英语插入语的汉译策略一定的参考价值。

参考文献

[1]Halliday, M. A. K. & Hason, R. Cohesion in English [M]. London: Longman Group Limited, 1976.

[2]Sally W. Oxford Advanced Learner’s Dictionary（7th Edition）[M].Oxford: Oxford University Press，2005.

[3]包延. 英语中的插入语[J]. 内蒙古财经学院学报（综合版），2010，8（04）: 125–129.

[4]杜晓文，唐文杰. 语篇衔接理论研究综述[J]. 东莞理工学院学报，2011，18

（06）：79–82.

[5]胡壮麟.语篇的衔接与连贯[M].上海：上海外语教育出版社，1994

[6]胡壮麟．新编语篇的衔接与连贯[M].上海：上海外语教育出版社，2018.

[7]何自然.认知语用学：言语交际的认知研究[M].上海：海外语教育出版社，2006.

[8]梅里亚姆—韦伯斯特公司.韦氏高阶英汉双解词典[Z].北京：中国大百科全书出版社，2017.

[9]苗兴伟.《语篇衔接与连贯理论的发展及应用》评介[J].外语与外语教学，2004（02）：58–59.

[10]许明武，杨宏.科技英语插入成分的翻译[J].华中科技大学学报（社会科学版），2005（02）：120–124.

[11]余高峰.语篇衔接连贯与翻译[J].语言与翻译，2009（04）：47–51.

[12]张德禄.论语篇连贯[J].外语教学与研究，2000（02）：103–109.

[13]张德禄，刘汝山.语篇连贯与衔接理论的发展及应用[M].上海：上海外语教育出版社，2003.

[14]郑声滔.用括号翻译法处理英语的插入语[J].中国科技信息，2008（04）：213+215.

作者简介

林鸿梅，南宁师范大学翻译硕士研究生，主要研究领域：翻译理论与实践。

李树娟，副教授，硕士，南宁师范大学外国语学院，主要研究领域：国际商务、商务英语翻译

翻译互补性视域下的译本间关系
——以《道德经》的英译为例

韦锦泽

摘要：同一部作品，尤其文学文化典籍，往往拥有多个译本，呈现多样性。同一部作品的多个译本之间有何关系？这一问题的探究涉及翻译的本质。德国哲学家本雅明认为翻译旨在呈现“纯语言”，即不同语言互补关系的总和。翻译的互补性能够较为全面地解释译本的多样性，帮助人们深入了解译本与译本之间的关系。本文从翻译的互补性本质出发，分析《道德经》在英语世界的译介呈现的多样性，说明原作与译本、译本与译本之间的互补情况，以期进一步认识翻译现象并推进翻译实践。

关键词：纯语言；本雅明；翻译互补性；《道德经》；译本多样性

一、引言

本雅明（Benjamin）在《译者的任务》一文中提出：翻译是为了呈现“纯语言”，而纯语言则是语言间各种互补关系的总和。这一理论有助于揭示翻译的本质，为人们分析各种翻译现象提供有效的视角。

文本经过翻译从源语文化传播到译入语文化；通常同一个文本，尤其文学或文化典籍，有可能不止一次被翻译成同一门外语，在同一个译入语文化中拥有好几种译本，各种译本往往呈现纷繁复杂的多样性。不同译本的存在带来各种问题，如对“重译”和“翻译有无定本”的探讨。这些问题涉及译本与译本之间的关系，具有非常重要的意义：首先，要说明译本与译本之间的关系，就必须了解译本与原作之间的关系，这有助于认识翻译的本质；其次，厘清译本之间的关系便于识别不同译本的价值，能为更有效地译介文学文化典籍并建立其经典地位带来启发。要回答这些问题，本雅明的翻译互补论就是一个很好的切入口。

二、“译无定本”与重译

中国翻译界曾对“文学翻译有无定本”和“重译”等问题展开讨论，这两个问题的核心直指译本之间的关系，是探讨译本多样性的起点。

“翻译有无定本”中的“翻译”以文学翻译为主；定本主要指这样一种译本：它在译入语文化中具有原作在源语文化中的地位。中国著名的英语教育家汪榕培参考《道德经》中的“常道”提出“常译”的说法；“常译本”可以视作定本，即“跟原著丝毫不差”的译本（汪榕培，1992：26）。浙江大学中华译学馆馆长、博士生导师许钧给出更加具体的三层含义：在内容和形式上，定本与原作等值；在语言和审美上，定本经得起各个时代的变化；在接受与标准上，定本可以作为理想范本（许钧，1996：13）。

多数学者赞成“译无定本”。汪榕培认为一部文学作品在某一时代可以存在最佳译本，但总体情况下难有“常译”（汪榕培，1992：27）。我国著名的翻译家、莎学家方平指出文学翻译不存在“理想的范本”，因为不同读者对同一部文学作品的审美价值抱有不同的感受和理解，译作不能尽现原作，只能接近原作（方平，1995：72）。许钧从德国文艺理论家、美学家姚斯（Jauss）的接受美学出发，认为译者首先是读者，文学作品的潜在意义需要由不同时代的读者挖掘；不同时代对翻译作品的语言也有特定要求，导致翻译无定本（许钧，1996：13）。上海外国语大学教授、博士生导师谢天振1996年发表了《文学翻译不可能有定本——兼与罗新璋先生商榷》，观点与方平和许钧的一致（谢天振，1996）。2003年，谢天振在专著《翻译研究新视野》中把译语文化与译本的关系纳入视野，认为译语文化中的意识形态、诗学和赞助人等因素导致译者对原作的理解呈现多义性，产生多种译本（谢天振，2003：195）。

翻译既无定本，重译自然趋向增多。文学或文化典籍得以重译，往往源于其经典地位，重译本身又强化其既有地位，形成良性循环。香港城市大学中文翻译及语言学系讲座教授张隆溪指出经典作品的确立有赖于时间、专家评论、读者研读等因素的共同作用（张隆溪，2021：13）。重译能使作品在译入语文化中得到持久的阅读和品评，有利于其经典地位的巩固。

由原作产生的各种译本之间有着怎样的关系呢？著名法语翻译家罗新璋认为，相较之前的译本，新译本应该后来居上，有所突破，青出于蓝而胜于蓝（罗新璋，1991：30）。许钧认为名著之所以需要重译，主要在于旧有的译本欠缺完整、内容失真、语言陈旧、失误较多、风格未能一致（许钧，1994：3）。这意味着新译本有必要做出改善。刘桂兰在《重译考辩》中引入互文性理论，认为重译过程存在参考、借用和继承前译本的现象，译者在重译时有所创新（刘桂兰，2010：124）。在《论重译的世俗化》中，刘桂兰看到，"前译本与后译本之间是生命延续关系"，"后译本、重译本是对前文本的完善、借续、引用、沿袭、引申"（刘桂兰，2015：26）。

以上研究归纳重译本的规律，结果多呈线性；根据这些思路，先后出现的各个译本，其质量应该是不断递升的。实际情况却未必如此。在探讨译本之间的关系时，可以打破线性思路，采取另外的视角，在更深的层次上进行考察。

三、互补性——翻译的本质与译本之间的关系

译本之间的关系源于译本与原作的关系，译本与原作的关系又涉及翻译的本质。英国沃克里大学比较文学与翻译学教授苏珊·巴斯内特（Susan Bassnett）推崇英国浪漫主义作家雪莱（Shelley）对诗歌翻译的看法：把诗人的作品从一种语言转化为另一种语言，如同把紫罗兰扔进坩埚以探求其颜色和香味形成的原理，皆非明智之举；紫罗兰必须从种子重新发芽生长，否则不会开花（Bassnett，2001：57）。巴斯内特对翻译的思考跟文化系统密切相连，在她看来，翻译等于把原作"移植"到另一种语言文化系统，译作相对于原作发生的变化主要在于形式和形态。

瓦尔特·本雅明（Walter Benjamin）在文学翻译的讨论中使用了"生命"意象："在译文中，原作的生命获得了最新的、继续更新的和最完整的展开"（本雅

明，2005：5)。这里的生命，其标志在于改造和更新——本雅明专指原作语言自身的发展，但同样适用于译本相对于原作有所改变而延续原作生命的情况。一部原作会被转换成不同的语言，在同一种语言里又有不同时期的译本；首译本相对于原作不可避免有所改变，后译本相对于前译本也存在差异。"新"和"更新"是描述性的说法，不带优劣判断，只要未来还将出现更多译本，原作的生命就会一直延续下去。

本雅明所说的"生命"侧重时间性："生命的范围是从历史的视点而非从自然的视点来决定的。"(本雅明，2005：5)自然的生命是有限的，翻译却可以突破这种限制，因此译文的"生命"应该放在历史性背景下来理解。"完整"的概念则提示着空间性；"完整"的途径在于"互补"。原作中由源语(包含"指意方式")表达的内容(即"意指之物")并不是独立自主的，可以说原作的生命是不完整的，而且，原作的意义也并非固定不变，而是流动的——这就有了逐渐补充和完整的可能(本雅明，2005：6)。译本表达的内容并不一定等同于原作，差异却使生命得到彰显。随着译本数量增加，单个来看，这些用不同的指意方式表达出来的结果各有差别，都不能100%涵盖原作的意指之物，但是综合起来，译本之间却能相互补充，意指的总和无限接近原作的意图。之所以说"无限接近"，一来，各种译本的意指之物即便整合起来，也不能完全等于原作的意指之物；二来，原作的意指之物本身也在发展变化，译本与原作的意指之物并不能互相重合。随着译本增多，原作的生命更趋完整。

来自各种译本的意指之物不断互补，汇聚起来可以称为"总体意图"，也就是"纯语言"。本雅明指出，译者的任务就是通过翻译呈现出"纯语言"(本雅明，2005：6)。纯语言体现着完整谐和，是一种理想状态。纯语言是所有译本的意指之物的总和，这并不意味着它是稳定的、可测量的。原作意义的流动性决定了意指之物只能在不断变化中得到互补，整个过程具有历史性和动态性。此外，意指之物的面貌又由指意方式决定，二者密不可分，所以从更深层次看，纯语言也离不开原作，纯语言代表着原作与译本之间指意方式和意指之物的全部关系。也就是说，纯语言是抽象、动态的"关系之和"。纯语言的呈现不仅依赖原作与译本之间的互补，还依赖译本与译本之间的互补。原作以及各种译本——包括不同语言的译本，以及同一种语言的不同译本——提供了必要的碎片，可以无限接近地拼出完整的纯语言。

归根结底，互补性就是翻译的本质之一。抓住翻译的互补性，就能全面了解原作与译本、译本与译本之间的关系。"互补性"包含语言内部的因素：第一，特定译本的指意方式不能完整表达原作的意指之物，需要不同译本进行互补；第二，语言的互补带有历史性，语言不断发展，促使译本做出相应的更新，产生更多译本。另外，外在于语言的因素也不容忽视——对原作的解读和接受会不断变化，这种变化在既定的文化背景下发生，属于外部因素。谈到语言的变化时，本雅明提出："伟大文学作品的趋向和意义数个世纪以来将经历彻底的改造。"（本雅明，2005：6）原作的意义变动催生出对新译本的要求，而译本做出的相关反应和调整，又为语言互补的大图景增添更多内容。

在内外因素的双重影响下，从原作诞生，到第一个译本的产生，再到各个重译本的出现，一段没有尽头的生命之旅就此展开。这场旅程以原作为原点，以语言的完整互补为目的，不存在封闭的时限，原作的历史性生命也一直延续下去。在这个过程中，每一个译本都发挥着自己的作用，成为语言互补大整体中的一个成分；就连那些因为语言变迁而遭到淘汰的译本，也都曾经延续过原作的生命，因而不可或缺。

四、《道德经》英译本的互补

要论原作与译本、译本与译本之间的关系，鲜有比中国文化典籍《道德经》更复杂的了。中国学者路斯琪和高方根据联合国教科文组织的统计，将《道德经》标为"中文著作外译之首"（路斯琪、高方，2020：55）。宁波大学外语学院教授、博士生导师辛红娟引用中国学者丁巍的数据，指出《道德经》的版本多达一千一百多部，覆盖28种语言（辛红娟，2008：9）。英语世界又是《道德经》外译的一大目的地。中国学者杨玉英统计，《道德经》在英语世界的译介活动从19世纪持续到当今21世纪，横跨3个世纪，译本143种（杨玉英，2019：1）。如果说经历翻译的作品等于被移植到另一种文化中去，那么生长在英语土壤的《道德经》已经郁郁葱葱，蔚然成林。

译本的产生是原作生命的延续，具有历史性和动态性；译本之间又是互补的，呈现出空间性。生命的延续虽然遵循先来后到的时间线，互补的元素却不一定是线性的，而类似拼图，呈现错落多样性。探讨《道德经》各种译本之间的关系，需要理解它们之间的互补性，在把握原作生命延展的同时，找到译本在互补图景中的位置。

（一）译本的多样性

《道德经》的译本层出不穷，首先与原文相关。福建师范大学外国语学院教授、博士生导师岳峰分析《道德经》原文给翻译带来的挑战：在字词层面，原文意思的识别和表现存在各种变数；在句法层面，使阐释具有多种合理的可能性；在风格和文化的层面，译者的判断力和自主性增加表达的多样化程度（岳峰，2018：17–45）。同一处原文在理解和表达层面包含着诸多差异，产生互补的需求和可能性，而每一种互补的可能都可以分化成一种译文，造就译本丰富的样貌。

其次，原作版本繁多也是一大因素。中国学者高定彝总结，《道德经》的中文版本超过四百种（高定彝，1999：12）。不同版本的背后，有着学者名家对原文不尽相同的理解和注疏。原作版本变异万千，全都指向一部"理念"意义上的《道德经》，它立足源语的指意方式，凝聚着所有版本互补的总意图，既完整地体现原真的意指之物，又能容纳合理的阐发。在语言转换的过程中，版本之间的亲缘性和互补性只会更加复杂。中国学者杨柳对比老子思想与西方思想，指出二者之间呈现"不对称的呼应"：看似相同的问题，暗含深层次的相异；看似迥异之处，又隐藏重要的关联（杨柳，2016：18）。源语文化和译语文化在同一个问题上的差异，恰恰提供了译本更新变动的机会，成为原作生命延续的萌发点，导向多样的译本；不同译本彼此关联互补，为呈现纯语言添加一块块拼接全景所需的碎片。

再者，译语文化如何看待《道德经》、翻译上有何倾向，对不同译本的产生也起到相当重要的作用。英国分析师朱利亚·哈蒂（Julia Hardy）将《道德经》在西方的译介分为三个时期：起初西方译者用《道德经》比附基督教教义，对译文进行迁就式的改编；后来《道德经》被用来反思西方思想和价值观，在翻译上得到多元化阐释；《道德经》的帛书本和竹简本出土以后，译者迅速做出反应，追寻原真的含义（Hardy，1998：165–185）。受此启发，辛红娟划分出《道德经》在英语世界的三次大规模翻译高潮：第一次为1868—1905年，《道德经》的英译与《圣经》的汉译互相阐释；第二次为1934—1963年，战后的英语世界将老子哲学看作拯救危机的良药，译文追求与原文对等的效果；第三次为1972—2004年，以帛书的发现为标志，译者身份愈发多元，在求真的同时也重视原文美学的移植（辛红娟，2008：19–23）。决定分期的有文化因素，如译语文化处理原文的方式，也有"硬件"因素，如竹简和帛书的出土——考古新发现补充了文本材料，引发新的阐释，同时也成为一种契机，促进了译本的产生和更新。各种因素交互作用、彼此影响——正因为有了向原文看齐的第二阶段，竹简和帛书版本的出现才变得意义非凡，得到重视，从而开启第三个阶段的译介。

虽然《道德经》的分期能揭示一定的历史趋势，译本的互补依然是多元的、非线性的，如即便在尊重原文的第三期，也还是会出现像美国诗人兼翻译家史蒂芬·米歇尔（Stephen Mitchell）那种充满着个人理解、对原文进行大量归纳和自由编排的创新版本。《道德经》译本丰富，译本之间并不是单纯线性的“纠错”“升级”的关系，而是共享亲缘性，相互补充，趋向一个更为宏大的《道德经》纯语言。

（二）《道德经》“得一”之“一”的翻译互补

《道德经》英译本之间的互补，可以从对“一”的翻译中窥见一二。作为文字符号，“一”笔画至简，却意蕴丰富，可以表示数量、顺序，也包含“统一”“一致”等意思，承载的内涵非常深广。《道德经》中计有8章共15次出现了“一”字；有几处非常关键，如“圣人抱一”（第22章）、“天得一以清”（第39章）、“道生一”（第42章）等，都与“道”有关。那么“一”是否等同于“道”呢？冯友兰认可“一”跟“道”的联系，同时也意识到，“道”分“有”和“无”两个方面，从“无”的方面来说，“道”是混沌未分的元气，但又并非“一”（冯友兰，1959：38）；从“有”的方面来说，“一”似乎指向“太一”，即“道生一”中的“一”（冯友兰，1988：170）。冯友兰的语气犹豫而不甚确定，这份谨慎源自《道德经》指意方式的模糊性。鲜明的意象与深邃的内涵之间形成强大的张力，源语和译语之间也就伸展着大片可能性。

《道德经》第42章的“道生一，一生二，二生三”中的“一”，因为与接下来的“二”和“三”同在语境链上，直译数字顺理成章，各种译本在这里的处理方式相对一致，差异较小。相比之下，第39章的“昔之得一者，天得一以清，地得一以宁，神得一以灵，谷得一以盈，万物得一以生，侯王得一以为天下贞”一连7个“得一”；这里的“一”字如何翻译，颇费译者踌躇，因此也成了译本互补的集中地带。

英国翻译家巴福尔（Balfour）的版本将“得一”的“一”译为“the Unity”（Balfour，1884：24）。美国19世纪末20世纪初著名比较哲学家卡鲁斯的“oneness”和巴福尔的“the Unity”都包含了表示“一”的词根，前者用“one”、后者用“uni”传达出“统一”“一体”的意思，兼顾指意方式和意指之物。不过，

“oneness”侧重表示同一性，描述状态；“unity”侧重不同成分的融合一致，展示结果。这两个词虽然同义，彼此也互为补充，同时还与其他版本的用词（如侧重整体性的“whole”）互补。

英国著名汉学家、文学翻译家亚瑟·韦利（Arthur Waley）将“得一”的“一”译为“the Whole”（Waley，1934：191），析出“一”里包含的“整全”之意。《道德经》兼具哲学性与艺术性，如果作品重在“美”，译者就必须牺牲精确性以保证原作的美，但是在韦利眼里，《道德经》的重要性不在于文学性，而在于内容，准确再现内容才是首要目标（Waley,1934:191）。在书本的“序言”中，韦利表达了“要把人类作为一个整体（a whole）来研究”的观点（Waley，1934：11）。韦利所谓的“整体”融合古今中外，目的在于阐明中国古籍对当下西方世界的参考价值，“the Whole”与其主张遥相呼应。总结起来，“the Whole”包含的意指之物与原文共享亲缘性，但也不尽重合——中文包含的意义更广，译文体现了其中一部分，在具体语境中还暗示着新的内涵；其指意方式也大不相同——译文与原文就这样构成了互补关系。

近代英国著名汉学家理雅各（Legge）将此处的“一”译为“the One（the Tao）”（Legge，1891：82），极简的意象得到直接的保留，再由括号注释出背后的涵义。在指意方式上，这种处理把“一”的“形”“意”一分为二，与其他版本差异明显，形成互补；此外，把“一”与“道”等同起来，在意指之物方面与其他版本形成互补。

将“一”译为“the One”在20世纪和21世纪非常普遍，有了众多前译本作为基础，跨文化译介中的“语言差”和“时间差”得到一定弥合，读者无需更多说明也能理解“the One”所传达的意义。不过，这并不意味着“一”的翻译找到了最优解，译本不断涌现，所有的译本都试图穷尽语言互补的每个可能性。之前使用过的译法，只要可以放进汉英翻译的互补总图景中，也还会被一再试探，反复出现。例如，即便到了21世纪，还会有新版本沿用“the Unity”和“the Whole”的译法。

总体来看，以上对“得一”之“一”的不同翻译显示了多个方面的互补：既有贴合数字意象的“the One”（理雅各）和“oneness”（卡鲁斯），也有揭示背后丰富意蕴的“the Unity”（巴福尔）和“the Whole”（韦利）。贴合数字意象的版本“the One”又不止于字面意义，而是透露着超乎寻常的存在。揭示原文意蕴的“the Unity”，虽然只能抓住多重含义中的一个方面，却可以凭指意方式开辟出新的意义，如与“the Trinity”词形结构上的相近使读者在中国概念与西方宗教概念之间产生联想，这种新的意义元素因为与形式有直接挂钩，也纳入了互补的大图景中。翻译方式也在互补过程中扮演重要角色，如在理雅各在“the One”之后加上括号补充“the Tao”，将译者的理解变成读者可以直接接收的信息，与其他并不似这般直接点明要义的版本构成互补。

这里的种种互补，在《道德经》中“得一”之“一”众多的英译版本中只是小小一角；从字到词，再到句子和篇章，原作从源语转化成各种译语，这一不断互补的过程用“道生一,一生二,二生三,三生万物”来概括再贴切不过了。此处的“道”就是纯语言，“万物”就是纯语言的表征，即各个译本。中国当代著名哲学家、教育家冯友兰以《道德经》的翻译为例，表示单个译本有自己的局限性，只能传达一个意思，而原文往往可能含有更多别的意思，因此“需要把一切译本，包括已经译出的和其他尚未译出的，都结合起来，才能把《老子》《论语》原本的丰富内容显示出来”（冯友兰，2009：17）。冯友兰的阐述主要围绕译者对原作的解释展开，却非常精准地展现了翻译的“互补性”本质，揭示出译本与译本之间的关系：原作与译本、译本与译本之间，既有亲缘性和关联性，又有差异性和排斥性，彼此互补；从历史的、动态的视角看，只有结合一切已有的和未有的译本，才能揭示出特定作品中“意指之物”和“指意方式”的综合关系，无限接近“得一”式的纯语言的全貌。

五、结语

翻译互补性的实质在于关系，既考虑原作与译本的双向影响，也探索意指之物与指意方式之间的联系和变化。从翻译互补性视角观照原作与译本的关系，研究会更加客观全面，也更接近翻译的本质。

探讨译本与译本之间的关系时，翻译的“互补性”能突破“优劣比较”式的批评，一方面立足语言内部的因素，另一方面抓住语言外部的因素来考虑问题。对译本互补关系的这种梳理赋予研究者开放的历史性视角，拓展研究空间，对译本的产生和特点给出更具洞见的解释。

在实践层面，同一原作的各个译本犹如碎片，在空间上有着属于自己的位置；各个译本的局部翻译单位在空间上也遵照某种原则排布，互补程度不一。如果要做的是首译，那么译本互补的总体规律可以指导译者如何确定译文与原文的最优互补方位，使作品能在译入语文化中得到经典化；如果要做的是重译工作，那么译文互补图景中的空缺往往可以提示可能的方向；互补密集的地方也能提供便利的参考，以便进一步强化作品的经典地位。总而言之，译本的互补性可以为翻译活动的有效规划提供合理依据。

参考文献

[1] Arthur Waley. The Way and Its Power: Lao Tzu's Tao Te Ching and Its Place in Chinese Thought[M]. London: George Allen & Unwin Ltd.，1934.

[2] Bassnett，Susan and Lefevere，Andre. Constructing Cultures[M]. Shanghai: Shanghai Foreign Language Education Press，2001.

[3] Frederic H Balfour. Taoist Texts: Ethical political and speculative[M]. London: Trubner & Co.，1884.

[4] James Legge. The Sacred Books of China: the texts of Taoism[M]. Oxford: Clarendon Press，1891.

[5] Julia M. Hardy. Influential Western Interpretations of the Tao-te-ching[M]. Albany: State University of New York Press，1998.

[6]方平.不存在"理想的范本"——文学翻译工作者的思考[J].上海文化，1995（05）：72-75.

[7]冯友兰.中国哲学简史[M].赵复三译.北京：生活·读书·新知三联书店，2009.

[8]冯友兰.三松堂全集（第二卷）·中国哲学史[M].郑州：河南人民出版社，1988.

[9]冯友兰.再谈关于老子哲学的问题[J].哲学研究，1959（07）：34-41.

[10]高定彝.老子道德经研究[M].北京：北京广播学院出版社，1999.

[11]刘桂兰.论重译的世俗化[M].武汉：武汉大学出版社，2015.

[12]刘桂兰.重译考辨[M].北京：光明日报出版社，2010.

[13]路斯琪，高方.儒莲法译《道德经》的经典生成路径及呈现[J].中国翻译，2020（01）：55-61.

[14]罗新璋.复译之难[J].中国翻译，1991（05）：29-31.

[15]瓦尔特·本雅明.译者的任务[M].陈永国，编译.北京：中国人民大学出版社，2005.

[16]汪榕培.译可译，非常译——英译《老子》纵横谈[J].外语与外语教学，

1992（01）：25–30.

[17]谢天振.翻译研究新视野[M]，青岛：青岛出版社，2003.

[18]谢天振.文学翻译不可能有定本——兼与罗新璋先生商榷[N].中华读书报，1996–12–4.

[19]辛红娟.《道德经》在英语世界：文本行旅与世界想象[M].上海：上海译文出版社，2008.

[20]许钧.翻译不可能有定本[J].博览群书，1996（08）：13–14.

[21]许钧.重复·超越——名著复译现象剖析[J].中国翻译，1994（03）：2–5.

[22]杨柳.《道德经》在多元文化语境下的接受与翻译[M].南京：南京大学出版社，2016.

[23]杨玉英.《道德经》在英语世界的传播与接受研究[M].北京：学苑出版社，2019.

[24]岳峰.中国文献外译与西传研究[M].厦门：厦门大学出版社，2018.

[25]张隆溪.经典之形成及稳定性[J].文艺研究，2021（10）：5–18.

作者简介

韦锦泽，硕士，讲师，广西民族大学外国语学院，研究方向：翻译研究。

翻译转换理论视角下的《木兰辞》汪榕培译本研究

阮浩波　周柳琴

摘要：“翻译转换”这一概念是建立在语言学的基础上，由著名语言学家和翻译理论家卡特福德首次在其《翻译的语言学理论》中提出。本文以翻译转换理论为视角，以诗歌《木兰辞》原文及汪榕培译本为语料进行分析，探讨《木兰辞》原文和汪榕培译本中存在的翻译转换，为今后的诗歌翻译提供参考。

关键词：翻译转换理论；《木兰辞》；汪榕培译本；诗歌翻译

一、前言

1965年，英国著名的语言学家、翻译理论家卡特福德（John Catford）出版了《翻译的语言学理论》（*A Linguistic Theory of Translation*）一书，其中提出了“转换”的概念，并对“转换”进行了分类，分为层次转换（level shifts）和范畴转换（category shifts）。（卡特福德，1991：85）在分析《木兰辞》汪榕培译本中使用到的翻译转换时，笔者发现其中只存在范畴转换中的结构转换、类别转换和单位转换，因此在本文中只对这三种转换进行分析研究。卡特福德的翻译转换理论适用的层次为句子及句子层次以下的内容，用于分析句子、短语和词汇之间的转换。但是转换不仅限于句子及句子层级以下，也会存在于语篇之间，所以在使用卡特福德的翻译转换理论分析时，仍会存在一定的局限性。

二、翻译转换理论研究

20世纪60年代，布拉格学派、伦敦学派、美国结构学派和交际理论学派四大语言学派给西方翻译理论带来了巨大的冲击，语言学的研究极大地丰富了翻译学研究的内容。卡特福德在其专著《翻译的语言学理论》中提出的“翻译转换”这一概念，“翻译转换”是指在将源语翻译成译语时脱离形式上的对应。转换主要分为两种类型：层次转换（level shifts）和范畴转换（category shifts）（卡特福德，1991：85）。

（一）层次转换

源语使用的一种语言层次在翻译为译语时，其等值成分使用的是不同的语言层次就可以称为层次转换。语言层次主要有四个：语法、音位、词汇、字形。而在翻译过程中，语法到词汇和词汇到语法之间的转换是唯一可能发生的层次转换（卡特福德，1991：85）。

（二）范畴转换

范畴转换主要是在翻译过程中存在的等级变更，但这不是唯一的变更，除此之外还有结构、类别、词语等等的变更，是对原文形式对应的脱离。范畴转换主要可以分为结构转换、类别转换、单位转换和内部体系转换四种转换类型（卡特福德，1991：88）。

（三）结构转换

结构转换是在翻译过程中最常见的范畴转换。结构转换的表现主要是：一个句子中所含有句子成分的变化，如增加或者减少主语、状语等等句子成分；一个句子中句子语序的变化，如定语由原句中的前置变成译文中的后置等等情况（卡特福德，1991：89）。

（四）类别转换

类别转换是指在源语与译语中，其中的两个等值成分在进行翻译的过程中，两者的类别发生了转换。在大多数情况下，类别翻译具体表现为译语和源语中词汇的词形变化，如源语中的一个介宾短语在译语中转换成了一个动宾短语等等（卡特福德，1991：91）。

（五）单位转换

单位转换往往也可以称为级阶转换。级阶可以分为：词素、词、群、子句和句子。译语和源语在使用同一层阶的内容无法实现两者等值的情况下，译语可以选择更高一级或者几级的级阶来实现原本不能实现的等值。单位转换使得源语和译语不需要实现两者级阶的严格对应，源语和译语的词与词、子句与子句或者句子与句子之间不用严格地对应（卡特福德，1991：92）。

（六）内部体系转换

内部体系转换是指源语和译语存在形式相对应的结构，而在翻译为译语时，要在译语中选择一个不同的术语来与之对应，这就是内部体系转换（卡特福德，1991：92）。

三、《木兰辞》汪榕培译本中翻译转换研究

《木兰辞》作为我国古典诗歌的名篇，这首诗歌因为其丰富的思想内容，凝练优美的语言形式及传奇的故事情节而深受中国人民喜爱，并被译成多种语言，在世界上广为流传。笔者在对比分析《木兰辞》原文和汪榕培译本时发现，翻译转换理论视角下，汪榕培译本中存在结构转换、类别转换和单位转换，并不存在另外两种转换类型。因此本文主要详细阐述《木兰辞》汪榕培译本中存在的单位

转换、结构转换和类别转换。

（一）结构转换分析

在分析《木兰辞》汪榕培译本的过程中，笔者发现汪榕培译本中绝大部分句子都存在结构转换，其原因主要是中英句子在结构上存在较大的差异，中文注重意合，而英文注重形合，因此在诗歌翻译的过程中很难做到原文和译文形式的完全对等。此外，中文诗歌中存在较多的无主语句、连动句、兼语句等句式，英语中并不存在此类句式，在翻译中文诗歌时需要对此类句式进行转换。通过分析可以发现《木兰辞》汪榕培译本存在结构转换主要存在以下四个原因：

（1）《木兰辞》原文中主语的缺失。

例1：昨夜见军帖，可汗大点兵。

译文：I saw the new recruiting lists last night; The Khan is summoning the men to fight.

例2：愿为市鞍马，从此替爷征。

译文：I'll go and buy a stalwart horse and pad So as to go to battle for my dad.

例3：归来见天子，天子坐明堂。

译文：Mulan receives an audience from the Khan,Who makes a huge grant to the valiant "man" .

例4：同行十二年，不知木兰是女郎。

译文：We fought for twelve years in the same brigade,But never knew that Mulan was a maid!

例5：策勋十二转，赏赐百千强。

译文：Mulan is praised and offered the highest post, And given piles of treasures she can boast.

以上五个例句皆为无主语句，这种句式在中文中比较普遍，但在翻译为英文时需要根据实际情况补充主语或者将其翻译为被动句省略主语。例1译文的主语是根据前一句“女亦无所思，女亦无所忆”来增添的。前一句译文中将“女”译为“I”，例1沿用前一句译文的主语，增添主语“I”。例2译文的主语是根据前一句“阿爷无大儿，木兰无长兄”来增添的，前一句将“木兰”译为“I”，例2译文中继续使用“I”作为主语。例3译文的主语是根据句意来增添的，前后文并没有提到“木兰”，但是根据其句意推断是木兰“归来见天子”。例4译文的主语也是根据句意来添加的，是木兰的战友与木兰同行十二年，译文中译者以战友的身份来述说，即我们“同行十二年”。例5译文的主语原本是“天子”，译者将句子处理为被动句，增添主语“Mulan”。

（2）《木兰辞》原文中存在较多的连动句。

例6：旦辞黄河去

译文：She leaves the Yellow River by daylight.

例7：归来见天子

译文：Mulan receives an audience from the Khan.

例8：从此替爷征

译文：So as to go to battle for my dad.

例9：出郭相扶将

译文：Her parents leave the courtyard arm in arm.

例10：磨刀霍霍向猪羊

译文：Her younger brother butchers pigs on the farm.

汉语连动句特点是在句中使用多个动词并且这多个动词对应着同一个主语，（李临定，1986：118）而在英语中一句话不能同时有两个谓语。所以，在《木兰辞》中译英时，会转换汉语连动句中的一个动词，将其省略或者转换成其他结构。例6和例7都是汉语中的连动句，在翻译时只翻译两个动词中的一个。例6省略了“去”，只翻译了“辞”；例7省略了“归来”，只翻译了“见”。

例8、例9、例10在翻译时都是将连动句中的两个动词的一个处理为其他结构。例8译文中将动词短语“替爷”转换为介词短语“for my dad”，例9将动词短语“相扶”转换为状语“arm in arm”。例10将两个动词短语“磨刀”和“向猪羊”转换为一个动词词组“butchers pigs on the farm”。这种处理相对来说是比较灵活的，可以将连动句中的一个动词处理为介词短语、状语或者动词词组等等结构。

（3）《木兰辞》原文中还出现了较多兼语句。

例11：唯闻女叹息

译文：You only hear the maiden sigh and moan

例12：问女何所思？问女何所忆？

译文：Good lass, what thought has occupied your mind? Good lass, what thought can you not leave behind?

例13：不知木兰是女郎

译文：But never knew that Mulan was a maid.

例14：爷娘闻女来

译文：On hearing that Mulan will soon be home.

南开大学研究生院教授李临定归纳了兼语句的三个特点：名词是动词1的宾语；动词2是谓语性成分；从语义关系上来看，名词是动2的施事。（李临定，1986：163）一般来说汉语兼语句是由一个动宾短语和主谓短语组合为一个句子，称作兼语句。而且句中主谓短语的主语在结构上是前一个动宾短语中的宾语。在《木兰辞》汪榕培译本中，译者对原文中兼语句的处理方法主要有两种：一种处理方法是将其中的主谓短语转换为宾语补语，另一种是将主谓短语转换为宾语从句。例11将兼语句的主谓短语“女叹息”转换为“hear the maiden sigh and moan”中的“sign and moan”。例13中主谓短语“木兰是女郎”转换为“But never knew that Mulan was a maid”中的宾语从句“that Mulan was a maid”。例14译文将兼语句中的主谓短语处理为宾语从句“On hearing that Mulan will soon be home”。

（4）《木兰辞》原文中也存在倒装句。

例15：万里赴戎机，关山度若飞。

译文 She goes for miles and miles to join the war, And crosses hills and valleys with the crops.

当原文中存在倒装的时候，译文中会改变倒装的部分。例12中“何所思”和“何所忆”为倒装，正常语序为“所思何”和“所忆何”。例15中“万里”为定语前置，在译文中处理为“ for miles and miles”，“关山”为宾语前置，在译文中将宾语放在谓语“度”之后。

以上四个原因是笔者在分析《木兰辞》原文和译文中发生结构转换的主要原因，并具体对这些转换进行归类分析。由此可见，结构转换在中英互译中是最常见到的，也是普遍会发生的翻译转换的一种。中文中特有的句式在翻译为英文时无法找到对应的句式，因此只能通过转变句式来实现。而转变也存在较多的方式，比如无主语句可以增添主语或者转变为被动句，连动句可以将其中一个动词省略或者处理为其他结构，兼语句可以将其中的主谓短语处理为宾语补语或者宾语从句。

（二）类别转换分析

类别转换指的是原文和译文中的两个等值成分在类别上发生了转换。在分析《木兰辞》原文和译文的过程中，笔者发现主要是原文和译文的词和词组之间会存在等值的转换，两个等值成分在词性上会发生转换。

例16：女亦无所思，女亦无所忆。

译文：I've nothing that has occupied my mind; I've nothing that I cannot leave behind.

例17：暮宿黄河边

译文：And stays by the Yellow River for the night.

例18：送儿还故乡

译文：To send me home to start my life anew.

例19：木兰无长兄

译文：I have no elder brother to carry the gun.

例20：木兰不用尚书郎

译文：High posts at court are not what I pursue.

例16中原文的副词“无”转换成名词“nothing”，原文中的名词“女”，转换为代词“I”。例17中原文的名词短语“黄河边”在译文中转换为介词短语“by the Yellow River”。例18中原文的名词“儿”在译文中转换为人称代词“me”。在词的类别转换中，主要是将原文中对人的称呼转换为人称代词。例19和例20中原文的“木兰”是一个名词，在译文中转换为代词“I”。主要是因为在英文中为避免重复，常常会使用代词来代替已经出现过的词，而在中文中词语的重复是十分常见的。

例21：东市买骏马，西市买鞍鞯。

译文：She buys a strong steed in the eastern market;She buys a saddle in the western market.

例22：出郭相扶将

译文：Her parents leave the courtyard arm in arm.

例23：开我东阁门，坐我西阁床。

译文：She opens doors of chambers east and west And sits upon her bed to take a rest.

《木兰辞》原文和汪榕培译本中还存在较多短语词性的转换。例21中原文里的“东市”和“西市”为名词词组，在译文中转换成了介词短语“in the eastern market”和“in the western market”。例22中原文的动词短语“相扶”在译文中转换为名词短语“arm in arm”。例23中原文的“东阁”和“西阁”翻译为英语做前置定语时过长，因此在译文中做后置定语，译为“of chambers east and west”。通过分析以上几类的短语转换，其原因主要是根据该短语在原文中所充当的成分，在翻译时对该成分进行适当的转换，使之更符合译入语的语言习惯。

在英国著名的语言学家和翻译理论家卡特福德的《翻译的语言学理论》一书中提到类别转换是两个等值成分在翻译的过程中，两者的类别发生了转换。有论者提出类别转换主要是词的词性转换，但是笔者在分析《木兰辞》中类别转换时，考虑原文和译文的等值成分也可能是短语层面的，因此将短语之间词性的转换也归为类别转换。

（三）单位转换分析

《木兰辞》汪榕培译本中存在较多的单位转换。《木兰辞》汪榕培译本中存在将原文中的词转换为译文中的短语和从句。

例24：女亦无所思，女亦无所忆。

译文：I've nothing that has occupied my mind; I've nothing that I cannot leave behind.

例25：朝辞爷娘去，暮宿黄河边。

译文：She leaves her dearest parents by daylight, And stays by the Yellow River for the night.

例26：寒光照铁衣

译文：The chilly moon shines on their coats of mail.

例27：伙伴皆惊慌

译文：They stare at her in great surprise and say.

例24中将原文的动词"思"和"忆"翻译为宾语从句"that has occupied my mind"和"that I cannot leave behind"。例25中将原文前半句的名词"朝"转换为介词短语"by daylight"，将原文后半句的名词"暮"转换为介词短语"for the night"。

此外，还存在将原文中的短语转换为译文中的复合短语或者句子的情况。例26中将原文的偏正短语"铁衣"译为名词和介词短语"coats of mail"。例27中将原文的动词短语"惊慌"转换为译文中的动词词组和介词短语"stare at her in great surprise"。

通过分析《木兰辞》中存在的一些单位转换的例子可以发现，产生单位转换的原因主要是汉语单个词或者词组所蕴含的意义比较丰富，而在英语中要找到相对应的词或者词组存在一定的难度，所以往往需要更高一级级阶单位来对应。

例12中将原文的动宾短语结构“何所思”和“何所忆”分别翻译成句子“what thought has occupied your mind?”和“what thought can you not leave behind?”。例8中原文的动词“征”，意思是“出征”，在译文中转换为动词短语“go to battle”。中文中短短的一个词或者词组，在翻译为英语时往往需要一个词组或者句子来与之对应。

四、结语

通过对《木兰辞》原文和汪榕培译本的详细分析，笔者发现结构转换是最为普遍发生的翻译转换，其次分别是类别转换和单位转换。在分析类别转换和单位转换时，笔者发现原文和译文中存在的等值成分是不同词性的短语，在分类时笔者将其归为类别转换。因为笔者认为短语词性之间的转换也是归于类别转换的。但也有不同的论者提出，仅仅把词的词性转换归为类别转换，而短语的转换归于单位转换（文军，李盈盈，2013），所以关于短语的转换是否属于类别转换这个问题还有待进一步明确。

此外，在分析《木兰辞》原文和汪榕培译本的翻译转换时，笔者只是使用翻译转换理论分析句子层面以下的一些转换，而不涉及句与句之间的一些衔接。笔者发现在原句缺少主语时，有时候主语其实是存在于前一句中，而分析单个句子是远远不够的。例如，“昨夜见军帖”译文“I saw the new recruiting lists last night”的主语是根据前一句“女亦无所思，女亦无所忆”来增添的。“愿为市鞍马，从此替爷征。”译文“I'll go and buy a stalwart horse and pad So as to go to battle for my dad.”的主语是根据前一句“木兰无长兄”来增添的。因此，对翻译转换理论的使用也可以用韩礼德和哈桑的篇章转换理论来对其进行一个补充使用。（林茵茵，2010）因本文篇幅的限制，并没有对其展开详细地分析说明，这也是本文存在的不足之处，特在此提出。

参考文献

[1]卡特福德.翻译的语言学理论[M].穆雷译.北京：旅游教育出版社，1991.

[2]李临定.现代汉语句型[M].北京：商务印书馆，1986.

[3]林茵茵.论卡特福德翻译转换理论的有效性及其局限[D].兰州大学，2010.

[4]文军，李盈盈.杜甫《石壕吏》翟译本的翻译转换研究[J].北京科技大学学报（社会科学版），2013，29（02）：7–12.

作者简介

阮浩波，广西科技大学外国语学院2021级英语笔译研究生，主要研究方向为科技翻译。

周柳琴，教授，硕士，广西科技大学外国语学院，主要研究方向为英语教育。

书法学术文本中人名和碑帖名称外译的原则与方法——以《傅山的世界》为例

文夏清　关熔珍

摘要：中国书法是中华文化的重要载体，书法文本的外译是中国文化对外传播的重要渠道，而书法本文中的术语翻译是做好书法对外传播的重要前提。本文考察了*Fu Shan's World*（《傅山的世界》）的人名和碑帖名称术语翻译现象，结合我国书法学术文本的语言特色和对外传播的战略需要，提出书法术语翻译应遵循“异化为主、归化为辅”的翻译原则，采取直译加注释、增译等多种灵活的翻译方法，以期为加强国际传播能力和对外话语体系建设，为未来的书法文本术语外译提供一定的思路和启发。

关键词：《傅山的世界》；人名翻译；碑帖名称翻译；书法翻译

一、引言

Fu Shan's World: The Transformation of Chinese Calligraphy in the Seventeenth Century（以下简称“Fu Shan's World”）是美籍华裔中国艺术史学者白谦慎的耶鲁大学博士论文，其简体中文版《傅山的世界：十七世纪中国书法的嬗变》于

2006年由生活·读书·新知三联书店出版发行。*Fu Shan's World*通过明遗民书法家傅山这扇窗口，在时代背景下探讨了明清鼎革之际中国书法由传统帖学向碑学的嬗变。“三联版《傅山的世界》……印数达到三万余册，对一本学术著作来说，算是不俗的成绩。”（白谦慎，2013）出版以来，《傅山的世界》的原著和译著都取得了一定的成功，在学界有较大的影响。

中国书法是一门极富中华文化特色的艺术形式，它以汉字为载体，具现了阴阳哲学观、儒释道哲学观等诸多文化特点，浓缩体现了中国文化的精神内核，是世界了解中国文化的重要媒介。据不完全统计，“书法已超越京剧、国画等传统艺术形式，成为外国人最喜爱、感兴趣的中国艺术”（王岳川，2013：3）。做好中国书法文本的外译对于中国文化的世界传播有着重要意义。*Fu Shan's World*英文原著中的部分内容是基于中文翻译写成的，是“异语写作”文本。基于此，本文首先考察了*Fu Shan's World*的书法术语翻译现象，研究异语写作情境中具有深厚学养的作者对我国书法术语的翻译处理手法，以期为我国书法海外传播提供思路和借鉴。

二、“异语写作”的内涵与表现力

南开大学外国语学院教授、博士生导师王宏印教授认为，“用一种外语描写本族文学场景的则可以称为‘异语写作’”（王宏印，2015：3）。“异语写作”最初是针对林语堂旅居巴黎时用英文创作的小说*Moment in Peking*（转译为中文后命名为《京华烟云》）这一个案提出的。就异语（本文特指英语）写作能否表达他国文化特别是他国独有文化这一问题，广东外语外贸大学南国商学院教授高巍、南开大学英语教授、博士生导师刘士聪给出肯定的回答，他们指出：“一种语言符号的能指及其不同的组合方式可以有效地表达本民族文化的所指，同样也就可以有效地表达异族文化的所指。只要作者或译者能够充分发挥这种语言的表达潜力。”（高巍、刘士聪，2001：49）

异语写作有不少成功的案例。林语堂用英文创作的长篇小说Moment in Peking讲述了地道的中国故事和中国文化。就其海外传播而言，数据显示，在美国60%的联邦地区中都能找到该版本的《京华烟云》，直至1942年，林语堂的影响力仍然经久不衰（郑朝然，2018：7）。1975年，林语堂更是凭借《京华烟云》

荣获诺贝尔文学奖提名。华裔作家裘小龙用英语创作的“侦探三部曲”（即《红英之死》《石库门骊歌》和《外滩花园》）故事背景发生在改革开放时期的中国，反映了中国建筑、诗歌、道德、民俗等中国文化，裘小龙系列作品在受到所在国家主流文化肯定的同时，发挥出巨大的文化影响力。（王娟，孙妮，2019：19）以《京华烟云》和裘小龙“侦探三部曲”为代表的异语写作作品的成功有力地佐证了异语写作反映中国文化的巨大潜力，而因写作内容的特殊性，异语写成的文本不可避免地带有从本民族文化出发的翻译内容，这一特殊写作现象对翻译尤其是独具中国文化特色内容的翻译带来一定的启发。以上异语写作的文本之所以在英语世界取得成功，一定程度上得益于作者妥善处理中国文化符号给英语世界带来异质性和新鲜感。书法家白谦慎的*Fu Shan's World*作为较为成功的异语写作案例，其书法术语的翻译处理具有一定的启发性和借鉴意义，值得深入研究和探讨。

*Fu Shan's World*着眼17世纪中国书法史的嬗变，全文介绍了当时的历史、社会背景和时局形势，重点讨论中国书法从传统帖学转向碑学的可能影响因素，讨论过程涉及大量人名、书名、碑名、帖名、历史人物和丰富的书法艺术审美批评词汇。这些内容虽然是异语写作而成，但其文化扎根于中国，且许多文本的原文就是中文，因此其写作内容在本质上具有中文—英文的翻译属性。

通过英文原著和中文译著对比，本文对英文原著中的书法术语进行了整理归类，并选取人名和碑帖名称两方面具有代表性的词汇进行考察和分析，研究异语写作情境下作者对书法术语的人名翻译和碑帖名称的翻译处理原则与方法。“术语在人类各学科领域研究中的重要性不仅体现为学术研究的成就与贡献，而且也是学术话语权的重要标志。”（魏向清，2010：119）中国书法术语的话语权理应掌握在中国人手中，因此成为本文关注的重点。另外需指出，部分词汇和表达虽并书法界独有，从学术定义来看未必属于“术语”范畴，但是从实际情况来看，这些名词是书法文本讨论绕不开的高频词，故涵盖在本文探讨的范围之内。

三、人名的翻译

*Fu Shan's World*涉及中国书法史上众多人物，不仅文中论述需要直接讨论人物历史行为涉及人名，文中所引用的文段也不乏人名。说到人名，通常情况下，

绝大多数古人的姓名均由姓和名两部分组成，不仅姓名组成和方式和现代人并无二致，姓和名的功能也并无大的差异。“姓，就是某一群人（氏族、家族）共用的名；名就是个人独用的姓。”（楚庄，1983：195）因此，人名的翻译本可以参考通行的国家标准进行翻译即可，本不应该构成问题，但实际考察中发现，有两方面内容需要考虑。

一是人名本身的拼音问题。中国晚清时期，威妥玛式拼音法（Wade-Giles romanization）曾广泛使用，且在此基础上建立的邮政拼音方案也使用了较长一段时间，在中国现行的汉语拼音方案推广之前，这两种拼音方式被广泛用于人名和地名，在国际上影响较大。例如，被誉为“书圣”的东晋书法家王羲之，在web of science搜索关键词可以发现一些国际期刊往年部分使用Wang Hsi-chih的拼音方案；不少国外书画展的网页介绍也是如此，如全球顶级古字画复制印刷出版社日本二玄社官网页面上王羲之的《快雪时晴帖》（影印本）介绍内容为Wang Hsi-chih : K'uai-hsueh shih-ch'ing t'ieh（Written after Snowfall），国际上存在对历史名人的人名翻译不统一的情况。二是复杂的人物称谓问题。古人的称谓体系十分复杂，除了熟知的名、字、号，通常还可以用绰号、行辈、籍贯、郡望、官地、官职、谥号、斋号等来称呼，如柳宗元是河东人，故人称“柳河东”，韩愈因其昌黎韩氏为唐代望族，人称“韩昌黎”。采用不同的称谓来指称同一历史人物的做法古已有之，一方面凸显出作者深厚的人文底蕴，另一方面也是因行文所需。但是，从以往翻译实践中可以看出，我国古代名人的姓名翻译存在不统一、不规范等问题，而复杂的称谓传统更是给人名翻译增加了难度。

针对上述翻译问题，作者白谦慎的译文体现出明显的“异化为主”的翻译原则与之相适应的翻译方法：

首先，白谦慎在开篇明确指出，自己论文中所有拼音都统一使用现代汉语拼音，且格式按照姓—名处理。对于书法界耳熟能详的名家采取仅音译的翻译方式，如王羲之的拼音为Wang Xizhi，欧阳询为Ouyang Xun，颜真卿为Yan Zhenqing等；对于一些读者可能不熟悉的人物，作者采取了现代汉语拼音音译+括号注释的翻译方法，如明代著名思想家，“公安派”代表人物袁宏道在英文原著中翻译为Yuan Hongdao（a leading literary radical）（Bai，2003：20），添加人物基本情况的注释有利于读者了解该人物。

对于欧美国家而言，目前对中国人姓名的翻译方法还基本保持着“名在先，姓在后”的西方姓名书写规则，而方案较多采用“威妥玛式”拼音方案进行标注。白谦慎采用的“姓在前，名在后”的中国姓名书写规则，方案符合国家现行的《中国人名汉语拼音字母拼写规则》之规定："正式的汉语人名由姓和名两部分组成。姓和名分写，姓在前，名在后，姓名之间用空格分开。"在姓名的翻译处理上，无论是拼音方案还是书写规则都体现了异化的特点。

而针对复杂的称谓问题，作者采取的方法主要有两种，一是按照原文直译保留称谓，采取汉语拼音音译加方括号内注释人物姓名的翻译方法。例如：

（1）My calligraphy seems to continue in a direct line from Zhao Wenmin [Zhao Mengfu], except that mine is a little less polished, and Zi'ang's [Zhao Mengfu] skillfulness is not as good as my gracefulness. But I cannot write in large quantity. In this respect, I admit I cannot rival Wuxing[Zhao Mengfu].（Bai，2003：21）

吾于书似可直接赵文敏，第少生耳。而子昂之熟，又不如吾有秀润之气，唯不能多书，以此让吴兴一筹。（白谦慎，2006：28）

这段话源自傅山自述，短短四十余字中三次提及赵孟頫并分别使用"文敏"（赵孟頫的谥号）、"子昂"（赵孟頫的字）和"吴兴"（赵孟頫是吴兴人，在今浙江湖州市）来指称，给不熟悉赵孟頫的读者造成理解上的困扰。因此，作者在翻译时在每个名称后用方括号予以注释，减少读者的阅读障碍的同时让读者一窥中国复杂的称谓体系，了解中国书法对该人物的多种称呼，达到地道的阅读体验。

二是不保留称谓，直接还原原名并现代汉语拼音音译加注释的翻译方法。例如：

（2）（Fu Shan）wrote: I started to copy Zhong You[①][A.D. 151–230] when I was eight or night years old but could not achieve a likeness... Follow that, I practiced copying Yan Zhenqing's Memorial Stele of the Yan Family Temple...（Bai，2003：75）

（傅山）回忆道：吾八九岁即临元常，不似。……最后写鲁公《家庙》，略得其支离。（白谦慎，2006：89）

钟繇，字元常，三国时期曹魏著名书法家、政治家。颜真卿，唐代著名书法家，唐代宗时官至吏部尚书、太子太师，封鲁郡公，人称"颜鲁公"。傅山在此处分别用钟繇的字和颜真卿的封号指称，作者在翻译时没有保留原文的信息，采取了直接还原成对应的姓名拼音全称的翻泽方式。

① 钟繇的拼音存在一定争议。繇为多音字，有[yáo][yóu][zhòu]三种读音，通常情况下多念[yáo]，如中国特色话语对外翻译标准化术语库里钟繇传说的翻译为The Legend of Zhong Yao，但[yóu]据考证更可信。

就姓名翻译而言，姓名“在翻译中的语音素材选择往往要凸显其标示性，而不是凸显其语义属性或注释性”（谭业升，2020：91）。因此，*Fu Shan's World*中对姓名的翻译采取通行的汉语拼音音译法加适当增译和注释是可取的，这样做有利于增强了书法传播的连贯性和一致性，在传播过程中可以尽量避免国外读者产生困惑，从长远来看有利于中国书法的传播和形象的建立。同时，考虑国际社会对既往书法界名人已有一定的认识，对于既往知识建立在威式拼音的海外书法爱好者群体，为了避免他们信息突然断层，也可以考虑使用现代汉语拼音音译，同时，括号内备注其威式拼音和生卒年份或活跃时期等信息予以补充说明，以完整、准确、规范地向读者传递信息。需指出的一点是，尽管术语的翻译一般需要遵循“专业性、单一性、等价性”三个原则（刘迎春，2015：92），但人名翻译并不是原著探讨的重点，作者也非专业翻译人士，因此同一语篇内多种翻译尝试值得鼓励和肯定。不过，就其他书法文本翻译而言，还是提倡尽量做到规范性和统一性。

四、碑帖名称的翻译

碑帖是碑和帖的合称，碑帖有别。简单而言，“碑”泛指石刻文字形式，“帖”原指书法家的墨迹真笔，书写材料常见的有竹简、木牍、帛书、纸张等，在后来的演变中，“碑”和“帖”逐渐演合成一词，泛指各种供学习书法取法的范本。我国传世碑帖众多，如现存年代最早并真实可信的西晋名家法帖《平复帖》，王羲之的《兰亭序》《快雪时晴帖》、颜真卿的《祭侄文稿》、苏轼的《黄州寒食帖》、王羲之《孝女曹娥碑》、颜真卿《颜家庙碑》等，它们是我国书法艺术的重要载体。由于*Fu Shan's World*探讨的17世纪是中国书法由传统帖学向碑学转变的关键时期，文中不仅涉及大量的碑帖名称，还有金石学和印学的内容，本文在此仅重点探讨碑帖名称的翻译。

*Fu Shan's World*文内主要有碑和帖两种形式的书法文本。碑和贴在古代有严格的区分，就最初文本来源而言，贴原是墨迹，后世为了方便学习和流传通常将其制成刻本、拓本等，也有部分真迹已佚，仅摹本存世；而碑最初目的通常是为了歌颂功德或者记事，通常由书法家先在碑上书丹，再由碑刻家刻石，后世多制成拓本便于观赏学习。对于碑帖名称，作者基本采取根据名称实际含义进行

英译加括号内拼音注释的翻译原则，如赵孟頫的《湖州妙严寺记》（*Record of the Miaoyan Monastery in Huzhou*，*Huzhou Miaoyansi ji*）（Bai，2003：21），颜真卿的《争座位帖》（*Letter on the Controversy over Seating Protocal*, *Zhengzuowei tie*）（Bai，2003：35），六朝摩崖石刻《瘗鹤铭》（*Inscription for Burying a Crane*，*Yihe ming*）（Bai，2003：69），东汉碑刻《张迁碑》（*Memorial Stele of Zhang Qian*，*Zhang Qian bei*）（Bai，2003：70）等。部分碑帖是以局部内容来命名的，如晋代书法家陆机的《平复帖》因其信札内有“恐难平复”字样，故名。作者对于部分因局部内容得名又难以根据意思翻译的碑帖采取了拼音音译的方式，如王羲之《吾唯辨辨帖》（*Wuwei bianbian tie*）（Bai，2003：70），因有“吾惟辨辨”故名。

通过考察书法文本名称常见的如记、帖、铭、碑等的翻译方式，发现作者在翻译时有两方面处理手法值得肯定：一是作者对于碑、帖、石刻等不同材质上的书法文本在译文中有意识地进行了区分，如tie，ming和bei等，此举有利于受众精准把握书法文本的来源，准确把握文化背景，便于进一步赏析书法文本特点；二是以往部分书法有关著作中对于碑帖的翻译有许多值得商榷的地方，如*Chinese Calligraphy*一书中，译者将武则天《升仙太子碑》简单翻译成了*Tablet to Prince Shengxian*（Chen，2003：73）。原碑由武则天亲自为刚竣工的升仙太子庙撰写，纪念周王朝太子晋在“缑山之巅乘白鹤升天而去”（李晓男，2013：29），译文简单地拼音直译不仅无法向读者传递有效信息，读者甚至可能误以为碑帖内容是歌颂一位名叫“Shengxian”的太子。反观*Fu Shan's World*根据碑帖名称尽量根据信息来进行增译的译法可以较好地传递了原文背后的文化信息，最大限度减少读者可能存在的阅读障碍。

五、人名和碑帖名称翻译存在的问题

首先，考察发现*Fu Shan's World*部分人名的翻译存在问题，主要体现在拼音的准确性上。例如：“Zhang Changshi's [Zhang Xu] Record of the Langguan Stone Pillar and Huaisu's Autobiography are described by Lugong [Yan Zhenqing] as follows:...”（Bai，2003：38）张旭先后任左率府长史、金吾长史，因而被世人称为“张长史”。“长史”作为官职其正确的拼音应为zhǎng shǐ，即此处翻译应为“Zhang Zhangshi”。另一存在的问题是人名拼音在学界或许存在争议，如嵇康的

“嵇”就有Ji和Xi的读音，本文中翻译采用了Xi Kang，但据考察发现，尽管各个方言中嵇姓的读音不同，Xi的读音主要存在于江苏和山东省，而嵇康是谯国铚县人（今安徽省濉溪县），故推断Ji应该较为可信。历史名人姓名翻译不统一对于国外受众认识中国书法有较大影响，而书法历史名人又几乎是讨论必须涉及的重要内容，因此需要学界就此讨论形成共识，便于中国书法海外传播。

此外，由于书法术语目前尚无统一标准，碑帖名称的翻译仅散见部分英译本和国内外研究论文，绝大多数碑帖名称都没有权威资料可供参考。对比主流译本发现，*Fu Shan's World*文中碑帖名称应该多是由作者白谦慎自行翻译完成，其中有部分翻译值得商榷。例如，作者将《度尚帖》翻译成*Dushang tie*（Bai，2003：43）。历史上的度尚，字博平，是东汉时期名将、“八厨”之一，“度”乃其姓，因此直译应翻译成*Du Shang tie*更为妥当。此外，作者前后对于碑帖翻译在格式上不完全统一，如《曹全碑》译为*Memorial Stele of Cao Quan*（Bai，2003：187）就没有像上文《张迁碑》等用括号备注拼音音译。

总体而言，作者在用异语写作的过程中对书法的人名和碑帖名称翻译处理进行了深入的思考，并结合其文化内涵采取了关键术语异化为主、归化为辅的翻译策略，通过音译加注释的翻译策略，最大程度上兼顾保留中国书法的文化特色和实际传播效果。此外，*Fu Shan's World*探讨重点和目标受众决定了这本学术著作有别于其他主要目的在于普及书法基本知识或专业探讨书法理论与审美的英译著作，讨论白谦慎的翻译行为时应该同时考虑这一点。

六、结语

中国书法是中华文化的重要载体，书法文本的外译是加强国际传播能力和对外话语体系建设的重要一环。明确书法文本的英译策略、原则和方法，确定书法术语的建议翻译方式，有利于解决当前书法文本英译存在的各种不规范和随意性，减少错译漏译，建立科学的书法文本翻译体系。针对中国书法艺术深厚的文化属性，结合我国当下大力倡导的提升对外话语体系建设，本文提出中国书法文本术语外译应该以“异化为主、归化为辅”，采取直译加注释的翻译方式处理人名和碑帖名称，希望能够为中国书法文本外提供些许启示和思路，为促进外话语体系建设添砖加瓦。

参考文献

[1]白谦慎.《傅山的世界》的写作、出版机缘[N]. 中华读书报，2013-05-01.

[2]白谦慎. 傅山的世界：十七世 纪 中 国 书 法 的 嬗 变[M]北京：生活·读书·新知三联书店，2006.

[3]楚庄. 古代礼制风俗漫谈[M]. 北京：中华书局，1983.

[4]高巍，刘士聪. 从Moment in Peking的写作对汉译英的启示看英语语言之于汉语文化的表现力[J].外语教学，2001（04）：45-49.

[5]李晓男.武则天《升仙太子碑》书法艺术风格研究[J].艺术百家，2013，29（S1）：240-241.

[6]刘迎春，刘天昊.中国航海典籍中专有名词的分类与翻译研究[J].中国外语，2015，12（02）：90-95.

[7]谭业升.当代汉学家小说翻译中的语音图式和叙事框定[J].外语教学，2020，41（05）：88-93.

[8]王宏印. 从“异语写作”到“无本回译”——关于创作与翻译的理论思考[J]. 上海翻译，2015（03）：1-9.

[9]王岳川. 书法文化输出与书法国际传播[J].中国书法，2013（03）：148-168.

[10]魏向清. 国际化与民族化：人文社科术语建设中的翻译策略[J]. 南京社会科学，2010（05）：116-121.

[11] Bai, Qianshen. Fu Shan’s World: The Transformation of Chinese Calligraphy in the Seventeenth Century[M]. Cambridge: Harvard University Press，2003.

[12] Chen Tingyou. Chinese Calligraphy[M]. trans. Ren Lingjuan. Beijing: China Intercontinental Press，2003.

作者简介

文夏清，广西大学外国语学院在读研究生，研究方向：英美文学翻译，翻译研究。

关熔珍，教授，博士，广西大学国际学院，研究方向：英美文学、翻译研究。

目的论视角下刘三姐歌谣中的意象和韵律英译研究

黄源滨　吴虹

摘要：刘三姐是壮族文化的代表人物，在壮乡人民心目中留存有永恒的地位，是壮乡民族文化外宣的重要材料。文章以翻译目的论作为指导理论，研究了广西壮族自治区少数民族文化中的代表作品——刘三姐歌谣的英译本《刘三姐歌谣英译与演唱》，并分别从意象和韵律两个方面进行了分析，结合目前国内关于少数民族文化外译的相关研究，为在新时代政策带来巨大机遇下的广西民族文化外宣工作提供一些建议以及对未来的展望。

关键词：目的论；刘三姐歌谣；意象；韵律

广西壮族自治区是我国五个少数民族自治区之一，此处生活有12个不同的民族，而每个民族又具有独属于他们自身的特色文化。与主流文化不同，这些少数民族文化容易被遗忘，可这些文化的内容却相当精彩：勤劳人民的赞美语篇、刻画爱情的浪漫歌谣、对抗外敌的英雄史诗，各色各样的作品就如同一份份宝藏，等待被人们发掘。当今社会提倡多元文化的互动与交流，广西所拥有的这份少数民族文化瑰宝具有巨大的价值，将广西少数民族文化外译，以这些浪漫的民俗故事和传统文艺作品的传承与传播作为窗口，有助于世人更好地了解广西、认识广西，对广西文化的外宣事业大有裨益，以此建立起广西多民族多文化的地区形象，将有助于推动广西地区的发展。

刘三姐是壮乡文化中的一位传奇人物，她聪明机智、不畏强权、歌声优美，被乡民称作“歌仙”，其震撼人心的艺术形象不断感动着一代代广西儿女。2021年8月，广西师范大学出版社出版了《刘三姐歌谣英译与演唱》一书，独立翻译学者黄少政教授作为主笔，将刘三姐的歌谣翻译成可视可唱的英文形式，把这位少数民族文化中的代表人物再次搬上舞台，将人们的视野重新拉回歌仙刘三姐身上。本文将以该书中刘三姐歌谣的英译作为主要研究对象，选取目的论作为指导理论，探究该译文版本对歌谣意象和韵律的处理，以期为少数民族文化的外译提供一点有益的借鉴。

一、少数民族文化与刘三姐的翻译

河北师范大学外国语学院院长李正栓（2022）曾在访谈中提到促进少数民族文化外译事业的三项任务为：推进少数民族文化外译实践、深化少数民族文化外译实践研究、梳理少数民族文化外译历史。李教授的观点中主要提倡的为“实践”二字。在浩如烟海的众多有关少数民族文化的典籍当中，有不少是精彩而有趣的作品，但在当今学界上却鲜少有人关注，众人的视野往往局限在书店畅销榜单上的作品，又或是已被大众喜闻乐见所接受了的作品，而有相当大部分的民族文化典籍却蒙灰在楼阁中无人问津。可见对于发掘少数民族文化并将其外译的事业当中，我们仍然有着广阔的提升空间。黑龙江大学翻译学博士生导师黄忠廉等人（2022）曾提出，少数民族文化外译面临四条路径，一条为直接汉语转化成英语的捷径，而另外则需要通过“原民→译汉→译外”或“原民→译民→译外”的途径来实现文本的翻译，更有甚者是通过“原民→译民→译汉→译外”这样的文化苦旅式翻译。不同于大众文化中大量由汉语创作的作品，这些少数民族文化中的作品往往需要首先转换到汉语，抑或是可以理解的少数民族语言，在此基础上才能实现作品的外译。第一条捷径自然是最好的情况，但多数情况属于后三者情况，此类的情况将需要花费大量时间及精力成本，这也便导致了少数民族文化外译的困难性。

在广西众多少数民族文化当中，刘三姐是为极具代表性的一位。《刘三姐歌谣》中的山歌是广西少数民族文化智慧的结晶，具有鲜明的民族文化特色，蕴含有丰富多彩的民族意味，对当时乃至对现代的生活都具有一定的启示意义，历久弥新，成为广西一张靓丽的名片。然而，中西方在语言和文化上有诸多方面的差异，刘三姐的故事在外译时也不免面临诸多困难：山歌韵律上的特征不好用英语式的语言体现，歌中许多意象难以找到准确的英文词汇来进行表达，学界中也还没有足够的研究成果得以利用。

《刘三姐歌谣》是壮族民族文化典籍的杰出代表，集中表现出壮族人民的智慧和习俗文化，蕴含着壮族人民独特的人文情怀，对刘三姐的外译，是对民族文化的传承，对向世界讲好中国故事，展现民族魅力有着至关重要的作用（李日玲等，2022）。民歌翻译作为一门交叉型学科，涉及音乐学、美学、翻译学、文学等多个方面，翻译的难度系数较大（赵劲洁、沈莹，2020）。但即便如此，如今我们关于《刘三姐歌谣》的英译有两个版本，一为杨宪益、戴乃迭译本，二为2021年出版的黄少政的译本。文学翻译研究与批评学者程永涛（2022）曾以这两个译本为例进行了风格对等视角下的刘三姐歌谣英译比较，着眼于"意美""形美""音美"这三个不同方面，最后认为杨氏夫妇的译本更胜一筹，不仅是在句式上还是韵律上都同原文的风格保持对等，使得原作风格最大程度地保留了下来。而黄少政的译本为照顾到目标语读者，采用的是一种解释性的翻译，没能同原文保持相应的对等，破坏了原作的风格，一定程度上让美感有所流失。然而，杨氏夫妇在对刘三姐歌谣的翻译中也存在不完全、年代久等缺陷，无法找到足够的相关资料来进行分析和研究。为追进少数民族文化外译近年来的成果，确保时效性的完全，本文是以黄少政译本中的刘三姐歌谣的英译本进行研究。

二、目的论及其在翻译中的相关研究

在人类语言交际的过程当中，存在许多主观上影响选择和判断的因素，在翻译时也不例外。译者在对原文转移时使用的词句、打造的语气，在很多情况下都会受到来自文本以外的诸如意识形态、文本用途、个人喜好、各方利益等等因素的影响。因而，在20世纪70年代，德国翻译理论家弗米尔（Vermeer）认识到语言学本身在解决这类问题上没有帮助，因为翻译不仅仅是语言转换的过程，而目前的语言学也没能提供有效的解决办法。对等的情形在现实语境中难以实现，交际中信息的走失是不可避免的。对此，他在其老师莱斯（Reiss）的基础上提出了翻译的目的论，认为任何行为都是由其目的所决定，而翻译的行为是由翻译的目的所决定。他们强调译者应由译文的预期目的为主，并依据此目的采用符合实际的翻译方法和策略。这些方法和策略都是由翻译所服务的目的所取定，在此过程中主要体现有以下三个原则（Reiss & Vermeer，2014）：

（一）目的原则（skopos rule）

目的原则是目的论的核心，包括译者的目的、译文交际的目的、通过翻译所达成的目的。目的原则认为翻译行为的目的应当对整体翻译行为起决定性的作用，以目的作为翻译的指标，最大化此目的在译文当中的影响，以此解决动态对等和形似对等、意译和直译、归化和异化等不同翻译策略的比重，灵活处理译文与原文的关系。

（二）连贯性原则（coherence rule）

连贯性指译文应该具有语内连贯的标准。在翻译转换过后要具有可读性和可接受性，能够使译入语接受者顺利理解并且能使其在所处文化语境和交际语境中带有意义。

（三）忠实性原则（fidelity rule）

忠实性体现在原文和译文之间的语际连贯一致方面，即要求翻译要忠实于原文，将原文的内容合理地反映到译文当中，但其最终程度和形式则取决于译者和译文的目的。

以目的论为指导的翻译研究已是成果丰硕。中国学者李玲坡（2018）在目的论指导下进行大学英语翻译教学研究，指出应合理地运用归化和异化的翻译策略来帮助学生完善英语翻译体系，提升学生的英语翻译技巧。中国学者颜春静、黄柔嘉（2022）着眼于商业英语，以跨境电商商品标题的翻译进行研究，认为在确保译文准确性的前提，应优化核心关键词、重视商品品牌翻译。此外，还有以目的论为指导的文学翻译研究，如中国学者李陈晨（2021）在目的论视角下对《寂静的春天》的汉译研究，从生态文学的角度来对译文进行了分析。

然而，虽然目的论指导下的翻译研究已经具有研究作品多、学科跨越性大、语种多样化等特点，但学界上对于少数民族文化外译在目的论指导下的研究数量还不足够，且是在近年才涌现出一些相关的研究，如中国学者韩特（2017）对东北少数民族民俗文化词汇英译研究，中国学者高吕斌（2019）对凉山彝族童话故事集《神笛阿牛》中特色词汇英译研究，中国学者李昊邈（2019）对以达斡尔族乌钦体民间叙事诗《少郎和岱夫》英译本为例的少数民族文化典籍的翻译策略研究，中国学者张莉诗（2019）以《“跳菜”——南涧彝族的飨宴礼仪》为例分析少数民族文化的翻译等。这些研究是在目的论的视角下针对少数民族文化外译进行的合理分析与讨论，对少数民族文化的外译事业做出了卓越贡献，具有特殊的文化意义。刘三姐歌谣作为壮乡文化作品的代表之一，应当享有相应的关注度，可是在翻阅各类文献的过程当中，发现涉及刘三姐翻译的研究确实不多，以目的论为指导的翻译研究则更是寥寥。

三、基于目的论的刘三姐翻译研究

以刘三姐的外译为例，译者翻译的目的大抵是想通过刘三姐作为代表，传播广西少数民族特色文化，使之能够在国际社会上获得一定影响力，让更多海外人士能够接受并理解这份文化的魅力。因此，以该目的作为出发点对刘三姐歌谣的翻译，应当着重从传播学的角度来进行考虑，将《刘三姐歌谣》翻译成为一部能够让外语读者了解的作品，不仅要忠实于原文，保留歌谣原有的韵律，体现忠实性原则。同时，也要学会异化文本，在翻译上充分考虑英语的语言特点，注重外语表达方式，遵守连贯性原则，巧妙地转变一些意象的表达和形式，创作出便于英语读者理解，能够让英语使用者传唱、传视的文字，如此才能有效地传播少数民族文化。

因此，在翻译目的论视角下的刘三姐译本，应当是面向读者，面向受众。出于这样的目的，译者便需要同时遵守连贯性和忠实性原则，要把源语言的意思传达，同时使文本具有可读性和可接受性，被译入语受众所认可。于此，黄少政版本的刘三姐歌谣有这方面的考量与平衡。下文将试以翻译目的论作为指导，分析黄版本刘三姐歌谣中的两大主要艺术元素，意象和韵律，并举例辅助说明。

（一）意象

华东师范大学中文系教授、博士生导师朱志荣（2022）指出，意象是主体在物我交融中能动创构的，包含着感悟、判断和创造三方面的统一。刘三姐歌谣当中存在有丰富多彩的意象，这些意象往往具有鲜明的地域特征，是壮乡民俗文化的代表，反映出当地人的精神面貌和情感活动。在英译的过程当中，应当有选择地寻找能准确表达其意象含义的具体词汇。黄作为译者，对刘三姐歌谣中出现的众多意象的处理，主要采取的有直译和意译两种方法。

直译是对忠实性原则的反映。在面对山歌中出现的有关山水景观、动物和植物等自然意象时，这些意象背后所具有的人文内涵往往是具有一定的固定性，且在中西方文化中没有特殊的变化，因此往往采取直译的方法。例如：

满山茶树满山花，蝴蝶菜花妹采茶。

Shrubs and plants overgrow the hill,

The butterflies flit to the flowers while girls pick up tea.（黄少政，2021：18–19）

译文采取直译的方法，虽然没有做过多处理，但仍然能够让人感受到原文想要体现的那种百花开放，景色烂漫的欢乐氛围。“满山树”“满山花”等这些自然意象在中西方文化中是共通的，基本上可以直接翻译而不至于产生严重的错误。

反之，意译则是译者为达到语内连贯所采取的一系列翻译行为的反映。在面对一些展现民俗文化，地域神话，中华文化理念的人或事的特殊意象时，往往需要译者了解其背后的历史故事及内涵，通过连接中西方两种文化不同的背景来巧妙寻找对应的人或事的词汇来进行翻译。此时如果采取直译方法的话，可能会因为文化的代沟造成读者的阅读困难，而采用意译的方法，则能灵活运用不同词语来传达意象背后的内涵。例如：

挑来一担神仙露，
老人喝了寿命长，
后生喝了配织女，
姑娘喝了配牛郎。

Here’s a kettle of magic nectar here,
Which works wonder to give long life to the old,
Young men who drink it marry the lasses they dream of,
Girls, the lads they love tender and true.（黄少政，2021：32–33）

此处出现的“牛郎织女”是中国著名的民间故事之一，汉语读者能马上明白该意象背后所象征的含义，但对于英语读者来说，倘若直接译成“the cowherd”和“the weaving maid”的话，恐怕会让其云里雾里，不知所以。而在此黄则翻译成为“the lasses they dream of”和“the lads they love”，虽然未能忠实体现原文意象的故事，但很好地传达出原文的含义，也不失为一项巧妙的翻译手法。不过，在上句当中，黄将“神仙露”简单译成了“magic nectar”，虽然在意思上的传达不会造成多大影响，但这样的直译手法还是缺少了韵味，可以考虑加注的形式，在不改变原文结构的前提下，在页脚增加注释文字，帮助读者理解意象。

（二）韵律

广西山歌属于中国民歌的一种，是由人们在田野劳动中为抒发情感等原因即兴演唱的歌曲，其构成短小紧凑，读起来能朗朗上口，便于歌唱，易于流传。在广西民间流传的民歌韵律形式有多达十三种，每种都带有各自的特点，体现出各自的美感，具有各自的风味。而其中刘三姐歌谣也同样是采用口头流传的形式，该形式同韵律关系密切，随处可见脚韵、脚头韵和脚腰韵等。例如，“三月秧苗岭顶栽，栽下秧苗望雨来”中，前联末字的“栽”与后联首字的“栽”相押，中间又有“秧苗”二字相对，是典型的脚头韵的形式。刘三姐歌谣中存在有大量类似的押韵情况，若想要正确翻译成英文，又不丢失原文的韵律美感，则需要译者具备良好的翻译技能，且刘三姐歌谣是以桂柳话为主要的歌唱语言，若以普通话为判断依据时会出现押韵上的错误，这又是一项对译者水平的极大考验。

考虑外国读者对我国少数民族歌谣了解尚少，无法理解原文中韵律的构成及美感，在翻译目的论指导下，若是希望译本能在国际社会上传播，让外国友人体会少数民族文化中的精彩，就需要将英语读者作为首要考虑的因素，在翻译过程中，要侧重考虑连贯性原则，着重考虑英语使用者的习惯，如在英文诗歌中的重音节节拍语言，多元韵式和语法体系上的特点。将韵律转化成为英语读者能够理解并且体会到音律美感的形式，而不拘泥于汉语系统下的韵律。例如：

什么有嘴不讲话？
什么无嘴闹喳喳？
什么有脚不走路？
什么无脚走天涯？

What has a mouth but speaks not?
What devoid of any mouth but speaks a lot?
What has feet but does not walk?
What without feet travels a lot?（黄少政，2021：26–27）

在黄的译文中，他不仅将原文的意思传达清楚，同时也尽力保存原文韵律的美感，因此在每句以what开头，而句末又有not、lot、walk来进行押韵，巧妙地体现了脚头韵的范式，又没有因为刻意追求汉语的格式而让译本出现不和谐之处，以英语读者的视角来看，其译本同样具有适合的韵律，也同样能够咏唱出声，作为歌谣的一种能够被英语使用者所接受。

然而，在英汉这两种完全不同语系语言之间的韵律转换并不是件易事，试看上例对歌的下部：

菩萨有嘴不说话，
铜锣无嘴闹喳喳，
板凳有脚不走路，
大船无脚走天涯。

Bodhisattva has a mouth but speaks not;
Mouthless drums and gongs sound a lot;
Stools have feet but they don’t walk;
A boat has none but travels far and wide.（黄少政，2021：26–27）

在作答的部分，黄的译本再次利用同样的尾音反映出原文歌谣中押尾韵的妙处，同时也呼应了上部的歌词。只是在最后一句，上部的尾词为lot，下部则以wide作结，这点虽然忠实反映出原文内容，却与韵律规则发生了偏差，也许会让英语读者感到欠缺，倘若再多考虑连贯性原则，将句式改编为同样以lot结尾，如“A boat has none but travels a lot”，效果或许会更佳。

四、结语

在目的论的视角下，刘三姐歌谣翻译作为广西少数民族文化外宣事业的代表作品，需要尽可能考虑目标读者的需求，将翻译的语言异化成目标读者能够理解与欣赏的内容，达成互相理解的共识，以此才真正能够将少数民族文化传播并发展出去。而为了满足这项需求，译者可在意象和韵律两个层面上的处理下功夫，合理运用直译、意译和加注的手法来流畅地表达出原文意象的含义，在不丢失原文意思的基础上适当调整韵律，使其能够符合外语读者的理解和美感认知。译海无涯，要想创作出无愧于时代的优质翻译作品，仍需要译者们不断打磨自身的技术，掌握更多翻译技巧，做出更多翻译研究。相信在未来的时间里，会有越来越多的少数民族文化典籍得到发掘和翻译，推广到世界各个地区，得到世人的认可与支持，这样少数民族文化外译事业才能充分发挥其作用。

参考文献

[1] 程永涛.风格对等视角下的刘三姐歌谣英译比较——以黄少政译本和杨宪益夫妇译本为例[J].河池学院学报，2022，42（02）：111–116.

[2] 高吕斌.目的论关照下的凉山彝族童话故事集《神笛阿牛》中特色词汇英译[J].湖北开放职业学院学报，2019，32（13）：175–176.

[3] 韩特.目的论视角下东北少数民族民俗文化词汇英译[J].中国民族博览，2017（12）：122–123.

[4] 黄少政.刘三姐歌谣英译与演唱[M].广西：广西师范大学出版社，2021.

[5] 黄忠廉，杨荣广，刘毅.少数民族文化外译的优先路径诠释[J].民族文学研究，2022，40（03）：73–80.

[6] 陈晨.翻译目的论视角下《寂静的春天》汉译研究[J].英语广场，2021（29）：3–6.

[7] 李昊邈."目的论"视角下少数民族文化典籍翻译策略——以达斡尔族乌钦体民间叙事诗《少郎和岱夫》英译本为例[J].百科知识，2019（36）：11–12.

[8] 李玲坡.目的论指导下的大学英语翻译教学研究[J].校园英语，2018（26）：66.

[9] 李日玲，肖婷，阳锟，徐潇涵.文化翻译视域下少数民族典籍英译及外宣路径研究——以《刘三姐歌谣》为例[J].海外英语，2022（15）：23–24.

[10] 李正栓，周鹤.躬行实践、研究实践、整理译史：促进少数民族文化外译事业的三项任务——李正栓教授访谈录[J].民族翻译，2022（03）：79-85.

[11] 赵劲洁，沈莹.目的论视角下广西民歌英译研究[J].明日风尚，2020（09）：86-88.

[12] 颜春静，黄柔嘉.翻译目的论视角下的跨境电商商品标题翻译研究[J].对外经贸，2022（08）：123-126.

[13] 张莉诗.目的论视角下的少数民族文化翻译——以《“跳菜”——南涧彝族的飨宴礼仪》一书为例[J].海外英语，2019（03）：163-164.

[14] 朱志荣.论美与意象的关系[J].社会科学，2022（02）：186-192.

[15] Reiss, K. & Vermeer, H. J. Towards a General Theory of Translation Action[M]. Routledge，2014.

作者简介

黄源滨，广西大学外国语学院本科生，主要研究方向：外国语言文学翻译。

吴虹，副教授，硕士，广西大学外国语学院，主要研究方向：语料库语言学、翻译理论与实践。

诗歌翻译之意象传达的表达语义场分析
——《过故人庄》多译本对比研究

曾烨莉

摘要：诗歌翻译中意象传达要求译者准确理解诗句，并准确把握诗歌意境及言外之意，以充分传达诗人的真实情感，保留译文审美价值。诗歌的情感抒发与意象及诗歌语境紧密相关，本文拟以《过故人庄》为例作译本对比，结合语境从语义场视角探索诗歌的意象构建，准确定位相关意象的义素构成，从而为译文提供客观依据，为诗歌翻译提供新视角。

关键词：诗歌翻译；意象；义素；表达语义场

一、引言

诗歌中的意象并非诗人在诗歌创作过程中临时构思的，而是沉淀在社会文化中，成为语言符号的一种诗歌形象，承载着诗人的思想感情。文学翻译家许渊冲教授提出的“三美”原则中，意美是诗歌翻译最为重要的目标，要求译文达意且传情。盛唐文学可谓中国古代文学的顶峰，社会经济基础稳固，学术氛围自由且活跃，有才识之人或仕或隐，隐居一派受儒道释三家思想影响，归隐田园，修身养性，落笔抒情，逐渐形成山水田园诗派。孟浩然（689—740）的人生经历简单明了，没有太大的波折，由此其诗歌思想内容也相对简单，其思想情感也没有如其他诗人那般幽怨孤冷。作为继陶渊明、谢灵运之后的山水田园诗派的代表诗人，孟浩然的诗歌主要聚焦于自己的隐居生活与旅途风景，风格平淡闲逸而清幽。诗人以意象构建寓情于诗，译者则应挖掘探索其具体内涵，在译文尽可能还原诗歌意象，以达意传情。本文聚焦于六位中国译者对孟浩然《过故人庄》的译本，从表达性语义场视角探讨诗歌译文中的意象构建，以期能客观分析各译本在传达诗歌意象方面的得失。

二、语义场理论

语义场理论（semantic field theory）是语义学的主要理论和重要研究课题之一。自19世纪，物理学界提出电磁场理论后，"场"这一概念就被广泛运用到心理学、社会学、语言学等各大领域。语言学家洪堡特最初提出了一种关于语言学体系的思想，"强调语言体系的统一性和语境对表达式的意义的影响"（沙夫，1979：307）。瑞士语言学家索绪尔（2004：36）也曾多次强调语言是一个系统，有学者指出语言是"一个由多个系统组成的多平面、多层级的独立的体系"（王风英，2007：32）。

德国结构主义语言学家特里尔（J. Trier）最早提出"语义场"概念，而后随着美国结构语言学的发展，这一理论开始逐步引起学界关注。语义场理论认为，语言的词汇系统中，各个词汇间互相联系依存，其意义则通过这样相互依存的联系而得以确定，语义场正是这些具有相近甚至共同语义的语言单位的集合（王风英，2007）。由于词语意义的迁延性与互渗性，词语间互相依存且能互相解释，语义场间既相互关联又相互独立。而词义间的渗透与关联，构建起了独特的表达性语义场。美国语言学家、翻译家奈达（Eugene A. Nida）也曾指出："一般词典在给词项下定义时，大都提供实用语境的分析。对于翻译工作者而言，还要在此基础上，弄清各意义之间的细微差别。而要辨明这些差别，则必须通过语义场中词与词的对比，对词项的意义关系作出分析。"（谭载喜，1999：162）

三、《过故人庄》之意象分析

孟浩然"为学三十载"，本想进仕以"修身、齐家、治国、平天下"，然而事与愿违，求仕无望，故退而隐居，寄情山水，在自然中寻求自由与快乐。《过故人庄》是孟浩然隐居鹿门山时所作，是其山水田园诗的代表作之一。整首诗语言平淡简朴，天然去雕饰，叙述了受邀去村居朋友家做客一事，诗中描绘了山村恬静的风光、恬淡闲适的田园生活，同时也展现出了诗人与友人的深厚友谊。

诗歌开头点明此行原因，"故人具鸡黍，邀我至田家"。《论语・微子》有记录孔子的弟子与一村居隐者偶遇，"杀鸡为黍而食之"，"鸡黍"乃是农村热情待客时的饭菜，而故人先备菜再邀请，而诗人应邀而去，并无推辞，可见二人的情谊深厚且真挚。路上"绿树村边合，青山郭外斜"，"绿树""青山"色彩恬淡而温柔，一"合"一"斜"，一幅错落有致、层次分明的山水画映入眼帘，立体感十足，宁静淡雅又温柔和谐的氛围瞬间得以传递。"开轩面场圃，把酒话桑麻"描写的则是诗人和友人在吃饭时推开窗门，面向"场圃"，喝酒谈农事的情景，"场圃""桑麻"皆为农村生活中的常见元素，此情此景闲适而自然。相聚而后是离别，诗人说到"待到重阳日，还来就菊花"，等到明年重阳节，还要再来和友人一同赏菊，不邀自来，可见诗人率性洒脱，也表现出诗人与友人间的情真意切。

四、《过故人庄》意象之表达语义场构建分析

在诗歌翻译中，意象的翻译过程实则为意象在译文中再次构建生成的过程。作为诗歌审美价值对等的核心，意象的翻译十分重要，需要译者深入理解其具体含义，并把握个中情感，"如果译者能从意象的语义信息、审美形式和深层意境结合原诗作者的创作意图、背景及社会文化语境多层次多角度地挖掘诗歌的语义及审美信息……未尝不能神形兼备地接近原诗之美"（秦倩，颜方明，2019：37）。可见准确翻译意象的语义信息的重要性。

上海外国语大学教授王德春（1983：3–4）提出语义场理论认为，词义由构成该意义的多种关联义素组成，词义的确定由该词及其他词义所构成的纵聚合与

横组合关系搭配决定。表达性语义场则是词义的渗透、兼容、互义而构建起的特定语义场，具有动态性、即时性的特点，新颖且合理。诗歌标题《过故人庄》中“过”与“庄”原本并不在同一语义场，但从表达语义场视角出发，两者彼此意义兼容渗透、互相影响，构建起了特定的语义场意象。

据《新世纪汉英大词典》，“过”被定义为：pass（经过），spend（度过），undergo（经历），surpass（超过），excessively（过渡），mistake（过错）；“庄”被定义为serious（严肃），village（村落），banker（坐庄），field（庄田），business places（店）。故“过”和“庄”的义素构成如下：

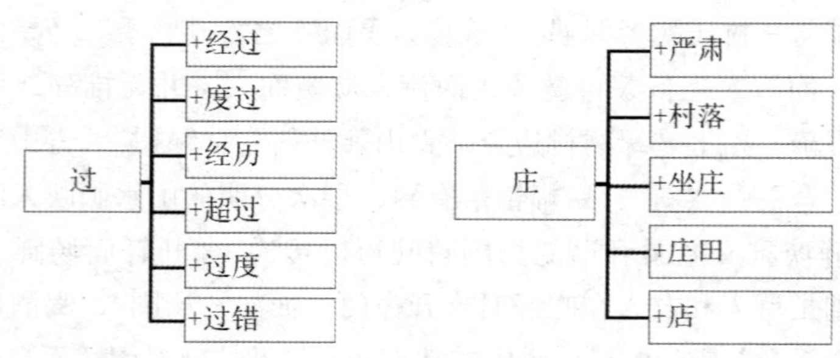

在《过故人庄》一诗中，“过”与“庄”在特定情境下构成了表达型搭配，故而两者原有的义素相互搭配、相互释义，进而构成“不完全规约性”的表达语义场（邱冬梅、周国光，2012：52-57）。在这一表达语义场内，并非所有义素都能相互搭配组成相关意象，故而需要进行取舍。“过”的相关义素中，“经过”指到达后离开；“度过”便是指共度好友相聚时光；“经历”指亲身体验，诗中的相关意象有“至田家”“面场圃”“话桑麻”“就菊花”，而“超过”“过度”“过错”等义素则无法在诗中找到相关意象，应当舍弃。“庄”的相关义素中，“村落”能在原诗中找到“村”“郭”等相关意象，“庄田”也有“田家”“场圃”“桑麻”等相关意象。由此可见，同一意象的义素取舍在不同诗歌中不尽相同，通过解读意象的义素所构成的表达性语义场将有助于客观全面地解读诗歌意象的意义。

《过故人庄》诗如其名，以平实朴素的语言叙述了诗人与友人相聚言欢的故事，表现出两人情谊的深挚，也表达了诗人对闲适隐居生活的喜爱。本文将选取与诗歌氛围营造及情感表达紧密相关的意象“田家”“黍”“绿树合”“青山斜”“场圃”“桑麻”“就菊花”作为分析对象，以许渊冲、蓝庭、曾冲明、曾培慈、唐一鹤、张炳星共六位译者的译本为分析文本，探究诗歌翻译的意象的义素构成，并判断译者是否做到了诗歌意象的准确再构建。

（一）诗歌第一联意象地表达语义场分析

诗人以“鸡黍”这一意象向诗歌读者传递出友人与自己的友谊之深厚，具鸡黍以待客，便是以自家简单的家常菜邀人而来，待客简朴而不讲虚礼，也展现出了中国古代传统的田园生活风貌。“黍”在《古汉语常用字字典》中有黄米饭之意，中国北方地区的主食，有一定地域文化背景,《诗经·魏风·硕鼠》中就有“硕鼠硕鼠，无食我黍”，便是警告大老鼠不要偷吃家里的食物。据《新世纪汉英大辞典》,“黍”被定义为“broomcorn millet”，而在该诗中，其语义场分析如下（图1）:

表1 “故人具鸡黍，邀我至田家”的六种译本

译者	“故人具鸡黍，邀我至田家”译文
许渊中	An old friend has prepared chicken and food, and invited me to his cottage hall.
蓝庭	My old friend cooked chickens and corns sound, he asked me to visit his cottage round.
曾冲明	A friend of mine prepared chicken and millet, he invited me to have dinner in his farm.
曾培兹	A friend of mine has prepared a country feast, and invited me to his village visit and sightsee.
唐一鹤	Preparing me chicken and rice, old friend you entertain me at your farm.
张炳星	My old friend invited me to visit farm, with chicken and millet he entertained me.

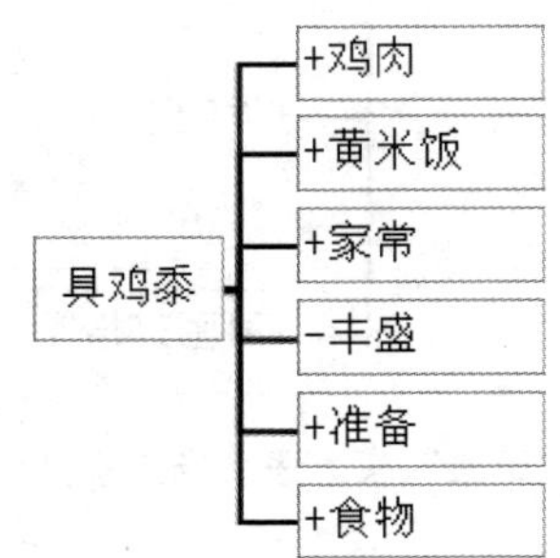

图1 “具鸡黍”表达语义场义素分析图

六个译本中，许渊冲译文“food”直接将意象浅化，但并不妨碍理解，“黍”也确属于“food”这一大类，蓝庭译文“corns”及唐一鹤译文“rice”则完全不符合“黍”的义素分析，虽然属食物一类，但并非小米“millet”；曾培慈译文“country feast”则选择忽略“鸡”“黍”的文化意象，加以归化意译，然而《牛津词典》将“feast”定义为“a large or special meal, especially for a lot of people and to celebrate something”，与“黍”的语义场完全不符，曾冲明和张炳星的译文将“黍”直译为“millet”，完全符合“黍”的义素分析，这样的等化翻译保留了原诗的文化意象，又保留了原诗的叙述风格，让诗歌读者对中国古代乡村饮食文化也有了进一步了解。综上，许渊冲译文“food”及曾冲明和张炳星译文“millet”皆符合“黍”的义素分析，其中曾冲明和张炳星两位译者的译文则更为贴切。

“田家”即孟浩然友人所居之处，有田地有房屋。据《新世纪汉英大词典》，“田”被定义为“field”“farmland”“cultivated land”“open area abundant in mineral resources”，“家”被定义为“home”“family”“person engaged in a certain trade”“specialist in a certain field”“person of certain characteristics”“person related to oneself in someway”“my”“domestic”“nationality”“school of thought”“party/side”，根据全诗的主题“过故人庄”可推断，此处“田家”的义素成分为（图2）：

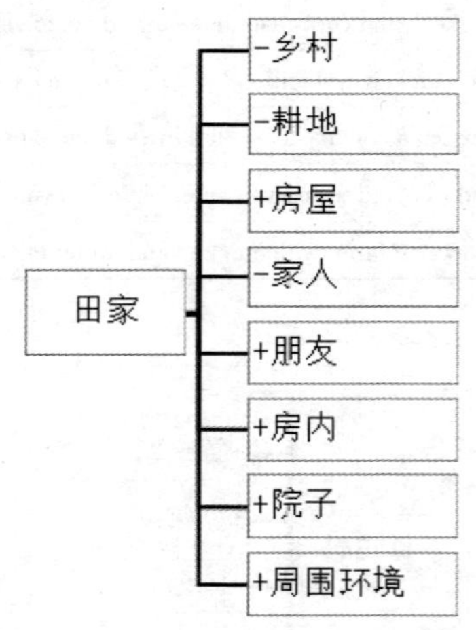

图2 “田家”表达语义场义素分析图

六个译本中对“田家”的翻译各有不同，许渊冲译文“his cottage hall”，蓝庭译文“his cottage round”，曾冲明译文“his farm”，曾培慈译文“his village”，唐一鹤译文“your farm”，张炳星译文“his farm”。据《牛津词典》，“cottage”表示小屋，尤指村舍、小别墅，“farm”表示农场、饲养场，“village”表示多户人家组成的小村庄。许渊冲译文“cottage hall”范围仅限制在了房子内部，而忽略了房子的周边环境，蓝庭译文“cottage round”则反之，忽略了房屋内部，而局限于周边环境，曾冲明、唐一鹤、张炳星三位译者的“farm”则范围过大，曾培慈译文的"village"便不再特指友人这一家，而是指整个村庄，偏离了原诗意象。根据对"田家"的义素分析，六位译者的译文皆不完全符合原诗的语义场。

（二）诗歌第二联意象地表达语义场分析

表2　"绿树村边合，青山郭外斜"的六种译本

译者	"绿树村边合，青山郭外斜"译文
许渊中	The village is surrounded by green wood; blue mountains slant beyond the city wall.
蓝庭	I saw the village is by green trees surrounded. Out the village's wall, there are green mountains all round.
曾冲明	The village is surrounded by green trees; the blue hill slants beyond the walls of town.
曾培兹	Along the way there are clusters of lush green trees, once outside the town, there stretch blue mountains on one side.
唐一鹤	We watch the green trees that circle your village. And the pale blue of outlying mountains.
张炳星	Green trees surrounded the farm. And blue hill lay across the suburb of great charm.

"绿树合"是诗人来到友人所居村庄时所看到的景象的一部分，是身边近景，绿树葱葱环绕着小山村，与上下语境结合，描绘的是一幅清新悠然的乡村画卷。据《古汉语常用字字典》，"合"有闭合、聚集之意，司马光《赤壁之战》有"五万兵难卒合，已选三万人，船、粮、战具俱办"，描绘的便是战场之上千万兵卒聚集围绕的场景。《新世纪汉英大辞典》中"合"为"close""join/combine/come together""round""add up to""jointly""whole""proper/appropriate"。故"绿树合"的语义场如下（图3）：

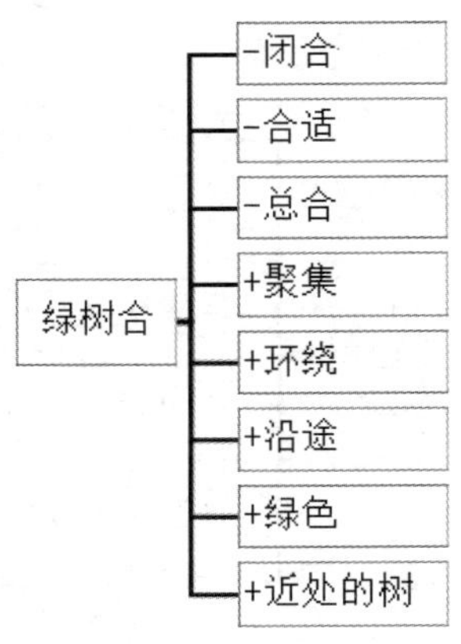

图3　"绿树合"表达语义场义素分析图

“绿树合”的表达型语义场要求译者在翻译的过程中考虑到意象与语境的关联性，有必要突出绿树的环绕或聚集的状态。六位译者的译文都基本达到这一要求，许渊冲、蓝庭、曾冲明、张炳星四位译者采用了“surround”这一动词，唐一鹤则采用“circle”一词，这两个动词都表现出了“绿树”这一意象的“环绕”状态，而曾培慈则加以方位状语加以修饰，“along the way”与“clusters of lush green trees”描绘出了沿途“绿树”聚集的状态，使得读者更能身临其境，体会这一幅山村图景。由此，六版译文皆基本做到了“绿树合”的意象传达，但曾培慈的译文更具动态感与画面感，能引发读者联想，其意象传达更符合了原诗意境。

“青山斜”则是诗人赴友人之约时所见的远景，远处群山连绵，黛色青青，由“绿树合”过渡而来，视野开阔之感尽显。《古汉语常用字字典》中“斜”有倾斜之意，如辛弃疾《永遇乐·京口北固亭怀古》“斜阳草树，寻常巷陌，人道寄奴曾住”，即对夕阳缓缓落下的描述，由此则引申出倾斜着向前延伸之意，如温庭筠《题卢处士山居》有“千峰随雨暗，一径入云斜”，描写的便是大雨袭来，云层翻涌，山峰斜斜地延伸入云中的画面。其次需要注意的还有“青山”这一颜色的选择，《古汉语常用字字典》中“青”有三种颜色：一则为蓝色，如荀况《劝学》有“青，取之于蓝而青于蓝”；二则为深绿色，如刘禹锡《陋室铭》有“苔痕上阶绿，草色入帘青”；三则为黑色，如李白《梦游天姥吟留别》有“云青青兮欲雨，水澹澹兮生烟”，《将进酒》有“君不见高堂明镜悲白发，朝如青丝暮成雪”。据《新世纪汉英大词典》，“青”的义素有“blue/dark blue”“green”“young”“youth”，“斜”指“oblique”“slant”“slope”“tilted”“inclined”，但结合前文的“绿树”以及原诗此联中近景远景对比塑造的空间感，“青山斜”的语义场分析如下（图4）：

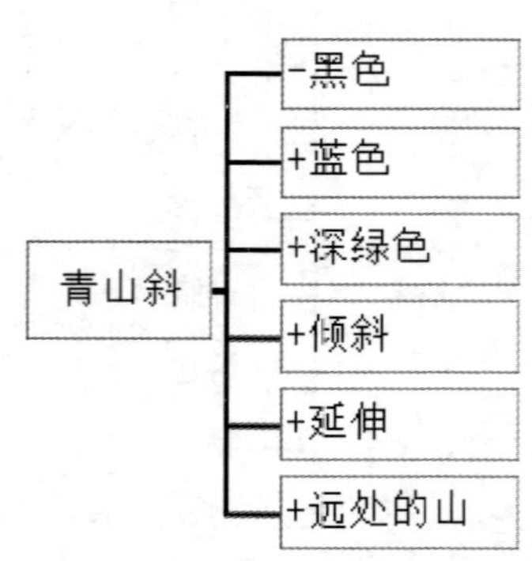

图4 “青山斜”表达语义场义素分析图

关于“青山”这一意象，六位译者中仅蓝庭的译文中选用了“green”这一颜色，其他译者皆选用“blue”，客观依据“青山”的义素分析，二者皆符合该意象对颜色的描述，但结合上下语境，考虑该意象的表达性语义场，则“blue”更为贴合原诗，加强由近及远的空间感受，以颜色对比勾勒出诗人眼中的山村景致的远近错落，更能使读者身临其境。六位译者对于“斜”的译文则有所差异，许渊冲与曾冲明选用“slant beyond”一词，表达出了“倾斜”“由远及近”“延伸”的义素，蓝庭的“all round”及张炳星的“lay across”则为环绕之意，有延伸感但缺乏远近空间感，唐一鹤的“outlying moutains”未能表达出“倾斜”之意，曾培慈以“outside the town”“stretch”“on one side”与以前面的译文产生对比，其义素表达更为全面，最为贴合原诗。

（三）诗歌第三联意象地表达语义场分析

表3 “开轩面场圃，把酒话桑麻”的六种译本

译者	“开轩面场圃，把酒话桑麻”译文
许渊中	The window opened, we face field and ground, and cup in hand, we talk of crops of grain.
蓝庭	When open the window, wee faced the garden and ground. Wine cup in hand, we talk about mulberry and thread.
曾冲明	His windows are opened to face his fields, we drank and talked of crops and mulberries.
曾培兹	The dining hall has its doors wide open towards the courtyard, we drink to and talk about crops, yield and farm life.
唐一鹤	We open your window over garedn and field, to talk mulberry and hemp with our cups in our hands.
张炳星	Opening the window, we faced a nursery and an extensive meadow. We with wine talked about mulberries and flax below.

“面场圃”是对诗人与友人吃饭时，打开窗户面向田园这一画面的描写。据《古汉语常用字字典》并结合诗歌语境，“场”在中国传统田园生活中指的是收打庄稼、翻晒粮食的平地，如蒲松龄《狼》“顾野有麦场，场主积薪其中”，“圃”则指的是种植蔬菜的园子，如《墨子·非攻》有“仅有一人，入人园圃，窃其桃李”。在《新世纪汉英大词典》中，“场”的义素有“place for a particular purpose”“site/spot/scene”“stage/sports arena”“the duration of a performance or game”“farm/field”“field（physics）”，“圃”则为“garden”。由此，“场圃”的语义场分析为（图5）：

关于“场”，许渊冲和蓝庭选用“ground”，曾冲明和唐一鹤选用“field”，张炳星选用“an extensive meadow”，曾培慈选用“courtyard”，皆未能完整表达“场”在中国传统文化中的具体义素“打谷场”，其中张炳星译文的“an extensive meadow”完全偏离原诗意象。据《新牛津英语词典》，曾培慈的“courtyard”多指带围墙的别墅旁小庭院，也与诗歌中所描绘的村庄小屋的农家院子差距甚大。关于“圃”，蓝庭和唐一鹤直译为“garden”，张炳星译为“nursery”，皆较为贴合原诗意象，其他三位译者则未给出对应翻译，或意译或浅化。但考虑“场圃”这两个意象所蕴含的文化背景意义并不影响此联的理解，对此略有让步并无不可。

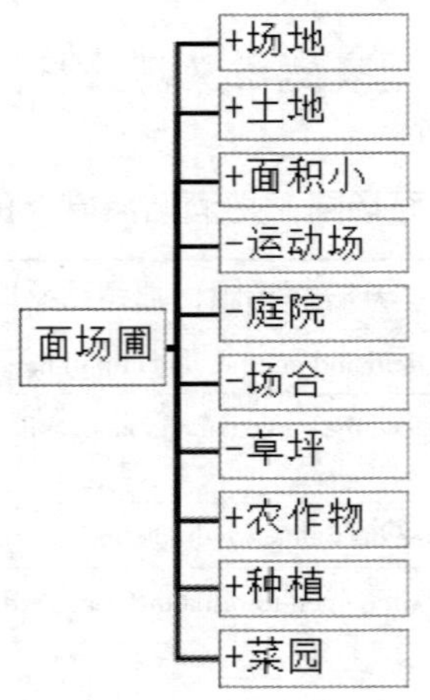

图5 “面场圃”表达语义场义素分析图

“话桑麻”是诗人与友人吃饭时交谈的内容，村居生活，有友相伴，谈论着农事，凸显出宾主相谈的惬意悠然。“桑”与“麻”是中国古代两大重要的农事活动，据《古汉语常用字字典》，“桑”即指种桑养蚕，如《晋书·礼志》有“先王之制，天子诸侯亲耕耤田千亩，后夫人躬蚕桑”,“麻”则是对麻类植物的统称，如《荀子·劝学》“蓬生麻中，不扶而直”。《新世纪汉英大词典》中“桑”即为“white mulberry”，“麻”即为“hemp/flax/jute”“sesame”“coarse/rough”“pitted/spotted”“numb/tingling”。结合语境，“桑麻”的语义场分析为（图6）:

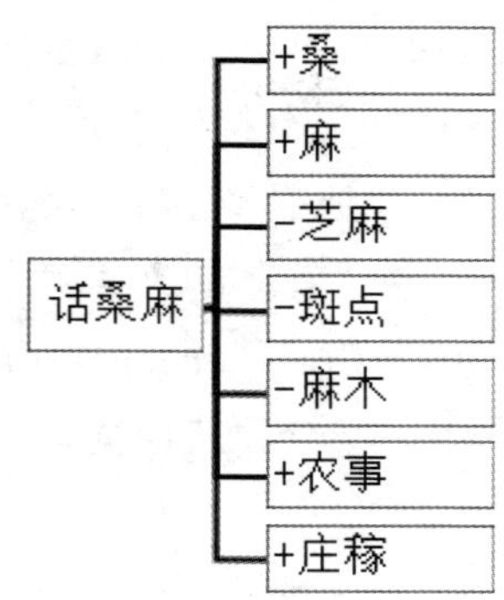

图6 “话桑麻”表达语义场义素分析图

对“桑麻”两个意象，六位译者各有其处理方式，蓝庭、唐一鹤、张炳星选择直译为“thread/hemp/flax”，曾冲明忽略了“麻”的意象将其译为“crops and mulberries”，许渊冲和曾培慈则用“crops（庄稼）”来替换“桑麻”的意象，曾培慈还辅以“yield and farm life”来泛化“桑麻”加以解释。对比“桑麻”的语义场分析，蓝庭、唐一鹤、张炳星等人的译文仅停留在意象表面，未能表达出意象的整体意义。许渊冲、曾冲明、曾培慈三者的译文皆选用了“crop”一词，据《牛津高阶英汉双解词典》，“crop”的义素有“plant”“food”“large quantities”“grain”曾冲明译文保留了部分意象“mulberries”并用“crops”加以泛化概括，许渊冲的译文“crops”忽略了原诗的意象，但还比较贴合意象的表达性语义场，曾培慈译文“crops, yield and farm life”虽忽略了意象本体，但其一文中的补充信息泛化覆盖了基本义素。综上，曾培慈的译文更为贴近原诗。

（四）诗歌第四联意象地表达语义场分析

表4 “待到重阳日，还来就菊花”的六种译本

译者	“待到重阳日，还来就菊花”译文
许渊中	When the Double Ninth Festival comes round, I will come for chrysanthemuns again.
蓝庭	When Double Nine Festival comes around, I'll come again to enjoy chrysanthemums be found.
曾冲明	When the Double Ninth Day comes round, I'll come to him for chrysanthemums again.
曾培兹	Looking forward to the Double Ninth festival we are, to again gather here and chrysanthemums admire.
唐一鹤	Wait till the Mountain Holiday——I am coming again in chrysanthemum time.
张炳星	When the Double–Ninth Day comes, I'll come again to appreciate chrysanthemums high and low.

“就菊花”是诗人与友人来年的约定，待到重阳节时，两人再相聚一并赏菊。据《古汉语常用字字典》，“就”有接近靠近、前往之意，如荀况《劝学》“故木受绳则直，金就砺则利”，屈原《离骚》“济沅湘以南征兮，就重华而陈词”。在《新世纪汉英大词典》中“就”的义素为“come near/approach/move towards”“arrive/reach”“go with”“by”“engage in/undertake”“at once”“even if”“concerning”“accomplish”等。结合原诗语境，“就菊花”的语义场分析如下（图7）：

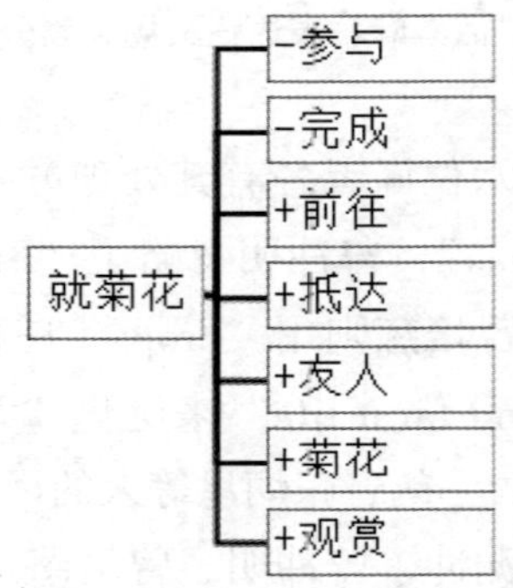

图7 “就菊花”表达语义场义素分析图

关于“就”，曾冲明译文“I'll come to him”和曾培慈译文“to again gather here”则点明了与友人的重聚，两人再共赏菊花之意。许渊冲译文“I will come for”，蓝庭译文“I'll come again to enjoy”，唐一鹤译文“I am coming again”，张炳星译文“I'll come again to appreciate”，重点都在于陈述我会再来，而忽略了“友人”这一义素。但在诗歌第三联中，六位译者都已经用到了“we”，早已提前道出了第四联暗含的“友人”义素，故而此处不予以明晰化则更为简洁且贴合原诗意象。

五、结语

诗歌翻译并非易事，要做好诗歌中的意象传达亦是难上加难。笔者应用语义场理论为诗歌翻译中的意象解读与翻译提供了新视角，译者可以借由该理论对诗歌意象的准确内涵进行客观分析，把握意象的基础义素，充分感知原诗，使译文重现原诗的表达性语义场，在译文中完整重构原诗的诗歌意象。唯有将意象层层解析，译者才能重现诗人的“融情”于意象，向读者达意传情。

参考文献

[1] 惠宇，杜瑞庆.新世纪汉英大词典（第二版）[K].北京：外语教学与研究出版社，2016.9.

[2] 邱冬梅，周国光．表达性语义场初探[J]．北方论丛，2012（05）：52–57.

[3] 秦倩，颜方明.诗歌翻译意象再创造的审美层次论[J].外语与翻译，2019（02）：37.

[4] 沙夫.语义学引论[M].北京：商务印书馆，1999.

[5] 索绪尔.普通语言学教程[M].高名凯译.北京：商务印书馆，2004.

[6] 谭载喜.新编奈达论翻译[M].北京：中国对外翻译出版公司，1999.

[7] 王德春.论义素和语义场[J].外语教学，1983（04）：3–4.

[8] 王凤英.语义场理论和篇章研究[J].外语与外语教学，2007（09）：32–35.

[9] 钟维克.古汉语常用字字典[K].成都：四川辞书出版社，2018.

[10] Hornby, A.S.牛津高阶英汉双解词典：第7版[K].王玉章，等译.北京：商务印书馆，2009.

[11] Pearsssall, J.新牛津英语词典[K].上海：上海外语教育出版社，2001.

作者简介

曾烨莉，广西大学外国语学院硕士研究生，主要研究领域：典籍翻译。

文化翻译观视角下《壮锦》文化翻译策略研究

杨笛

摘要： 壮锦织锦技艺是广西非物质文化遗产，有着深厚的文化内涵和很高的实用价值。随着当今世界文化全球化程度日益加深，对壮锦工艺进行翻译，有助于增加中国文化软实力。同时，中国国际地位和全球影响力不断提升，在“一带一路”的推动下，壮锦文化的对外传播对于“文化走出去”有着深远意义。《壮锦》一书是广西美术出版社出版的“我们的广西”系列丛书之一，详细介绍了壮锦从起源到兴起的发展进程，属于文化文本。因此，本文将以文化翻译观为指导理论，对《壮锦》文本特点及翻译方法进行分析，使译入语读者感受到纯正的中国文化。

关键词： 壮锦；文化翻译观；非物质文化遗产英译；翻译策略

一、引言

壮锦织锦工艺是广西优秀的非物质文化遗产之一。在加强我国文化软实力建设的背景下，壮族作为中国重要的少数民族，正日益通过翻译在全球化的舞台上展示着自己独特的文化，因此，壮族文化翻译的需求也越来越大。然而，由于历史和现实等多种原因，壮锦面临着严重的传承危机。同时，作为一种民

族文化，其翻译也存在着一些问题，如壮族文化相关的翻译参考不足。（邓英凤，2016：45）

在当今多元化的世界，文化是最能体现价值的元素，尤其是历史悠久的宝贵文化遗产。非物质文化遗产是一个国家文化软实力的重要组成部分。中国的非物质文化遗产具有特定的民族和地方特色。只有通过翻译，才能让世界了解其深厚的文化底蕴。中国非物质文化遗产的研究和翻译符合中国文化走出去的战略。在保护和促进自身发展的同时，也可以促进世界各民族的交流，这对促进文化多样性具有重要意义。

二、文化翻译理论概述

英国沃克里大学比较文学与翻译学教授苏珊·巴斯内特是文化翻译学派的代表人物之一。1990年，她与美国比较文学家和翻译理论家安德烈·勒菲弗尔合编了《翻译、历史与文化》，探讨了文化翻译理论的具体内容。她建议翻译研究应该将翻译单位从传统的语篇转向文化。这一观点使得翻译研究不再局限于语言层面，而是在确保语义信息传递的同时，更加关注文化信息的传递。

文化翻译观的核心内容主要包括以下几个方面：首先，翻译应以文化为翻译单位，而不应停留在过去的文本上。不同的文本在不同文化中有不同的功能。要以文化为翻译单位，在翻译过程中，使源语文本在目的语文化中发挥与在目的语文化中相同的功能。其次，翻译不仅仅是一个简单的解码重组过程，更重要的是一种交流行为。这里的交流是指文化内部或文化之间的相互交流。最后，翻译不应局限于对原文的描述，而应在于文本的文化功能在目的语中的对等。

巴斯内特认为翻译的目的是通过打破语言障碍来传递信息。这里的“信息”既包含语义信息，也包含文化信息。翻译实际上是一种跨文化活动。在此过程中，译者在目的语中再现源语的文化内涵，最终目的是实现和促进文化交流。源语中的文化信息是翻译的重点，而语言只是文化交流的载体，是译者在源语和目的语之间进行文化交流形式。文化翻译观重视促进翻译中的文化交流与融合，有效地提高了译文的文化承载力，促进了文化多样性的发展。

三、译前分析

在翻译原文之前，作者首先对原文文本进行分析。文化类文本最明显的特征之一就是文本中有许多文化负载词。在语言系统中，最能体现承载文化信息和反映人类社会生活的语言的词是文化负载词。随着中外交流的深入，世界越来越关注中国各民族的文化。因此，少数民族文化翻译工作的重要性日益凸显。众所周知，文化和语言相互交织、相互影响。翻译不仅是两种语言的转换，更是两种文化的交流。文化差异的转换一直是翻译中的难点，尤其是少数民族文化的翻译和介绍。因为少数民族在漫长的历史中形成了独特的文化，其中包含了大量的文化负载词。这些词反映了一个特定国家在漫长的历史进程中逐渐积累的独特的活动方式。在原文中，“花婆”“米洛甲”“克夫克子”等文化负载词在英语中并没有对等的翻译，因此需要译者根据文化翻译理论对其意义进行重新表达。

四、文化翻译观指导下壮锦文化的翻译策略

（一）直译

直译是一种保留原文内容和形式的方法。一个成功的翻译应该保持译文的可读性，并在此基础上尽量再现原文的内容和源语言的文化内涵。用目的语中最恰当、最贴切的词语直接翻译源语所指内容，不仅可以帮助读者直接理解原文的字面意思，感受源语文化，同时也有助于源语文化的传播，最大限度地保持地方特色。

例1：朵菊下，龟背纹外，黄色菱形纹内填绿、红色方棋纹。

译文：Under the chrysanthemum, outside the turtle-back patterns, yellow argyles are filled with green and red checker patterns.

“龟背纹”是一种中国民间装饰图案，呈连续六边形，因其形状酷似龟背而得名。同时，中国古代认为龟可以预知好运和厄运，也是长寿和吉祥的象征。作为壮锦的一种图案，龟背纹被赋予了吉祥的含义，具有健康长寿的希望之意。龟背的象征有着悠久的历史和独特的中国特色。因此，作者直接将其翻译为turtleback patterns，以保留其原本的文化内涵。

（二）音译加注

音译加注可用于在目的语中难以找到语义对应和文化对等的文化空缺词翻译。音译加注不仅保留了源语的发音和文化特征，而且传达了源语的含义和文化内涵，避免了因文化意象错位而导致的交际失败。（高一波，2020：82）

例2：壮族人信奉“花婆”，其又被称为“花王圣母”，是专门掌管人间生殖的大神。

译文：Zhuang people believe in“Huapo”, who is also called“Hua Wang Sheng Mu”. She is the god in charge of human reproduction.

Annotation: Huapo is a flower goddess of Zhuang people.

“花婆”和“花王圣母”是文化名称。文化名称不仅具有名称的指称功能，还包含文化内容和背景语义。由于文化发展的特殊性，文化名称的翻译在目的语中没有对应的词。因此，可以采用音译。（姜秋霞，2018：106）“花婆”是壮族民间的花神。由于汉英文化的差异，无法找到意义完全对等的词语。这两个词都是具有传统文化特征的文化负载词，读者并不熟悉。采用音译加注的方法可以在保留壮族文化特色的同时，也能让读者理解其中的含义。

例3：因为她的母亲断言她命里克夫克子，所以没人敢娶她。

译文：Her mother asserted that she was destined to kefu and kezi, so no one dared to marry her.

Annotation: Kefu and kezi, a superstition in China's feudal society, which believed that if a woman is destined to kefu and kezi, her fate will be harmful to her husband and children.

众所周知，文化和语言是相互影响的。翻译不仅是两种语言的转换，也是两种文化的交流。文化差异的转化，尤其是对于外国翻译和少数民族文化的传播，一直是翻译的难点。因为少数民族在长期的发展过程中形成了独特的文化，其中包含了大量的文化负载词。（李庆丰，2021：53）文化负载词是指在一定的文化背景下具有特殊含义的词语。从文化交际的角度来看，它也可以理解为翻译中的词汇空缺，即在源语和目的语之间没有对应的词语表达相同的内涵。“克”是中国一种迷信文化，认为人生来就有可能与某人的生肖、五行、父母或丈夫格格不入的命运。在中国古代，人们认为一个女人的面相或命运中如果有不利于丈夫或孩子的因素，就叫作“克夫”或“克子”。这里的“克”一词反映了文化内涵。

在翻译时，在保证其传播中国文化的同时，也要考虑其可接受性，以便不同文化背景的目标读者能够理解和接受。（张莉，2020：125）作者采用音译加注的方法，可以为目的语读者创造特定的文化语境，减少陌生语境造成的隔阂感，加深对中国文化的接受度。

（三）意译

根据文化翻译理论，翻译不仅要停留在语码重组和语言结构转换的过程中，还要注重源语文化与目的语文化的平等交流，从而使源语文化和目的语文化在功能上尽可能对等。翻译文化类文本时，译者应准确再现源语文本的含义、风格和表达方式，深刻理解和正确把握源语文本所承载的文化信息和文化内涵，并在目的语中完整再现。意译是指摒弃源语字面意义的表达形式，把握深层文化内涵，利用目的语与源语文化的对等词汇传递源语文化信息的翻译方法。在翻译过程中，意译可以更好地以目的语读者可以接受的方式传达文本中的文化。（高一波，2020：85）

例4：壮锦常以红色、橙色为背景色，以绿色、蓝色等对比色搭配或点缀，用色大胆，对比强烈，充满热烈的气氛。

译文：Zhuang brocade is usually woven with red or orange as its background, matching or interspersing with contrasting colors such as green and blue. It uses creative color match and has strong contrast and impassioned atmosphere.

抛开原文，“大胆”意思是“勇敢地面对困难和风险”。然而，在原文的上下文中“用色大胆”意思是壮锦“以红色、橙色为底色，绿色、蓝色等对比色……对比强烈……”这里的“大胆”与“勇敢”无关，而是想表达壮锦在配色上的创新和突破。如果翻译成“brave”，会给读者造成困惑。因此，为要实现文化功能的对等，作者选择译为“creative”。

例5：在几何纹、龟背纹骨架内，又采用通经断纬的挖梭盘织的挖花工艺织朵菊花纹。

译文：In the framework, the chrysanthemum patterns are woven by the technique of swiveling “suo” called “tong jing duan wei” .

Annotation: Suo is a tool to pull the weft through the warp.

Tong jing duan wei is also called “tiao hua jie ben” , refers to that the longitudinal warp thread passes through the whole width of the fabric, and the transverse weft thread is only intertwined with the warp thread according to the pattern, not through the whole width.

这句话包含了许多术语。“经”指布上的纵向线。“纬”指布上的水平线。壮锦的大多数花纹是由纬纱的变化形成的。“通经断纬”，也称为“挑花结本”，指纵向经线穿过织物的整个宽度，横向纬线仅与经线按照图案交织。“梭”是用来拉动纬纱穿过经纱的工具。“挖梭盘织”是一种织造工艺，即花型的纬纱不织到底，而是旋转来编织花型，只与花型的经纱交织在一起。“挖梭盘织”与“通经断纬”表达的意思相同。所以，作者只翻译“通经断纬”，然后对编织过程进行介绍，以便读者在阅读过程中了解该技术，达到传播文化的目的。

例6：从此百鸟飞翔，百兽欢乐。

译文：From then on, birds and animals were happy and harmonious.

在词典和翻译软件中，“兽”被翻译为“beast”。而在西方国家，“beast”代表的是危险而凶猛的动物。在《柯林斯词典》中，“beast”指的是“大型、危险或不寻常的动物”。而原文所要表达的是动物们披上布罗陀染色的彩线后快乐与宁静的气氛。如果“兽”被翻译成“beast”，会破坏原文所创造的文化环境。同时，作者认为“百鸟飞翔”只是为了表达出“百兽欢乐”的气氛，不必在译文中逐字翻译。因此，经过考虑，作者将其翻译为“birds and animals were happy and harmonious”。

（四）省译

省译是指适当简化或删除源语言中影响源文本核心信息传递的可有可无的信息，使目标语言中传递的核心信息更加清晰，表达更加符合目标语言的习惯。省译原则是保留核心信息，删除不相关元素，而不是翻译所有文本。（高一波，2020：86）在巴斯内特看来，翻译不应局限于对原文的描述，而应在于译文的文化功能对等。因此，在翻译过程中，多余的文本可以适当省略，使句子更加简洁。

例7：另一幅北京故宫博物院藏清乾隆时期的“几何朵花纹壮锦被面”，以深棕色棉线为地经、地纬，交织成一交一平纹组织的锦地，在一交一平纹的锦地上，又以黄、杏黄、红、白、粉红、粉、湖绿、雪灰、绿、驼、银灰等十余种丝绒线为纹纬与地经交织，采用通梭工艺技巧织几何纹、龟背纹骨架，在几何纹、龟背纹骨架内，又采用通经断纬的挖梭盘织的挖花工艺织朵菊花纹。

译文：Another one is “Zhuang brocade quilt cover with flowers in geometric arrangement” from Qianlong period of Qing Dynasty in the Palace Museum in Beijing. Its ground was plain weaving interwoven by dark brown cotton threads as warp and weft for bottom. On the ground, silk threads in over ten colors such as yellow, apricot, and red, are interwoven with warp for bottom as weft for patterns, weaving geometric and turtle-back framework. In the framework, the chrysanthemum patterns are woven by the technique of swiveling "suo" called "tong jing duan wei" .

Annotation: Suo is a tool to pull the weft through the warp.

Tong jing duan wei is also called "tiao hua jie ben" , refers to that the longitudinal warp thread passes through the whole width of the fabric, and the transverse weft thread is only intertwined with the warp thread according to the pattern, not through the whole width.

汉语句子一般较长，修饰语较多，结构不清晰。同时，为了增强强调效果或使句子形式工整，一个单词或短语经常会重复出现。但如果直接翻译成英语，句子会变得冗长。例7是一个句子成分多、结构复杂的长句。在翻译过程中，为避免因为文化差异带来的表达赘余，作者根据英语表达习惯进行了一些调整。"一交一平组织的锦地"和"几何纹、龟背纹骨架"在句子中重复出现。因此，作者选择省译第二次出现的词语，使句子简洁明了。

例8：广西山清水秀，风物丰美，优良的地理环境和悠久的历史，孕育了丰富多彩且富有地方、历史和民族特色的文化。壮锦的纹样，也是历史悠久、丰富多彩、内涵深刻，极具地方、民族特色。

译文：Guangxi has beautiful hills, clear waters, rich scenery, excellent geographical environment and long history, which has nurtured a rich and colorful culture with local, historical and national characteristics. So do the patterns of Zhuang brocade.

翻译不是逐字的语言转换，而是根据目的语的习惯进行调整、增加和省略。从语义学的角度来看，如果一个句子中使用了更多的汉语同义词，那么这个句子就不会多余，中国读者可以接受。然而，如果所有这些单词都被翻译成英语，它将不符合目标语言读者的阅读习惯。（曾剑平，2018：38）原文首先介绍了广西的民族文化源于当地的地理环境和历史，这就带来了壮锦图案与民族文化相同的事实。而"悠久的历史，孕育了丰富多彩且富有地方、历史和民族特色的文化"与"相同"历史悠久、丰富多彩、内涵深刻、极具"地方、民族特色"语义重复。因此，作者删去了后半部分的翻译，并用"so do"来连接语境关系，达到了同样的表达效果，也能更好地被读者理解。

（五）重构

文化翻译理论认为，翻译不应局限于对原文的描述，而应与目的语的文化功能对等。汉语句子结构松散。英语属于信息文本，句子结构紧密相连，逻辑性强。因此，在翻译中，作者使语言表达更接近英语读者，并根据英语句子的表达习惯调整句子结构，使目的语读者更容易理解中国民族文化。

例9：此壮锦被面构图繁缛丰满，织工精密细致，用色丰富，明快亮丽，具有壮族织物的特点及风格，是壮锦中的精品之作。

译文：This quilt cover is an elaborate work in Zhuang brocade for its plentiful composition, delicate weaving technique with rich and bright colors, which is the feature of Zhuang fabrics.

原文包含因果关系。“（因为）此壮锦被面……（所以）是壮锦中的精品之作。”作者将句子强调的结果放到了前面，并加上了逻辑词“for”，使句子结构更加紧凑。同时，“繁缛丰满”“精密细致”“用色丰富”“明快亮丽”属于四字词，字数统一，音节固定，具有结构整齐、音韵和谐、简洁轻快等鲜明特点。然而，在翻译时，汉语四字词的含义是混杂的，不够严谨。而英语更注重句子的逻辑。因此在翻译过程中作者理清了句子的逻辑和层次，抓住句子核心内容，调整句式，使译文更加简洁清晰符合英语的写作习惯。（戴炜栋，2018：94）

例10：壮族妇女的头巾多用黑、白两色棉线织成，底为白色棉线，用黑色棉线起花，起花的宽度约为20厘米，图案主要是花卉，以菊花最多，极为素雅。

译文：The headscarves of Zhuang women are mostly woven with black and white cotton threads. The ground is white. The patterns are mainly flowers, most of which are elegant chrysanthemum, woven with black cotton threads, which are about 20cm wide.

原文结构松散，短句较多。长句包含多个主语。经过分析，作者认为这句话的逻辑应该是：壮族妇女的头巾大多是用黑白棉线编织而成，底是白色的。（图案）以花卉为主，多为典雅的菊花，（图案）用黑色棉线编织而成，宽约20厘米。换句话说，原文首先介绍了头巾整体，然后介绍了头巾的底色，最后介绍了头巾上的图案以及它们的编织工艺。作者跳出了汉语的形式，对原始信息进行了调整和重组，使英语表达更加流畅。

五、结语

文化翻译理论突破了传统翻译理论对语言和功能对等的束缚，将翻译视为从源文本到目标文本的跨文化转换，强调两种文化之间的对等。这为翻译研究和实践提供了新的理论视角。在当今文化全球化和中国文化“走出去”的背景下，如何准确翻译和有效传播中国文化是每个译者必须思考的问题。（高一波，2020：86）

同时，译者不仅要在我国有效地导入外国文化，还要将中国文化输出到全球，最终实现世界各国文化的共同繁荣。（郑德虎，2016：53–54）我们必须不断提高双语水平，在翻译过程中尽量避免源语文化的影响，遵循英语的思维方式和语法规则，使翻译符合目的语的表达习惯。此外，还要不断学习各种翻译理论，巩固翻译知识，以便在翻译过程中根据不同的情况灵活运用不同的方法，既能翻译语言的文化内涵，又便于读者理解和接受，从而实现中华民族文化的有效传播和推广。

参考文献

[1] 戴炜栋.汉英翻译教程[M].上海：上海外语教育出版社，2018.

[2] 邓英凤.关于壮族民俗文化翻译的几点思考[J].广西教育学院学报，2016（03）：45–48.

[3] 高一波.文化翻译理论视角下的陕北民俗文化翻译策略研究[J].榆林学院学报，2020（05）：82–87.

[4] 李庆丰.白族文化负载词的翻译[J].大理大学学报，2021（11）：53–58.

[5] 姜秋霞.敦煌文化翻译[J].中国翻译，2018（04）：103–109.

[6] 曾剑平.汉语语义重复词句的省译[J].中国科技翻译，2018（11）：37–41.

[7] 张莉.“一带一路”背景下山西民俗文化翻译探究[J].中国民族博览，2020（12）：124–125.

[8] 郑德虎.中国文化走出去与文化负载词的翻译[J].上海翻译，2016（02）：53–56.

作者简介

杨笛，广西大学外国语学院翻译专业硕士生，主要研究领域：英语笔译。

武侠电影字幕英译中明晰化策略的体现

朱婧羽

摘要：随着全球化的脚步加快，跨文化交流日益频繁，我国影视作品开始大量输出到海外，而有关武侠文化的影视剧更是在海外广受好评，字幕的翻译便是实现文化交流的桥梁。但我国字幕翻译在质量上仍然存在不足，本文结合影视字幕特点与限制因素，从语义、语法、语境、文化层面进行明晰化译例分析，旨在为提高此类影视作品翻译质量提供借鉴。

关键词：字幕翻译；武侠影视剧；明晰化策略

一、引言

武侠文化是博大精深的中华文化重要组成部分。武侠文化以侠客为主角，以侠义精神和武术功夫为核心，通常讲述了锄强扶弱、匡扶正义的故事，宣扬侠客精神，呈现出中国文化特色。武侠文化中的侠客们所代表的英雄形象影响了无数华人，由武侠小说改编的影视剧作品也深受大众的喜爱。

影视剧是文化传播过程中重要的一环，利用影音结合的方式，将书面作品更加立体地呈现在观众面前。在全球化不断加深的背景下，影视剧的对外传播成为中华文化走出去的重要推动力。影视剧中的字幕是指以文字形式、出现在电影银幕或电视机荧光屏下方的解说文字，可以看作是影视剧传播的桥梁，因此做好中国影视作品的字幕翻译，有助于中国影视作品走向国际，促进中华文化的海外传播。

二、字幕翻译与明晰化策略

（一）影视字幕的特点和限制因素

天津师范大学翻译研究所所长、外国语学院教授李运兴（2001：39）教授在提到字幕的功能及文体特点时指出："字幕是闪现在屏幕上的文字，一现即逝，不像书本上的文字，可供读者前后参照。"鉴于影视作品的特点，为使观众跨越语言障碍，在短时间内很好地理解情节，译者就需要采取一定的策略在有限的时间内将影片中的信息有效传递给观众，使其语言做到通俗易懂。

字幕翻译具有时间限制性和空间限制性的两大特点。时间限制性指的是字幕显示的时间短。与书面作品不同，书面作品读者可以反复观看，而影视剧的字幕随画面一闪而过，字幕的显示时间应与画面中人物的讲话速度同步。翻译过《霸王别姬》《一代宗师》《英雄》的澳大利亚汉学家、翻译家贾佩林接受访问时说过"字幕必须要短。一般字幕的出现时间是2～7秒，因此一行字幕不能超过33～42个字符，否则一边看电影一边看字幕就难以跟上"（2013：65）。虽然有时观众并不一定在影院观看电影，可以按下暂停键或后退键观看，但这样做十分影响观影体验，从译者、观众、片方的角度来说，都不提倡这样的行为。

空间限制性也是字幕翻译的另一特点，指的是字幕占据屏幕上的字符少。字幕大多只占据一行空间，偶尔也会有两行的情况，宽度不要大于画面四分之三，且应尽量保持语义的完整通顺。而中文常常言简意赅，一句话中包含的信息很多，在汉译英时，如果翻译出的字幕占据屏幕的空间过大，观众来不及看完所有的字幕内容，从而影响对剧情的理解，导致对观看感受产生不利影响。

李运兴教授对此提出"汉英两种语言的差异，给译者提出了更大的挑战。汉语一字一音，不论时间和空间都比英语来得节省、简约"（2001：39）。字幕的最大功能就是传递信息，因此译者在翻译时应该注意取舍，灵活转换，争取做到最优翻译。

（二）明晰化策略

翻译，表面上是一种文字到另一种文字的转换，实际上是一种文化到另一种文化的转换，语言只是文化的表现形式之一。武侠电影字幕与其他类型电影字幕的不同之处在于，台词对白多涉及武侠文化背景，反映主人公雄姿飒爽的性格，非一般白话文那样通俗易懂，因此在字幕翻译上需要格外注意。

显化（explicitness/explicitation），又译外显化、明晰化、明朗化、明示等，指的是“目标文本以更明显的形式表述源文本的信息，是译者在翻译过程中增添解释性短语或添加连接词等来增强译本的逻辑性和易解性”（Shuttleworth & Cowie，1997：55）。明晰化（explicitation）作为一种翻译技巧，指将原作的信息在译作中以更为明确的方式表述出来。它主要涉及省略、增补、替换、阐释，具体方法包括增加额外的解释、直接表达出原作暗含的意思、添加逻辑连词等等。明晰化的译作由于补充、阐释出了原作不曾有的信息，因而常常比原作逻辑关系更清楚、更容易理解。后来其他学者对此进行了更深入的研究，认为明晰化“不应只是狭义的语言衔接形式上的变化，还应包括意义上的明晰化转换，即在译文中增添有助于译文读者理解的明晰化表达，或者说将原文隐含信息明晰化于译文，使意义更明确，逻辑更清楚”（柯飞，2005：306）。明晰化翻译技巧是一种将信息以比原文更加清楚、明白的形式呈现在译文的翻译策略，在明晰化翻译策略的指导下，目的语读者能更加清楚准确地把握原文信息。由于字幕翻译进行时存在时间与空间上的限制，想要兼顾字幕简洁与信息传递，使观众能够快速明白台词含义，从而理解剧情，使用明晰化翻译策略是字幕翻译工作者的必要选项。

三、武侠电影字幕英译中明晰化策略的体现

（一）语义层面

武侠影视剧中包含了许多武侠文化中特有的词汇、习语，这些词语不同于其他类型的影片，它们内涵丰富，具有特色，翻译时不可只译出字面意义，其中隐含的实际意义更为重要。

例1：“爽快”“豪放”

原文：	译文：
不像那些酸臭文人，	You are unlike those pedantic men of letters.
性格和我们一样爽快，	You are as easy-going as we are,
喜欢和兄弟们在一起。	love making friends with us.

例2：

原文：他行事豪放　　　　译文：He's a bluff man.

在武侠影视剧中，出现的“大侠”形象往往是正面的，他们豪放不羁、不拘小节，大口喝酒、大口吃肉，常常路见不平，拔刀相助。大侠都是身怀绝技、有勇有谋、大公无私的武林高手，常常游走于江湖之中，锄强扶弱，惩凶除恶。与读书人、文人的形象大有不同。在英文中，“爽快”“豪放”没有直接对应的词语，那么译者在翻译过程中就应该根据语境选择合适的词语，传达出信息。“爽快”，在中文中通常指的是直爽、痛快的意思，但有时也用于形容某个人不忸怩做作，落落大方。在例1中，这句话是对主人公袁天罡的评价，袁天罡身为官员，不摆架子，喜欢和士兵们说说笑笑。并且在提到“爽快”一词后，下文又补充到“喜欢和兄弟们在一起”，说明这个人物性格随和，那么在这样的语境下，译者可以选择“easy-going”一词。在例2中，“豪放”一词意思是雄豪奔放，指气魄大而不拘小节，也指处理事情果断有魄力。若直译的话可能译为“bold and unconstrained”，似乎有些贬义。在武侠影视剧中，人物性格虽随意不羁、大大咧咧，但并非一个性格缺点，并且bold更侧重鲁莽之义，与原文意义不符，因此译为“bold and unconstrained”不太可取。“bluff”一词不仅形容人或态度直率豪爽的（但有时不顾及别人），更能体现大侠性格里直接、爽快有时又容易得罪人的特点，塑造立体多面的人物形象。

例3：

原文：	译文：
长他们志气	why do you speak highly of them
灭我们威风?	and discourage us?

这句话的语境是主人公带领的镖队遇到了另外一支队伍，他向队友赞扬了对方的优点，队友不屑地回应道“你怎么长他们志气，灭我们威风？”。中医药古籍《内经》提到人体有三宝：精、气、神。气，精足则气充，气充则神旺。反之，气弱则神伤。是中国的古人对自然界一切现象本原的高度概括，“气者，人之根本也”。这个气可以是一个人或一支队伍的士气、志气。志气，意指积极上进或做成某事的决心和勇气；威风，指使人敬畏的气派或声势。这两个词语如果选择直译的话，找不到意义相等的词语，因此不如直接将这句话解释出来，即：赞扬对方，贬低自己。并且，“discourage”一词本身有“使……灰心，使泄气”的意思。这样一来，“长”与“灭”这两个动词就可以省略了。

例4：

原文：好大的官威啊！

译文：What a condescending attitude（from authority）！

在武侠小说中，与“侠”相对应的，除了柔弱的文人形象，还有“官”。“官”的形象往往是鱼肉百姓的贪官污吏，侠义人士的出现，也正是因为官场黑暗，百姓疾苦。武侠小说之所以吸引读者，就是因为里面有着快意恩仇的江湖故事。江湖侠客除暴安良，匡扶正义，不为世俗所约束。从某种程度上来说，他们就是和官府发生冲突的“劲敌”。自然而然，在词语的选择上应该带有一些贬义的感情色彩。“好大的官威”指的就是当权者傲慢、居高临下的态度，直译的话是不可取的。因此，“condescending 意为带着优越感的，居高临下的（含贬义）”一词恰好体现出了感情色彩。

（二）语法层面

中文与英文是两种不同的语言，“中文属于汉藏语系。是典型的分析语，分析语的特征是不用形态变化，而用语序及虚词来表达语法关系；现代英语是从古英语发展出来的，仍然保留着综合语的某些特征，但也具有分析语的特点：有形态变化，但不像典型的综合语那么复杂；语序比汉语灵活，但相对固定；虚词很多，用得也相当频繁。现代英语运用遗留下来的形态变化形式、相对固定的语序及丰富的虚词来表达语法关系，因此属综合—分析语”（连淑能，2010：25）。正因为中英文在语法层面有着很大的不同，许多在源语观众看来习以为常的话语，在译入语观众看来却并不好理解。因此，在语法层面使用明晰化策略也是必须的。

例5：

原文：	译文：
你突然从后面出现	You suddenly appear from behind.（因）
英雄救美	So you can save the beauty.（果）
这女人啊 就喜欢这一套	Because women all like this kind of thing.（因）

美国语言学家、翻译家尤金·奈达（1982：16）曾经说过：“从语言学角度来说，英、汉语两种语言之间最重要的区别特征莫过于意合与形合的区分。”意合和形合是语言表现法。所谓“形合”，是指借助语言形式手段（包括词汇手段和形态手段）实现词语或句子的连接，如关联词“因为……，所以……”“虽

然……，但是……”；而意合，指的是不借助语言形式手段而借助词语或句子所含意义的逻辑联系来实现词语或句子的连接，如“今天下雨了，我不去学校”，其中的隐含的逻辑关系就是“（因为）今天下雨了，（所以）我不去学校”。

例5中的语境是，他人给男主角出主意追求暗恋对象，这几句台词是典型的中文句子，短句较多，句式松散。第二句话的“英雄救美”是第一句话的“你突然从后面出现”的原因，而第三句话的“这女人啊就喜欢这一套”是第二句话的“英雄救美”的原因。译者应该分别补译出“So”和“Because”，点明这两句话中的上下逻辑关系，否则会使译入语观众感到不解。

例6：

原文：	译文：
信不信我毒死你们	If you do that, I'll poison you to death!

同样的，在例6中，如果直译为“Believe it or not, I will poison you to death”，那么原文中的威胁语气与逻辑关系都体现不出来，这句话的意思是：“（你）信不信，（如果）你这样做的话，我（就）会毒死你。”因此，译者应该分析出这层暗含的逻辑关系，补出关联词，使字幕更好地体现语气，传达意思。

（三）语境层面

语言表达离不开特定的语境，语境影响着人们对语言的理解与运用。“目标语境中的读者可能对源语语境中读者所拥有的普通常识不甚了解，所以需要以明晰化的方式呈现给读者”（Klaudy，2009：106）。通过语境明晰化，将源语言中浓缩的文化信息，传达给译入语观众，进而消除观众在阅读中因语境差异产生的疑惑。

例7：

原文：	译文：
到时候不杀你	Or else
就对不起手中这把刀了	I will definitely kill you.

该句台词出现的语境是，男主角吩咐随从办事，并且以随从的性命要挟，命令他必须完成任务。该例中的“就对不起手中这把刀了”的意思是“不杀你，（我）为何还要拿着这把刀呢”，其中的“对不起”三个字的意思是有愧于人、辜负，但绝不可将其译为“be sorry for this knife”，这样的机械翻不能正确传达原文意义，还会影响观众观影体验。翻译时应当解释出这句台词的实际意义，以达到

与源语言含义相似的效果，即“I will definitely kill you（我一定会杀了你）”。

例8：

原文：　　　　　　　　　　　　译文：

这成何体统？　　　　　　　　　Why did this happen?

“体统”指体制、格局、规矩等。“成和体统”的意思是（这）成什么规矩，像什么样子。多用于指责不正确的言行。当说出这句话时，说话人的潜台词是“为什么会发生这样的事”，并且含有责备的语气。在翻译时，可以省略“体统”二字，直接表达出整句话意思，使暗含信息明晰化。

例9：

原文：　　　　　　　　　　　　译文：

瞧我这脑子。　　　　　　　　　You know I have a poor memory.

俚语是指民间非正式、较口语的语句，是百姓在日常生活中总结出来的通俗易懂顺口的话语。中文中有一些约定俗成的俚语表达，如“兜圈子”“给你点儿颜色看看”“林子大了，什么鸟都有”等，每个俚语都有各自隐含的意思，在翻译时要结合语境进行翻译。该例中的“脑子”代指记忆力，这句话的隐含意思是“我的记忆力不好”，因此应该译为“poor memory”。

（四）文化层面

武侠文化是中国独有的文化，底蕴丰厚，其中蕴含了历史文化、家国情怀、中华传统文化、语言文化等内容，有着十足的文化底蕴，是中华文化的重要组成部分，也是中华文化的集大成者。

例10：

原文：　　　　　　　　　　　　译文：

明前茶　　　　　　　　　　　　It’s the tea picked before Tomb-sweeping Day.

翻译不仅仅是语言文字方面的转换，译者还必须考虑文化差异带来的问题。明前茶是指清明节前采制的茶叶，是一年之中品质最佳的茶叶。中国古代人们多喝茶、爱品茶，对于茶叶品质有不同的划分标准，从接待客人的茶叶种类可以看出主人对客人的重视程度。因为字幕具有即时和无注的特点，所以一些原文中没有的信息需要通过增补的方式加在字幕当中，以保证观众的理解效果。在翻译这类带有文化背景的词语时，译者在翻译过程中应补出文化信息，使暗含信息明晰化。

例11：

原文：	译文：
你这是助纣为虐。	You're helping the evil.

在字幕翻译时，有些表达是源语所特有的，译入语观众无法或无须理解，可以采用替代法，保证译文简洁明了。“助纣为虐”出自西汉·司马迁《史记·留侯世家》。纣是商朝末代君主，是明代神妖小说《封神演义》之中的反面人物，是残暴无道、昏庸荒淫、沉迷酒色的恶君。“助纣为虐”指的是帮助纣王作恶，现在用来比喻帮助恶人做坏事。翻译字幕时，若按照字面意思把“助纣为虐”翻译为“You're helping the emperor Zhou do bad things”，这样的翻译会无故增加了影片中没有的人物，导致观众产生疑问，不利于剧情连贯。因此，不如用寓意相同、观众熟悉的英语词语来进行替代，将“纣王”翻译为“the devil”，直接点明信息意义，即“纣王”是个反面形象，有助于观众理解。

例12：

原文：	译文：
好强的剑气。	Excellent Kungfu.

在武侠文化中，刀光剑影的江湖故事里，武功招式是其中不可或缺的，江湖侠客使用的兵器也各有不同，刀枪棍棒各有特点。剑气，指剑的光芒，也引申以喻人的才华和才气。“好强的剑气”这句话并不是真的在说“气”，而是在表达对剑术或武功的赞扬。在字幕的翻译过程中，不应该追求盲目对等，更重要的是让译入语观众明白信息，了解意义，因此省略“剑气”的翻译，转而翻译为“Excellent Kungfu”。

四、结语

“侠之大者，为国为民的侠客精神让人们对武侠剧念念不忘、情有独钟之余，也在向世界展现着中国武侠的魅力（刘一村，2021：75）”，由武侠小说改编而来的影视剧作品不仅有供大众观赏的功能，还肩负着传播优秀中华文化的责任。在这个过程中，中英字幕翻译扮演着极其重要的角色，如何做好中英字幕翻译值得我们深究。从以上案例分析中我们可以看出，在进行字幕翻译时，不仅需要对源语和译入语文化及语言特点有充分了解，还要结合电影字幕的特点，将翻译明晰化策略运用到电影字幕翻译中，使得译入语观众更好地理解剧情，增强译文的逻辑性和感染力，给观众以更好的观影感受，从而达到促进文化交流与传播的目的，向世界展现中国武侠的魅力。

参考文献

[1]金海娜.从《霸王别姬》到《一代宗师》——电影译者LindaJaivin访谈录[J].中国翻译，2013（04）：65-67.

[2]柯飞.翻译中的隐和显[J]. 外语教学与研究，2005（04）：303-307.

[3]连淑能.英汉对比研究增订本.[M].北京：高等教育出版社，2010.

[4]刘一村.中国武侠的魅力[J].今日中国，2021（10）：75-77.

[5]李运兴.字幕翻译的策略[J].中国翻译，2001（04）：38-40.

[6] Klaudy, Kinga. Explicitation [A]. Mona Baker & Gabriela Saldanha. Routledge Encyclopedia of Translation Studies [C]. London: Taylor & Francis，2009.

[7] Nida, E.A. Translating Meaning [M]. California: English Language Institute，1982.

[8] Shuttleworth, Mark & Cowie Moira. Dictionary of Translation Studies [M]. Manchester: St. Jerome Publishing，1997.

作者简介

朱婧羽，广西大学外国语学院英语笔译专业在读研究生，研究方向：英汉翻译。

从归化异化角度看中国诗词古语泰译——以《习近平谈治国理政》为例

曾维浩　陈艳艳

摘要：《习近平谈治国理政》（第一卷）泰译本ยุทศาสตร์การบริหารของสีจิ้นผิง于2017年4月17日首发，给泰国各界认识中国，了解中国共产党的执政理念提供了重要窗口。本文将以美籍意大利学者、大学英语教授、专职翻译家劳伦斯·韦努蒂的归化异化为角度，探析该书中引用中国诗词古语的泰译策略及方法。通过研究分析，作者发现在《习近平谈治国理政》中的诗词古语泰译过程中，归化策略与异化策略的使用并不是二元对立的，而是交织在一起，并处在一种动态平衡的状态中。在外宣翻译中，优先使用异化策略的同时，又不忘归化策略的灵活使用，并在不同条件下运用不同翻译方法，才能达到文化功能的最大等值，从而促进中华文化在泰传播。

关键词：《习近平谈治国理政》；词古语；泰译；归化；异化

课题：本论文为广西高校中青年教师科研基础能力提升项目《〈习近平谈治国理政〉泰译研究》（项目号：2019KY0159）阶段性成果。项目资助经费2万元。

一、引言

中国诗词古语作为中华优秀传统文化的重要组成部分，更是博大精深中国文化精髓的体现。在《习近平谈治国理政》一书中，习近平总书记运用了大量的中国古典诗词对我国的执政理念进行论述，体现了中国政府对中华优秀传统文化深刻的文化自觉和文化自信，更体现了中国推行文化“走出去”战略的自觉性越来越强。特别是在当今“一带一路”倡议的时代背景下，更应抓住机遇，大力推动中华民族优秀传统文化走出国门，走向世界，增强中华文化在世界的影响力。中华文化“走出去”是国家战略，是我国外宣工作的主要手段，中译外应成为向世界说明中国，实现中国文化和世界文化汇通和融合，完成中国文化“走出去”时代重大使命的途径之一。（黄友义，2008）在外宣翻译工作中，“外宣翻译不仅是决定外宣效果的最直接因素，而且是一个国家对外交流水平和人文环境建设的具体体现”。（许峰、陈丹、殷甘霖，2012）而外宣翻译中的中国诗词翻译便是一项重要内容。

二、中国诗词古语翻译策略及方法

诗词，指的是以古体诗、近体诗和格律词为代表的中国古代传统诗歌，同时也是汉语所特有的一种有韵律的、可以含蓄表达思想及情感的特殊文体；古语，则是指古代流传下来的词语或格言警句等。

对于中国诗词的翻译，前人做了不少研究。在中国翻译理论中，严复先生提出的“信、达、雅”的翻译原则，在他的翻译标准里，“信”就是译文意义“不悖原文”。为了能“达”，译者应“将全文神理，融会于心”，“下笔抒词，自善互备”，“词句之间，时有所颠倒附益，不斤斤于字比句次”，“至于原文词理本深，难于共喻，则当前后引衬，以显其意”。为了求“雅”，严复主张“用汉以前字法句法”，反对“用近世利俗文字”。在严复看来，“信”“达”“雅”三者关系密切，缺一不可，“达”是为了“信”，“雅”是为了“达”。（姜志文、文军，2000）而许渊冲先生则就诗词翻译提出了“三美论”，即意美、音美、形美。“意美”是译诗传递原诗神韵（即有绘画美）；“音美”指译诗押韵，且音有轻重，相间如原诗之平仄（即有音乐美）；“形美”指译诗行整齐，或长短不齐如原诗（即有建筑美）。“音美”和“形美”是必需条件，而“意美”既是必需条件，又是充分条件。“意美”最重要，是根本，是目的；而“音美”和“形美”为实现“意美”服务，是前提，是手段。（王西强，2002）这些都是前辈学者对诗词翻译提出的理想化目标，给诗词翻译指引了方向和道路。但是，胡歆则指出：“中西双方在文化以及语言方面存在着很大的差异，要想100%地对原诗的意美、音美以及形美进行传达，是不可能做到的。”（胡歆，2014）而中泰两国语言及文化同样存在着差异，因此，译者在中国诗词汉译泰过程中，同样无法完全使译文保持源语原有的“三美”。

另外，对于诗词翻译的翻译策略和翻译方法，古典汉诗俄语翻译家夏志义在《论中国古典诗词的俄译》一文中明确指出：“译成外文的中国诗词，其外文应是地道的外文而不是中国式的外文。”他还认为诗词的翻译就是用地道的外语和符合格律的诗词形式使译文既能达意又能传神。（夏志义，1984）该观点更偏向于美国著名翻译理论学家劳伦斯·韦努蒂（Lawrence Venuti）提出的归化异化理论中归化的翻译思想。然而，广西民族大学外国语学院泰语副教授覃秀红在《文化翻译观视角下〈论语〉文化负载词的泰译》一文中指出：“在翻译文化负载词时，‘异化’策略的使用，能够更好地传递中国传统文化，符合文化翻译观的主张。”（覃秀红，2015）由此可见，前人对中国诗词或文化负载词翻译策略的研究结果是归化与异化两派共存，不分伯仲。

三、归化异化策略下《习近平谈治国理政》泰译本中诗词古语翻译分析

中国诗词作为中华五千年文化的精髓，是中华民族文化最精粹的载体。要想让中国文化走得更远，诗词翻译就是一项重要内容。特别是像《习近平治国理政》等政治文件、国家领导人讲话中引用的诗词翻译，更是直接向世界人民展示了中国文化的博大精深，其翻译的好坏，将直接影响各国人民对中华文化的认识和感知。

古典诗词作为中国传统文化的精华，是一个民族几千年智慧的凝结，他承载着一个民族的情感体验和价值观念。然而，在外宣翻译中的诗词翻译，应该运用什么样的翻译策略，才能更好推动蕴藏在诗词中的中华文化走出去呢？在《习近平谈治国理政》泰译本一书中有大量归化和异化的翻译实例，所达到的翻译效果也有所不同。

（一）归化策略下的诗词古语译例分析

归化策略是指在翻译时应以目的语的语言形式、表达习惯和文化传统为归宿，译者应以最切近目的语的语言表达习惯及文化传统进行翻译，以减少来源语在翻译后译文的异质感和陌生感，在实现功能对等的同时，能够让目的语读者更便于接受和理解。

例1：合抱之木，生于毫末；九层之台，起于累土。（P294）

译文：ไม้ใหญ่เกิดแต่หน่อเล็ก อาคารเก้าชั้นเกิดจากกองดิน（P347）

该句出自《老子》，意思是合抱的大树，是从细小的萌芽成长起来的，九层的高台，都是用一筐一筐的泥土堆积起来的。（李存山，2008）引喻做事都要从最基本、最细微开始，经过逐步的积累，才能有所成就。"合抱之木"指的是两臂环抱的树木，"合抱"常用来形容树身子粗大。在翻译时，若采用异化策略，这会显得译文冗长且幼稚。因此，译者在归化视角下将其译为"ไม้ใหญ่（大树）"，在忽略"合抱"意象的同时，准确表达了树木之大的意思，也更向读者靠拢，便于读者理解。"毫末"解释为毫毛的末端，比喻极其细微，在该诗句中，其所指的意思为幼小的树苗。若仍然采用异化策略，直译"毫末"之意，不利于读者和理解。在这种情况下，采取归化策，译为"หน่อเล็ก（小树苗）"，忠实原文的同时，也更易于理解。

例2：千磨万击还坚劲，任尔东西南北风。（P22）

译文：พันทดสอบหมื่นโจมตียังเข้มแข็ง มิหวั่นแรงลมพายุทุกทิศา（P26）

该句出自清代诗人郑燮的《竹石》，意思是竹子经历千磨万击身骨仍旧坚劲，任凭你刮东西南北哪个方向的风。赞颂了竹子顽强而又执着的品质，同时也表达了诗人刚正不阿、正直不屈、铁骨铮铮的骨气。在中国文化中，人们常用"东西南北"指四方、到处、各地、普天下或方向的意思。但在泰语中，"南"和"北"对应的泰语为单音节词，而"东"与"西"对应的泰语则为多音节词，在翻译时，若为凸显中华文化和汉语表达习惯而选择异化策略，译文则显得冗长。此时，采用归化策略，将"东西南北风"意译为"ลมพายุทุกทิศา（每个方向的风）"，忠实原文的同时也不会使译文生涩冗长。

例3：人间正道是沧桑。（P35）

译文：การเปลี่ยนแปลงและการพัฒนาคืนหนทางที่ถูกต้อง（P41）

"人间正道是沧桑"出自《七律·人民解放军占领南京》。"人间正道"指社会发展的客观规律；“沧桑”则指沧海变为桑田，常用来引喻发生巨大的变化，而在诗中比喻的是革命的道路艰难曲折。该句道出了人类社会的发展规律就是不断地变化。在中华文化背景下，人们常用“沧桑”比喻自然界变化很大或世事多变，人生无常，或是喻世事变化的巨大迅速，如唐代诗人储光羲在《献八舅东归》曾写道:“独往不可群，沧海成桑田。”又如，明代词人刘基在《惜馀春慢·咏子规》中写道：“沧海桑田有时，海若未枯，愁应无已。”但在翻译时，若用异化策略作为指导，直译“沧桑”之意，即“ทะเลเปลี่ยนเป็นทุ่งนา（大海还变成田野）”，在泰国文化中，并没有以“沧桑”之意比喻变化的习惯。所以，采用异化策略是较不可取的。因此，在译文中，译者运用归化的策略，以目的语为归宿将“沧桑”意译为“การเปลี่ยนแปลงและการพัฒนา（变化和发展）”，既符合原文意思，又便于读者的理解。

例4：玉不琢，<u>不成器</u>；人不学，<u>不知义</u>。（P183）

译文：หยกไม่แกะ ไม่เกิดค่า คนไม่เรียน ไม่เกิดผล（P215）

此句出自《礼记·学记》，意思就是玉石不经过打磨雕刻，就不会成为精美的器物；一个人不经过学习，就不知道礼仪，更不可能成为有用之才。这句话告诉我们一个人想要成才，就需要像玉石那样，经过精心的雕琢，才能成其美玉或者是成为一个品学兼优的人才。其中的“器”在该句中有器物之意。在中华传统文化中，“器”一字又常用于指代才能或人才。“义”在这句话中有礼仪之意，不知道礼仪则可理解为不能成为有用之才。在翻译这句话时，若将“不成器”与“不知义”进行异化处理，译为“ไม่เป็นสิ่งของ”和“ไม่รู้มารยาท”，在泰国文化视角下，将容易使读者产生误解。因此，采用归化处理则更为妥当。在译文中，译者分别将“不成器”与“不知义”译为“ไม่เกิดค่า（不产生价值）”和“ไม่เกิดผล（不结果）”，忠实原文的同时也更便于理解，使译文简洁明了又对仗工整。

通过上述例子我们不难发现，在对《习近平谈治国理政》一书中的诗词古语进行泰译时，往往遇到下述情况时，需考虑运用归化策略：一是带有浓厚的中国特色的表达、承载着深厚的中华文化的文化负载词或表达；二是这些文化负载词或表达在泰语或泰国文化中有所空缺；三是这些文化负载词或表达用泰语直译出来过于冗长或不符合泰语表达习惯。但是，外宣翻译的诗词翻译采用归化策略方便目的语读者阅读理解的同时，却不利于宣扬中华的传统文化，这是归化策略无法避免的。

（二）异化策略下的诗词古语译例分析

相比归化策略，异化策略则强调以源语为中心，并适度放弃目的语的表达习俗和惯例，借用来源语固有的语言文化素材来表达源语的意思，实现源语的语用意图，保留源语文化和语言的异质感，以促进源语文化在目的语国家更好地传播。

例5：思皇多士，生此王国。王国克生，维周之桢；济济多士，文王以宁。（P127）

译文：ขอให้ขุนนางที่มีความสามารถมากมายกำเนิดในดินแดนของบ้านเมือง บ้านเมืองจะเจริญรุ่งเรือง ขุนนางที่มีความสามารถจะเสมือนเสาหลักของบ้านเมือง ผู้มีความรู้ความสามารถมารวมตัวกันมากมาย เหวินหวังสุขสงบใจ（P148）

该句出自《诗经·大雅·文王》，歌颂的是周王朝的奠基者文王姬昌。这几句诗的意思是说，想到周王朝如此众多杰出之士，都产生于本朝。周王朝能够长命不衰，全靠维护周王朝的这些栋梁之才。有如此众多济济一堂的贤才之士，周文王便可和乐安宁了。“桢”一字原指坚硬的木头，古代打土墙时所立的木柱，多用于皇宫的立柱，也泛指支柱，喻能胜重任的人。译者采用异化策略，将“维周之桢”译为“ขุนนางที่มีความสามารถจะเสมือนเสาหลักของบ้านเมือง（有能力的官员犹如国家的支柱）”，保留了“桢”的意象，体现了中华传统文化常用“支柱”这一意象比喻人才的习惯。诗中的“文王”姓姬，名昌，为周王朝的缔造者。译者同样采用异化策略，将“文王”音译为“เหวินหวัง”，保留了中国特色，也给读者保留了异国情调。

例6：我劝天公重抖擞，不拘一格降人才。（P128）

译文：ข้าขอเตือนพระจักรพรรดิพึงระวังให้จงหนัก คัดเลือกผู้ที่มีความสามารถโดยไม่เคร่งครัดในกรอบ（P149）

该句出自龚自珍《己亥杂诗》，在这首绝句中，诗人对清朝末年扼杀生机、抑制思想而导致万马齐喑的局面表示十分的悲痛，并大声疾呼，要振兴国家，挽救国家危亡，就要依靠立志改革的贤能之士。该句的意思是我奉劝天帝（这里是指朝廷皇帝）能重新振作精神，不要拘守一定规格而降下更多的人才。众所周知，在古代的中国，在政治上实行的是中央集权的君主专制制度，皇帝具有至高无上的权力；在古代泰国，虽也实行君主专制制度，但泰国民众对国王的称呼多为“กษัตริย์”“พระเจ้าแผ่นดิน”“ในหลวง”抑或是“พระราชา”等。译者将“天公”一词译为“พระจักรพรรดิ（皇帝）”，是异化策略指导下的译法，因为“พระจักรพรรดิ”对于泰国读者来说是具有浓厚中国特色的，这也更有利于中华文化的传播。

例7：声亦如味，一气，二体，三类，四物，五声，六律，七音，八风，九歌，以相成也。（P262）

译文：ดนตรีก็เฉกเช่นรสชาติ ประกอบด้วย หนึ่ง ลมเป่าเครื่องดนตรี สอง ท่ารำสาม สามองค์ประกอบในคัมภีร์ซือจิง สี่ เครื่องดนตรี ห้า บันไดเสียงโบราณทั้งห้า หก ทำนองเสียงทั้งหก เจ็ด บันไดเสียงทั้งเจ็ด แปด ลมแปดทิศ เก้า คุณธรรมเก้าประการ（P310）

该句出自《左传》，意思是说：声音就像味道，由一气，二体，三类，四物，五声，六律，七音，八风，九歌相辅相成。一气，指空气。二体，古代舞蹈中的文舞与武舞两种体态。三类，古代《诗经》所含的风、雅、颂三部分。四物，指演奏使用的乐器为四方的形状。五声，指古曲中的宫、商、角、徵、羽五个音阶。六律，指的是黄钟、太簇、姑洗、蕤宾、夷则、无射，用来确定声音高低清浊的六个阳声。七音，即宫、商、角、徵、羽、变宫、变徵七种音阶。八风，指的是八方之风。九歌，指可歌唱的金、木、水、火、土、谷、正德、利用、厚生九功之德。（张帅、程开元，2014）在该诗句中，蕴含着众多中国古典音乐专业术语，译者采用异化策略，并使用直译方法和增译技巧，将“气”“体”“类”“物”“声”“律”“音”“风”“歌”直译，并采用增译的方法加以简单解释，不仅保留了中国特色，也在一定程度上较少了读者在阅读时的异质感。但是，对于“五声”和“七音”的翻译，译者将其译为“บันไดเสียงโบราณทั้งห้า（五个古代音阶）”和“บันไดเสียงทั้งเจ็ด（七个音阶）”，可能会使读者产生疑问：两者有何区别吗？因此，若在笔译中对其加注进行具体解释，可减少误解，有利于传播中国古典音乐文化。

例8：合抱之木，生于毫末；九层之台，起于累土。（P294）

译文：ไม้ใหญ่เกิดแต่หน่อเล็ก อาคารเก้าชั้นเกิดจากกองดิน（P347）

该句前半部分在上文已进行具体分析（详见例1），但对于后半句中的“九层之台”，译者则采用了归化的策略，译为“อาคารเก้าชั้น（九层的建筑）”。在古代，“九”被认为是最大的数字。自古以来，在中国就有用“九”表示多次或多数之意，所以“九层”很容易让人联想到建筑之高大。译者未参照前半句中“合抱之木”的译法译为“อาคารสูง”，也是保留了“九”这个数字的在中国文化的地位和含义，让泰语读者对中华文化有了更进一步的了解。

通过对上述采用异化策略的译例分析，对于政治性文件中的诗词泰译，在遇到典型的中华文化负载词或者中国式的表达时，在直译成泰语较为简洁且不易产生误解和歧义时，还应该优先考虑使用异化的翻译策略。在异化策略的指导下，可运用直译、音译、直译加注等多种翻译方法，以最大限度达到文化等值效果，同时也有效地推动了中华文化在泰的传播，促进中泰文化的交流与融合。

四、结语

通过以上分别采用归化与异化策略的译例分析，作者发现，归化与异化策略的使用在外宣翻译的诗词翻译中各有其利弊。归化的翻译策略会对源语作品和源语文化造成一定程度扭曲，不利于源语文化在目的语国家的传播，但是它也更利于目的语读者对作品的阅读和理解，更易使目的语读者接受。然而，异化的翻译策略则能更好地保留源语的文化因子，推动源语文化的传播，同时也在一定程度上推动目的语本土语言和文学的更新变革，从而促进文化的交流与融合。但是异化的翻译策略的运用在增加译文异质感的同时，却不如归化策略的运用那般容易让目的语读者理解和接受，甚至不恰当的异化处理还可能会使目的语读者对作品产生误解。

然而，作者发现，在《习近平谈治国理政》诗词泰译过程中，对于诗词古语中某个文化负载词，而这个文化负载词在泰语中没有对应词，或是对应词过于冗长，可以采用归化策略。而就整句诗句而言，采用的则是异化策略。因此，归化策略与异化策略并不是简单的相互对立、相互排斥的，而往往是相互融合，相互交织、相互贯通的，并处于一种动态平衡的状态中。但是，作为外宣翻译中的诗词翻译，异化策略的使用能更好地向泰语读者传递中华文化。因此，在外宣翻译的诗词翻译中，应在优先考虑使用异化策略的同时，又不忘归化策略的灵活运用。归化与异化在不同情况下的合理使用，两者才能相辅相成、相得益彰、相互促进，最终达到文化功能最大限度地等值。

参考文献

[1]黄友义.发展翻译事业 促进世界多元文化的交流与繁荣[J].中国翻译，

2008，29（04）：6–9+94.

[2]许峰，陈丹，殷甘霖.外宣翻译的传播模式与古诗词翻译策略——以温家宝总理“两会”记者招待会为例[J].中国地质大学学报（社会科学版），2012，12（05）：81–85.

[3] 姜志文，文军.翻译标准论[M].成都：四川人民出版社，2000.

[4] 王西强.浅议许渊冲古诗英译“三美论”在翻译实践中的得失[J].陕西师范大学学报（哲学社会科学版），2002（S3）：328–333.

[5] 胡歆.不同文化背景下的诗词翻译原则探讨[J].湖北经济学院学报（人文社会科学版），2014，11（09）：126–127.

[6] 夏志义.论中国古典诗词的俄译[J].北京师范大学学报，1984（06）：60–68.

[7] 覃秀红.文化翻译观视角下《论语》文化负载词的泰译[J].广西民族大学学报（哲学社会科学版），2015，37（03）：166–170.

[8] 李存山.老子：国学经典[M].郑州：中州古籍出版社，2008.

[9] 张帅，程开元.左传[M].济南：山东画报出版社，2014.

作者简介

曾维浩，助教，北部湾大学国际教育与外国语学院，主要研究领域：汉泰互译、汉泰语言文化对比。

陈艳艳，讲师，博士，广西民族大学东南亚语言文化学院，主要研究领域：汉泰语言对比与翻译。

功能对等理论视角下*Người sót lại của rừng cười*汉译本翻译方法的研究

刘梦梦

摘要：美国语言学家、翻译家、翻译理论家尤金·奈达提出的功能对等理论对翻译实践起到了指导性作用。功能对等是指在翻译实践中，不一味地追求逐字翻译，而是要在两种语言之间达成功能上的对等。文章从功能对等理论视角出发，对越南短篇小说 *Người sót lại của rừng cười* 汉译本《笑林中的幸存者》进行词汇、句子和风格层面的研究，通过具体例子分析汉译本与原作的功能对等程度，并总结译者采用的翻译方法。

关键词：功能对等；《笑林中的幸存者》；汉越翻译；翻译方法

一、引言

著名翻译理论研究学者谭载喜在《奈达和他的翻译理论》中指出奈达在《翻译科学探索》一书中提出了“形式对等”和“动态对等”翻译理论，形式对等侧重信息本身所表达的内容和形式。所谓动态对等翻译，是指从语义到文体，在接受语中用最切近的自然对等语再现源语的信息。在动态对等翻译中，译者着眼于原文的意义和精神，而不必拘泥原文的语言结构，即不必拘泥于形式对应。按照奈达的定义，动态对等翻译不等于传统上的“自由翻译”或“活译”，因为动态对等翻译有严格要求，它要求译文在不同的语言结构里尽可能圆满地再现原文意旨，而自由翻译或活译则没有此种要求，自由翻译往往是译者毫无节制地自由发挥。之后不采用“动态对等”一说，而用“功能对等”取而代之，从而使含义更清楚。相比之下，我们认为“功能对等”一说更为科学，更具说服力。语言的“功能”是指语言在使用中所能发挥的言语作用；不同语言的表达形式必然不同，不是语音、语法不同，就是表达习惯不同，然而它们却可以具有彼此相同或相似的功能（谭载喜，1989：32–34）。

中越两国山水相连，双方在不断扩大政治、经济领域合作的同时，文化领域的交流也不断深入，不少优秀的越南文学作品进入中国市场，其中小说和诗歌居多。文学是一个国家精神和民族文化的集中体现，不同民族通过文学作品进行文化交流和碰撞。文学翻译是一个尤其重要的领域，具有较高的翻译研究价值和良好的发展前景。

《笑林中的幸存者》（*Người sót lại của rừng cười*）是越南作家武氏好（Võ Thị Hảo）的作品，是越南战争题材中非常著名的一篇短篇小说。小说讲述了在越南抗美战争时期，五个女孩子在深山里管理军需仓库，疾病和孤独不仅折磨着她们的身体，还折磨着她们的灵魂，慢慢地，女孩儿们患上了一种“狂笑病”，会经常发出可怕的笑声，所以她们生活的林子被称为“笑林”。在相处过程中，阿草经常与战友说起她和男友阿诚之间浪漫而美好的爱情故事。战友们都很羡慕阿草，因为阿草有属于她的白马王子，是她们当中最幸福的女孩儿。最后四个女孩儿都牺牲了，只有阿草幸存了下来。几年后阿草回到了学校读书，但是经历过残酷战争折磨的她一直没有办法融入当时的生活。她活在“笑林”苦痛而执着的日子里，怀念逝去的战友。阿草与男朋友阿诚也回不到过去了，最后阿诚跟别的女孩儿结婚了，阿草也离开了学校。原本是五个女孩子中最幸福的阿草，最后她的幸福却没有幸存下来。

“笑林”听起来像是一个充满欢乐和幸福的地方，实际上却是由战争造成的残酷血腥之地，小说表达了作者对战争掠夺人民自由和幸福的批判。武氏好在《笑林中的幸存者》中的创作手法、灵感等方面都极具个人特色，因此深受越南民族的喜爱。这篇小说也是越南语学习者必读的经典文学作品，国内也有很多越南语研究方向的老师如祁广谋教授、余富兆教授等都翻译过此篇小说。文章选取余富兆教授翻译的汉译本，从功能对等理论视角出发，从词汇、句子和风格层面进行研究，具有一定的研究意义。中越两国在文化领域硕果累累，文章是笔者在小说翻译探析的一个小起点，希望在此基础上秉持谦虚谨慎的态度继续前行。

二、汉译本《笑林中的幸存者》与原作的对等比较

（一）词汇翻译

在翻译过程，要准确理解原作中词汇的含义，才能做到准确翻译，以达到译本和原作在词汇层面的对等。下面选取《笑林中的幸存者》中具有代表性的一些词语进行分析。

例1：

原文：Mà chỉ những ai đã từng qua chiến tranh, trải nỗi cô đơn đặc quánh, qua cảm giác đang cựa quậy giữa chốn giáp gianh, giữa địa ngục và trần gian mới hiểu nổi.

译文：只有那些经历过战争、经历过极度孤独而且正在地狱与人间的交界处挣扎的人才能切实体会到。

“đặc quánh”的意思为：浓稠、稠密、黏稠，“cô đơn đặc quánh”指孤独浓稠、黏稠，即极度孤独，译者采用了意译的翻译方法，更能引起译入语读者的共鸣。译文表达了除阿草以外，其余四位女生还未拥有过美好的爱情，所以她们才如此羡慕阿草，羡慕她曾与心爱的人生活在充满希望和阳光的和平日子里。让读者明白只有经历过黑暗、极度孤独的丛林生活，才会更加向往和平、绚丽多彩的日子。译文实现了词汇的对等，使译入语读者能理解原作的意思。

例2：

原文：Cuối cùng đến lớp sương mù lung linh huyền ảo của ký ức Thảo, hiện lên như một chàng hoàng tử hào hiệp thủy chung.

译文：那名帅小伙最终穿越过阿草记忆中朦胧的薄雾，以一个用情专一而又豪放侠义的白马王子形象出现在姐妹们面前。

“hào hiệp”（豪侠、仗义）和“thủy chung”（忠诚、专一）是汉越词，译文采用了直译的方法，实现原文与译文的功能对等。译文描写五个女孩儿心中用情专一而又豪放侠义的白马王子形象，突出这份美好的爱情成为阿草在战争中坚持活下去的希望，也表达了战友们对阿草拥有美好爱情的羡慕之情，刻画了女孩儿们在“笑林”中经历了战争和孤独的绝望后对爱情的一种期盼和渴望。这里对阿诚白马王子形象的描写，与后文他爱上别的女孩儿，成为负心汉形成了鲜明对比，更让读者同情阿草的经历，感慨战争的残酷。

例3：

原文：Rồi anh nhảy ba bậc một lên chòi canh kho.

译本：之后，阿轩一步三个台阶，快速登上了高脚屋。

“nhảy ba bậc một”意为“一步跳三个台阶”，译文采用了直译的方法，符合汉语的表达习惯和思维习惯，把原著中直观、生动的场景传达给读者，从“一步三个台阶”中读者可以清晰感受到，当那个士兵被“笑林”中一个赤身裸体的女孩儿抱着时内心的恐慌之情。直译是尽可能完整保留原文的语言风格、修辞的翻译方法。直译的语言效果与原文相近，在汉越翻译里，直译很大程度上是汉越词直译法，因为越南语在发展的过程中受汉语文化影响较大，所以很多汉语词汇在越南语里都能找到对应的汉越词表达，这也是汉越语言文化的重大特点之一。

例4：

原文：Những trận sốt rét nhập môn cho người ở rừng.

译文：初来森林的人谁也躲不过的一种下马威式的疾病。

“Nhập môn”是入门、启蒙的意思，译者采用意译的方法译为“下马威式”，泛指一开始就向对方显示威势。由于受到战争的影响，丛林的溪水都是发黑的，在丛林管理军需仓库的四位姑娘头发都快掉光了。在迎接阿草到来时，看到阿草浓密的秀发她们都很开心，决心要好好呵护阿草的长发。无奈森林的力量太强大，不论她们怎么做，过了两个月阿草的头发也掉得跟她们差不多了。译文表达了森林生活的荒凉和残酷，刚来的阿草也没能躲过疟疾的危害，采用意译的方法实现了译文与原文的信息对等。

例5：

原文：Người ta kết luận rằng Hiên có tư tưởng dao động, sặc mùi tiểu tư sản.

译文：人们就是凭着这几行字，给阿轩下了结论：思想动摇，小资产阶级思想严重。

“sặc mùi”意思是散发出很浓重、难闻的气味，译者采用意译的方法，将其译为“严重”，表示人们认为阿轩的言行散发出很浓重的小资产阶级味道，即小资产阶级思想严重，正确传达原文含义，实现功能对等。

例6：

原文：Đừng ác khẩu thế cô bé !

译文：你的嘴太厉害了，我的小姑奶奶！

“cô bé”原义指小女孩儿、小姑娘，这里译者根据语境采用意译的方法译为“小姑奶奶”。阿草从战场上回来，男朋友阿诚到火车站接她。时隔多年未见，当阿诚看到阿草憔悴、瘦小、眼神茫然的形象，他感到十分惊讶。阿草感受到他看自己的眼神，自尊心受创，羞愧又愤怒。两人展开了不是很愉快的对话。阿诚为了挽回过错，称阿草为“小姑奶奶”。从译文可以让读者感受到阿诚对阿草无可奈何、呵护宠溺甚至有点儿害怕的语气。译文十分符合原作语境，表现原文人物的语气和情感。

词语是构成信息的基础，虽然中越文化相通，但是两国仍然存在一定程度的文化差异，汉语与越南语的词语在情感表达和语义上有很多不同。从上述的词语分析来看，译者根据原作上下文语境，主要采用直译和意译的方法，以达到译本和原作在词汇层面的对等，忠实传达原文的含义和情感。

（二）句子翻译

词语是组成句子的基础，句子能够较全面传达信息。汉语与越南语的句子、语法结构都存在较大差异。汉语以短语为主，越南语以长句为主。越南语句式是中心语前置、定语后置的结构，与汉语相反。因此在翻译实践中，要做到正确、忠实地传达原作的意思，可以采取顺译、倒译、拆分等方法翻译句子，以达到译本和原作在句子层面的功能对等。

例7：

原文：Hiên khóa chốt an toàn, cầm ngang khẩu súng, đột ngột lao tới đạp mạnh vào cửa chòi, gân cổ quát lớn.

译文：于是他扣上保险，端着枪，猛踢高脚屋门，伸长脖子，大声呵斥。

当越南语句型结构与汉语句型结构无太大差异时，可以直接顺译，可以避免在语言转换和表达中信息的遗漏。这句话描写士兵阿轩为了治疗“笑林”中患了“狂笑病”的女孩儿而采取的办法，在阅读时方便译入语读者脑海里清晰浮现出画面，自然流畅地传达了原文的含义，实现译文与原文的信息对等。

例8：

原文：Bốn cô gái không chống chọi nổi đã dành viên đạn cuối cùng cho mình để tránh ô nhục.

译文：四个小姑娘打不过为数众多的敌人，为了免遭凌辱，她们把最后一粒子弹留给了自己。

与顺译相反，在翻译的过程中，需要对原文的语序进行调整，即在翻译的时候可将前一部分移到后面，或将后面部分移到前面，这种翻译方法称为倒译或逆译。如果按照原文顺译句子的意思为：四个小姑娘打不过为数众多的敌人，她们把最后一粒子弹留给了自己，为了免遭凌辱。这样不符合汉语的表达习惯，像译文的表达就更通畅，也能准确传达原文的意思。

例9：

原文：Nhưng sau vài tháng, thấy cứ mỗi chiều thứ bẩy, Thảo lại lên văn phòng khoa nhận về một phong thư dầy cộm với dòng chữ nắn nót đề ngoài :“Thương yêu gửi em Mạc Thị Thảo”.

译文：但过了个把月，阿诚发现每到星期六下午，阿草都到语文系办公室取回一封鼓鼓囊囊的信，信封上用工整的字迹写着“亲爱的莫氏草收”。莫氏草是阿草的正式姓名。

译者在翻译的时候，增加了“莫氏草是阿草的正式姓名”，采用增译法实现原文与译文的信息对等，因为原作前文也没有提到阿草的正式姓名，这就为下文阿诚相信阿草真的是个负心的姑娘，经常收到新男友的信做铺垫，易于译入语读者理解原作的内容。

例10：

原文：Anh ta không bị kiểm thảo là may rồi !

译文：不批判他就算是幸运了。

原文的意思为：他没有被批判就算是幸运的了。越南语表达中经常会使用被动语态，而在无主语的很多情况下，汉语更习惯用主动句式表达。因此，在译文中译者采用了变换句式的方法，将被动句换成主动句，符合译入语读者的用语习惯，实现了句子层面的信息功能对等。

例11：

原文：Cái ngày ấy là một trong những đốm lửa sáng nhất giục giã cô cố nhoài ra khỏi cuộc sống hoang dã chốn rừng sâu.

译文：这是促使她在深山老林中坚持奋斗，战胜荒野生活得最为明亮的火光之一。

越南语表达以长句为主，而汉语表达以短句为主，在上例中，译者把一句长句拆分为两个短句，使得语义更加清晰明了，让译文更加具体、形象，实现原文与译文的信息对等。译文的表达更能引起读者的共鸣，让感受到阿草希望能在这场残酷的战争中活下来，回到阿诚身边，与他继续幸福的生活，但事与愿违，更让读者感到惋惜与难过。

例12：

原文：Các cô gái đã lần lần xa lánh cô. Họ coi Thảo như một ổ dịch.

译文：姑娘们渐渐像躲避瘟疫似的疏远了她。

原文是两句小短句，译者在译文中采用了合句法，使句子更加符合汉语的表达方法，简练且完整表达意思，实现原文与译文的功能对等。译文的表述使得译入语读者对阿草的遭遇产生深深的同情。

综上所述，在句子的翻译上，译者主要采用了顺译、倒译、增译、变换句式、拆分法、合句法等方法，忠实且准确地表达了原作的意思，译文的表达也自然顺畅，实现了功能对等。

（三）风格对等

小说的风格特点是作者作品个性创作的一大特点，在翻译时，除了考虑词语、句子层面的准确性，还要考虑到译作整体风格与原作的风格对等，为了更好地传达原作的内容和意境。文章主要从修辞手法方面对译作的翻译风格进行分析。

1.比喻

例13：

原文：Thảng hoặc cũng có những người lặng lẽ chiêm ngưỡng họ như những nữ hoàng, chăng vào lòng những cô gái bé nhỏ chút hy vọng mơ màng vương vấn như tơ nhện rồi thoắt biến, cho các cô gái càng thấm thía nỗi cô đơn.

译文：有时也会有人像瞻仰女皇那样静静地望着她们，使姑娘们产生某种憧憬和希望。这种情愫像蜘蛛网似的缠绕在她们身上，男人们的迅速消失使她们更加惆怅，倍感孤单。

“họ”意为“她们”，“như”是比喻词“像”，“nữ hoàng”意为“女皇”，整句话译为“她们像女皇一样”，译文保留了原文的句式和修辞手法，实现翻译风格层面的对等。描写了战争中的青年为了国家，一心想要赢得胜利，结束这样残酷、血腥、孤独的生活。他们向往和平，向往美好的爱情。原文中士兵们将“笑林”中的女孩儿们比喻为女皇、将情愫比喻为蜘蛛网，体现了士兵对爱情的一种期待。

例14：

原文：Và từ trong đám tóc rối ấy lẩy ra hai giọt nước mắt trong veo và rắn câng như thủy tinh, đập mãi không vỡ.

译文：然后从乱发中取出了两颗像玻璃一样坚硬的晶莹剔透的泪珠，无论怎么砸都砸不碎。

“nước mắt trong veo và rắn câng như thủy tinh”意为“眼泪像玻璃那样晶莹剔透、坚硬”，描写了阿草回到了现在的生活，但是她经常做噩梦，在梦里看看自己的头发大把大把脱落，梦见战友牺牲的画面。阿草一直梦见始终砸不碎的泪珠，是因为她无法融入当时的环境，她怀念牺牲的战友，忘不了“笑林”中残酷而血腥的回忆，她放不下也逃不了。译文也保留了原文的句式和修辞手法，让译入语读者更能切身感受阿草内心的痛苦与挣扎，实现原文与译文的翻译风格对等。

例15：

原文：Lá báng súng vàng vung đầy trời tơi tả như đàn bướm bị bão.

译文：枯黄的树叶像狂风中的群蝴蝶似的漫天飞舞。

“Lá như đàn bướm”意为“树叶像蝴蝶一般”，译文保留了原文比喻的修辞手法，便于译入语读者的理解，实现了翻译风格的功能对等。译文描写树叶像蝴蝶一样在狂风中飞舞的场景，烘托出当时阿诚内心的混乱和自责的复杂心情。当他知道阿草并没有背叛自己，而是为了让自己心安理得地与别的女孩儿在一起而编造了谎言，对比自己的自私、懦弱和背叛，阿草的洒脱、勇敢与无私更让他后悔，也让读者感到惋惜。

2.排比

例16：

原文：Với một thân hình tàn tạ bơ phờ, mắt mộng du, tay cầm cành liễu ? Hay với bộ quần áo nâu sồng, tay chắp trước ngực : « A di đà Phật ! » ? Hay một bà chủ sang trọng, tay đầy xuyến và nhẫn ? Hay một phóng viên đầy tài năng vừa từ Sài Gòn bay ra ?

译文：是手持柳枝、带有梦游者眼神的憔悴瘦弱的少妇？是身穿褐色衣服、双手合十、口念“阿弥陀佛”的尼姑？还是穿金戴银的阔绰的女老板？抑或是刚从西贡飞过来的一位才华横溢的女记者？

“Với、hay”是表示列举的词语，原作中没有“少妇”“尼姑”这两个词语，译者在译文中增加了以上两个词语，采用增译法使得语义更加完整，句式清晰有条理。该例描写五年后在同学聚会上，阿诚期待阿草出现的想象。无论她以何种身份出现，阿诚只想要一个表达歉意的机会。但事与愿违，阿草没有再出现，就像那只生活在悬崖上的血燕，当它吐出血丝编织成燕窝，最后会撞向峭壁让自己粉身碎骨。这也暗喻了他们两个的情感也真正结束了，不会再有任何生机。作者采用了排比的方法表现阿诚的期待，译者也保留了原文的修辞手法，准确表达原文的意思，实现了功能对等。

在修辞手法上，译者主要采用顺译和增译的方法保留原文的修辞，准确传达原文的意思，译文表达自然流畅，实现译作和原作上修辞翻译风格的对等。

三、结语

小说翻译是不同国家进行文化交流的重要手段。在翻译实践中，需要最大程度寻求两种语言之间功能上的对等，便于译入语读者读懂原传达作的情感，与作品进行更加深刻的交流。文章以奈达的功能对等理论为指导，对越南短篇小说*Người sót lại của rừng cười*汉译本《笑林中的幸存者》进行词汇、句子和风格层面的研究。从上述的分析可知，在词汇、句子和风格层面，译者主要采用了直译、意译、顺译、倒译、增译、变换句式、拆分法、合句法等翻译方法，忠实且准确地表达了原作的意思，译文的表达也自然顺畅，实现了功能对等。也可以看出，翻译上要实现完全对等是非常难的，所以译者应选取合适的翻译方法实现最大程度的功能对等，使得译入语读者与原文读者获得相同的感受。尽管中越山水相连、文化相通，但是汉越翻译也并非易事。想要成为一位优秀的译者，我们要学习前人的精神和优秀品质，不断学习、不断提升，才能更好成长。学无止境，气有浩然。翩然行舟于学海，能有所得便不虚此行。

参考文献

[1]奈达.语言文化与翻译[M].严久生译.呼和浩特，内蒙古大学出版社，2001.

[2]谭载喜.奈达和他的翻译理论[J].上海外国语学院学报，1989（5）：32–34.

[3]王佳.从功能对等理论看《爱玛》的翻译[J].英语广场，2014（10）：31–33.

[4]张欣，谌莉文.功能对等理论下美国小说的翻译与鉴赏——以《瑞普·凡·温克尔》节选为例[J].现代语文，2014（9）：154–155.

[5]曾喆.功能对等理论视角下《樱桃园》汉译本对比分析[J].今古文创，2020，（48）：75–76.

[6]张筑依.功能对等视角下的《中国园林》英译本研究[J].英语广场，2021（4）：12–16.

作者简介

刘梦梦，广西大学外国语学院20级越南笔译研究生。

《金阁寺》译本翻译策略对比
——以林少华版、陈德文版为例

刘明轩

摘要：三岛由纪夫重要的代表作《金阁寺》基于真实事件改编，借助其故事性和美学层面的魅力，被称为三岛文学的最高水准、三岛美学的集大成之作。本文主要从“信”与“达”以及“归化”与“异化”这两个角度对《金阁寺》中译本中的女性和性相关的翻译进行着重分析，分析林少华版和陈德文版译本采取的不同翻译策略，以求更好地理解两版翻译策略对于其读者接受的作用。

关键词：《金阁寺》；女性与性；翻译策略

一、引言

本文的研究对象包括两版《金阁寺》中译本和日语版原著。本文先主要从“信”与“达”以及“归化”与“异化”这两个角度对《金阁寺》中译本中的女性和性相关描写的翻译进行分析，找出译者在翻译策略和翻译风格上的特色。心理描写在原著中占比很高，构成了主体部分并推动着读者和主角视角的推进，主角的心理路程又始终与女性和性以及金阁寺有着紧密的联系，这两个方面的意象在文中偶尔平行或偶尔相交，对于构建人物形象和表达主题思想具有明显的重要性。

二、对于女性和性的翻译

在整个作品中主角的心理始终受两个概念影响：女性与性、金阁寺，同时主角心理的变化又会反映在对二者的心理活动上，二者作为时而平行时而交叉的概念带动着文章的剧情发展。文中女性的形象始终与主角的性幻想相联系，其中主角第一位性幻想的对象“有为子”作为象征性概念贯穿全文，这一象征的变化与主角心中的“金阁寺”和“美”的变化呈现直接的相关关系，而“金阁寺”与“美”是原作思想的重要象征，因此分析女性和性相关情节的作用和翻译对于理解原作主题思想有重要意义。下面将分析女性与性相关描写的翻译，并思考其对人物形象和读者反应产生的效果。

（一）女性相关描写的翻译

【例1】

原文：嫉みの深い女は、有為子がおそらくまだ処女であるのに、ああいう人相こそ石女の相だなどと噂した。（P13）

林译：嫉妒心重的女人说她一副地道的石女相，尽管她可能还是处女。（P8）

陈译：那些爱争风吃醋的女人，都说有为子是处女，单从长相上看，有为子生来就是个石女相。（P005）

本例中的重点在于对“石女の相”一词的处理，原作注释中对于“石女の相”解释为“子供を産むの能力のない女”，原文被形容为石女的是有为子，此段出自对她的第一次介绍。对于这一出自面相学的概念，两版译本虽都采取异化的策略，但均未给予注释，未能帮助读者理解这里“石女”与“处女”二者逻辑上的对立关系。陈译本不仅没有注释还减译了其中的转折关系，使得原本有冲突的两个概念显得处于递进或平行关系。

【例2】

原文：月や星や、……有為子の裏切りの澄明の美しさは私を酔わせた。彼女は独りで、胸を張って、この白い石段を昇ってゆく資格があった。その裏切りは星や月や鉾杉と同じものだった。……『裏切ることによって、とうとう彼女は、俺をも受け容れたんだ。彼女は今こそ俺のものなんだ』（P23）

林译：月亮，星星……衬托出有为子背叛行为那玉洁冰清的美。这种美使我感到心醉神迷。她具有孤身挺胸登上这白色石级的资格。她的背叛，同星星同月亮同尖顶杉并无区别。……通过背叛，她终于也接受了我，此时此刻她才是属于我的。（P13）

陈译：月、星……万物之中，有为子的叛逆的澄明的倩影使我迷醉。她有资格独自挺胸登上这白色的石阶。这个叛逆和月、星、矛杉化为一体。……“由于叛逆，她终于接受了我。她现在就是我的人了。”（P010）

本例为主角对有为子登上楼梯的描述，与主角随后发现其打算殉情时的否定评价成鲜明对比。首先是对于“鉾杉”一词，林译本采用已存在的学术名称，属于归化译法。而陈译本采取的是直译，但“矛杉”一词并不属于已有的称呼。对于“澄明”，林译实际上是改译为表达品质高尚的“冰清玉洁”，而陈译选择归化的翻译并保持原意。不过，两版译本的翻译都是正确的，正如经济学家徐思远（2014：7）指出的“背叛使有为子成了与有口吃的主人公一样的不完美的存在，因此他打心眼儿里认同着有为子的背叛行为”，所以虽然后面沟口对于殉情的有为子加以抨击，但他在这里的措辞仍然应该是褒义的。对于双引号，林译改为破折号，强化了情感表达，而陈译选择不做更改。对于引号内的“も”和“こそ”，林译选择保留，而陈译均选择减译，在情感表达上有所弱化。

【例3】

原文：『あれは、一体、生きてるんやろか』『僕も今そう思っていたんだ。人形みたいだなあ』（P66）

林译：“那到底可是活的？”“我也那么想。活像偶人。”（P37）

陈译：“她到底是不是活人？”“我也在怀疑呢，好像是个偶人。”（P032）

本例出自主角和鹤川对一名美丽女性的讨论，其中对于“人形”一词，两版译本都选择了归化的翻译。

【例4】

原文：女は姿勢を正したまま、俄かに襟元をくつろげた。私の耳には固い帯裏から引き抜かれる絹の音がほとんどきこえた。白い胸があらわれた。私は息を呑んだ。女は白い豊かな乳房の片方を、あらわに自分の手で引き出した。……私はそれを見たとは云わないが、暗い茶碗の内側に泡立っている鶯いろの茶の中へ、白いあたたかい乳がほとばしり、滴たりを残して納まるさま、静寂の茶のおもてがとの白い乳に濁って泡立つさまを、眼前に見るようにありありと感じたのである。（P66，67）

林译：端坐的女性突然打开自己的衣襟。丝绸衣料在紧紧扎着的宽带下面发出被拉拽的声响，我几乎都听得真真切切。雪白的胸露出来了。我屏住呼吸。女子用自己的手将一只白嫩丰满的乳房整个拉出。……我不能说我看见了，我只是感觉眼前历历出现这样的场面：温暖的白色乳汁一泄而出，直朝深色茶碗内褐绿色茶水中连连射下，于是静寂的茶水表面泛起乳白色的泡沫。（P37）

陈译：女子摆正姿势，蓦地解开前襟。我的耳边几乎听见从坚挺的腰带抽出绢衣的声音。雪白的酥胸显露出来。我一下子惊呆了。女子用自己的手托出一侧肥白的乳房。……我不能说全都看见了，但能感觉到眼前的情景历历如绘：深色的茶碗里泛起嫩绿的泡沫，注入了白色而温热的乳汁。她收回乳房，乳头仍沾着淋漓的奶水。静寂的茶水表层混合着奶汁，又泛起浑浊的泡沫。（P033）

本例的场景深深刺激了主角的精神世界，该女性角色因此又被主角看作已死的有为子的“转世”。对于“絹”，林译采取将其译为上位词“丝绸”，而陈译选择直译成“绢衣”。对于“乳房”和“胸”的定语，两版译本都选择了直译，其中陈译的“肥白”一词更加粗俗，却更为贴合主角当时震惊又兴奋的情绪以及主角对于女性保有性冲动的思想状态。这是因为主角沟口是一个放荡不羁的青年，其内心独白的翻译中采用谦逊斯文的语言是不妥的（徐思远 2014：25）。在例文后半段中，两版译本差别较多。对于“ほとばしり”，林译不仅直译而且增译了副词“连连”，而陈译选择仅仅译为“注入”，在词义上削减了动作的速度和力道。对于“鶯いろ”，林译选择直译，但陈译又选择减译。但对于明显属于特写镜头的“滴たりを残して納まるさま”，林译选择整个减译删除，但陈译又选择了保留，将原文的词组译为中文的短句。

（一）性的相关描写的翻译

【例5】

原文：有為子の体を思ったのは、その晩が初めてではない。折にふれて考えていたことが、だんだん固着して、あたかもそういう思念の塊のように、有為子の体は、白い、弾力のある、ほの暗い影にひたされた、匂いのある一つの肉の形で凝結して来たのである。（P14）

林译：想起有为子的身体，今晚并非第一次。平日也不时想起，并渐渐习以为常。而有为子的身体便也如同我这思念的块体一样，凝结成富有弹性的、笼罩在隐约暗影之中并且散发馨香的白色肉块。（P8）

陈译：我迷上有为子的肉体，并非打这个晚上才开始。起初偶尔一阵子想起，接着就渐渐固定下来，仿佛结成一个相思疙瘩。有为子的身子沉浸于洁白而富有弹性的暗影之中，变成了散发着香气的肉块。（P005）

这一段是主角首次对女性角色的心理描写以及首次与性相关的心理描写。林译整体上做到了“达”，但是在“信”方面稍有不足。在第二句中的“折にふれて考えていたことが、だんだん固着して”的字面意思为“逐渐变得一有机会就会想起（她的肉体）”，但是译者在此选择省去“折にふれて”着重“だんだん”的意义，违反了享誉中外的著名翻译家叶子南教授（2011：52）关于增减重复法的“金科玉律”：增词不增意，减词不删意。只提及主角心理变化的历程却省去了其后期的心理状态，一定程度上削弱了主角对有为子的迷恋程度。陈译整体上在“信”和“达”方面都翻译得较好，和林译一样将第二句归化的断句处理，使其符合中文的句法习惯。另外，在词汇上，陈译将“思った”译为“迷上”，属于词义上的一种增译，更加符合主角对于“有为子”这一角色长期保有性幻想的心理特征。

【例6】

原文：先生は女遊びをし尽くした人だと聞いていた。先生が遊んでいるところを想像すると、可笑しくもなり、不安にもなる。桃色の餅菓子のような体に抱きしめられて、女はどんな気持ちがするのだろう。世界ははてまでその桃いろの柔らかい肉がつながって、肉の墓に埋められたような気がするだろう。（P85）

林译：听说老师是个极其风流的人。想到老师眠花睡柳的光景，既好笑，又不安。被他那粉红色蛋糕样的身体紧紧一抱，女人将是怎样的心情呢？想必是觉得那粉红色的柔软的肉一直连往天涯海角，自身被埋葬在肉墓之中吧。（P48）

陈译：听说老师很会玩弄女人。想象老师那套玩法，既感到好笑，又有几分不安。女人被他桃红大面包似的身子紧紧搂住，会作何种感想呢？她一定觉得整个世界都被这种桃红、柔软的肉体覆盖了，自己被埋进肉坟墓里了。（P042，043）

本例出自主角对其老师的描述。对于“女遊びをし尽くした”，林译选择意译为“极其风流”，陈译选择了直译。对于“遊んでいる”的翻译，林译也是采

取意译并且归化表达的策略，陈译仍然是选择直译。对于“餅菓子[①]”一词，林译和陈译都选择了异化的翻译，选择西方文化的意象来替换原文的意象。

【例7】

原文：まり子はそういって身をもたげ、小動物をあやすように、自分の乳房をじっと見て軽く揺った。私はその肉のたゆたいから、舞鶴湾の夕日を思い出した。夕日のうつろいやすさと肉のうつろいやすさが、私の心の中で結合したのだと思われる。そしてこの目前の肉の夕日のように、やがて幾重の夕雲に包まれ、夜の墓穴深く横たわるという想像が、私に安堵を与えた。（P289）

林译：说罢，麻理子像摆弄小动物似的一边盯盯看看一边轻轻摇晃自己的乳房。我从肉团的摇颤中，想起舞鹤湾的落日。落日的摇摇欲坠同肉团的颤颤巍巍恍惚在我心中的合到一起。而且眼前这肉团也将像落日一样，不久便被晚霞重重包围，深深横卧在夜的墓穴之中——这种想象给我一种宽慰。（P162，163）

陈译：鞠子说罢，抬起身子，像逗弄小动物一般，盯着自己的乳房，轻轻摇晃着。我由摇荡的肉块联想起舞鹤湾的夕阳。夕阳的变幻和肉块的变幻在我心目中结合成一体了。而且，眼前的肉块也像夕阳一样，顷刻间被重重晚霞所包裹，深深躺卧在黑夜的墓穴之中了。这种联想使我有了安心感。（P148，149）

本例出自主角与妓女的互动，整体上两版译本基本采取一样的句式和翻译策略，但仍然存在三处不同。第一是妓女的名字，由于原文没有全部使用汉字作标注，所以两版译本选取的汉字各不相同，但也不能判断某一方的翻译就是绝对正确的。第二是关于“うつろいやすさ”的翻译，林译本的措辞与前句的“たゆたい”保持一致，似乎更加符合前后语境。陈译的翻译仍然是直译，遵循字面意思。第三是关于“やがて”的翻译，林译的翻译是将其视作副词“不久”，而陈译是将其视作古语的用法译为“顷刻”。但考虑到原作首版发行于1956年，陈译的翻译应该说并不恰当，林译的翻译才是正确的。关于例文最后的一句，应当注意的是日语属于胶着语而中文属于独立语，前者偏好长的连体修饰语而后者不习惯过长的连体修饰语（朱雯，2022：55）。两版译本都遵循了中文的句法习惯，分别使用破折号或者独立成句的方式，将原文冗长的定语成分与句末的部分切割开来，使译文中的“肉”和“想像”能分别作为主语存在。

① 年糕或糯米粉等原料制成的糕饼点心。

【例8】

原文：ときたま私は夢精をすることがあった。それも確たる色欲の映像はなく、たとえば暗い町を一匹の黒い犬が駆けていて、その炎のような口の喘ぎが見え、犬の首につけられた鈴がしきりに鳴るにつれて興奮が募り、鈴の鳴り方が極度に達すると、射精していたりした。

白濆の折には、私は地獄的な幻想を持った。有為子の乳房があらわれ、有為子の腿もあらわれた。そして私は比類なく小さい、醜い虫のようになっていた。（P89）

林译：我有时候遗精。其实并无具体的色欲形象。例如一只黑毛狗在昏暗的街上跑动，嘴里像着火似的大口喘息，脖颈上的铃铛响个不停，越响我越感到兴奋。当铃响到极限时，我便一射而出。

手淫时间里，我怀有地狱式的幻想。有为子的乳房出现了，有为子的大腿出现了，我随即成了一条再小不过的丑毛虫。（P50）

陈译：我有时会发生梦遗。这也并非有什么色欲的影像，例如梦见黑暗的街头有一只狗在奔跑，伸着火红的舌头喘气，狗脖子上的铃铛频频作响，这时我就异常兴奋。每当那铃声发出最大响声时，我就一股一股射精了。

手淫时我有一种地狱似的幻想。有为子的乳房出现了，有为子的大腿出现了。而且，我变成了一条渺小无比的丑陋的小虫。（P044）

本例出自主角沟口得知日本战败后的情节，出现上述的想象后主角随即离开房间前往金阁寺，顺便眺望解除战时灯火管制后的都市夜景。例文中两段各有一处隐喻，两版译本的翻译策略有所不同。对于第一个隐喻，林译选择直译，但在句法层面还是采用归化策略，将仅有2句的原文拆分为4句中文译文。陈译本在喻体的翻译上删除了“狗”的颜色并把“炎のような口”译为“火红的舌头”，这种处理并没有违反“信”的原则但仍然是一种小幅度的改写。对于其中的动词，两版的区别在于对“射精していたりした”的处理，在这里陈译的处理是正确无误的，但林译却删除了“たりする”所表示的反复的意思。对于结尾处的第二个比喻，林译的措辞稍显生硬，没有直译“比類なく”，而陈译本选择直译还原原文的字面意思。

三、结论

本文对两版《金阁寺》中译本围绕女性和性相关描写进行了翻译策略的对比分析，从而对《金阁寺》中意象翻译的策略选择和应用有了更深刻的理解和认识，对两版译本译者的翻译策略选择标准也有了更深的体会。

综上所述，从“信”和“达”的角度而言，两版译本整体上均做到了“信”与“达”，在短句和单词层面两版译本均有将增译和减译策略结合使用，并未显示出对其中一方的明显偏好。从“信”的角度而言，对于原作中时常出现比较敏感并且直白的“性”的相关描写和对女性有所物化的相关描写，两版译本对此都没有做大面积的或者特别明显的改写，都努力还原了主角细腻又易变的相关心理活动。

从“异化”和“归化”的角度，两版译本在词汇层面采取二者结合使用的策略，但在句子层面两版译本都选择归化的方针，在考虑到中日两语句法存在差异的基础上经常将原文的长句、长定语分解成多个短句以迎合译本读者。这种处理方法使得两版译本在“达”的层面上都处理得比较好，能让原作中晦涩难懂又冗长的心理活动较好地呈现给译本读者。

参考文献

[1]三岛由纪夫.《金阁寺》[M].陈德文，译.北京：人民文学出版社，2013.

[2]三岛由纪夫.《金阁寺》[M].林少华，译.青岛：青岛出版社，2018.

[3]徐思远.关于《金阁寺》中人物心理描写的翻译研究[D].长春：吉林大学硕士学位论文，2014.

[4]叶子南.高级英汉翻译理论与实践（第四版）[M].清华大学出版社，2011.

[5]朱雯.归化与异化翻译策略下《金阁寺》中译本的比较研究[D].武汉：华中师范大学硕士学位论文，2022.

[6]三島由紀夫.金閣寺[M].東京：新潮文庫，1960.

作者简介

刘明轩，广西大学外国语学院在读研究生，研究方向：英汉互译、日汉互译、儿童文学译介等。

多模态话语分析视角下泰国情感广告字幕翻译研究

陈雪莲　罗琴

摘要：近年来，泰国广告凭借其新颖独特的内容、极具创意的表现手法，屡屡斩获国际性大奖，成为业界翘楚。其中情感广告作为泰国广告重要组成部分，以平凡而真挚的情感，将一个个深刻的人生道理娓娓道来。本文将以多模态话语分析理论为指导，突破单一文本模态，从文化层面、语境层面、内容层面、表达层面四个层面，分析语言、图像、声音、动作等多种符号所共同传达的信息，探讨多模态话语分析理论在泰国情感广告字幕翻译的具体运用。

关键词：多模态话语；泰国情感广告；字幕翻译

一、引言

情感广告是指广告的内容或者广告的表现形式以感情为主线，通过感同身受与受众共鸣，在情感与品牌之间建立积极的联系（臧勇、钱珏，2009：94）。泰国情感广告通过演员自然的演技，简单质朴的情节叙述，从人性最深处最细微处发掘感人的瞬间，用情绪渲染打动观众，通过一件件平凡的小事捕捉人们内心真实的心理需求。情感描写看似直白，却将励志、感恩、奋斗、积极向上等状态表达出来，传递给人以温暖和积极向上的正能量，从而达到与观众心灵上的共鸣，这正是泰国广告能在广告界异军突起的重要原因之一。在广告中融入亲情、爱情、友情等情感，不仅赋予了商品生命力和人性化的特点，而且容易激起消费者的怀旧或向往的情感共鸣，从而能激起消费者对商品的购买欲，将品牌方的价值与广告宣扬的主题融为一体，建立起观众与产品之间的情感联系。

泰国广告不仅在国内广受好评，而且在国际上广泛传播，已然成为泰国文化的一张名片。在情感广告的对外输出中，广告翻译无疑是非常重要的环节。目前，我国广告翻译的学术性研究一般是从关联理论、功能派翻译理论、文化学派翻译理论等广告翻译理论为出发点，探讨广告翻译的相关问题，推动广告翻译领域深度发展（郝栓虎，2012：146–147）。多模态话语分析理论作为研究多种语言符号共同表意的方法、理论，为具备多种语言符号的电影、广告等视听资料的翻译提供了全新的视角，字幕翻译从强调语言文字，转变到对多模态构建的整个语言系统的重视。

笔者通过知网及专业文献类检索，发现学者对泰国情感广告的研究多集中在其表现手法、创作特点、叙事策略等方面，而对泰国情感广告字幕翻译的关注比较少，所以笔者希望从多模态视角出发，对泰国情感广告字幕翻译进行研究，以期字幕译文能准确传达泰国情感广告中的文本信息、价值观念、文化特色，促进文化交流。

二、理论背景

（一）多模态话语分析理论

随着科技的不断进步，传递信息的方式也由单一的文本信息输出逐渐转变为多模态共同表意的形式，这是从单一到丰富的过程。以前，图像、声音等被看作文本的副语言，这无异于忽略了文本模态与整体的联系。实际上，多模态是人类生活中的固有规律，人们会通过面部表情、手势动作等来补充口语模态的信息，以此达到沟通、交际的目的。

多模态理论最早源于20世纪90年代的西方，是指通过文本、图像、声音、动作等语言符号共同表意，进行语言交互与沟通。多模态（Multimodal）话语指运用听觉、视觉、触觉、嗅觉、味觉，运动觉等多种感觉，通过语言、图像、声音、动作、动漫、网络等多种手段和符号资源进行交际的现象（顾曰国，2007：3-12）。南京解放军国际关系学院英语系教授李战子首先将多模态理论的语篇分析引入，提出多模态即多种符号编码及进行交际和再现意义，如图像、身体语言等，语言只是其中的单一模态（李战子，2003：1-8+80）。这一理论一提出就引起了学术界的众多关注，复旦大学外国语言文学学院教授、博士生导师朱永生对多模态的定义进行了系统的梳理并对语篇分析中基础理论、意义等方面进行深入的研究（朱永生，2007：82-86）。

以上研究成果在一定程度上推动了国内对多模态理论的研究，2009年，同济大学教授张德禄基于系统功能语言学，提出了多模态语篇分析的系统理论框架，并对不同模态间关系进行了研究，主要是分为非互补关系和互补关系（张德禄，2009：24-30）。

如今，多模态理论已被运用于多个学科领域，包括话语分析、教育学、计算机科学、翻译学、媒介学等等。随着多模态文本种类的不断多元化，多模态的研究领域与范围也在不断地扩大。

（二）多模态话语分析在广告字幕翻译中的应用

情感广告的创作立意深刻、情绪饱满，有其独特的语言风格，并且展现了国家的文化、风俗、价值观念。在翻译过程中，如果一味遵守字对字、句对句的翻译，因循守旧，反而会失去广告的趣味性，无法做到情绪和文化的再现；国与国的文化差异、风俗信仰等不同，也会造成广告的不可译性，从而导致广告文本的漏译或错译；又因广告反映了一定时代背景下的社会现象，取材于生活，其具有的口语化、瞬时性、跨文化性等特征，使字幕翻译一定程度上受时间、空间的限制（刘晶，2020：135-137）。

在字幕翻译中，英国曼彻斯特大学教授斯托克（Stockl）将视听文本分为四个核心模态，分别是声音、音乐、图像和语言。正是这一分类，认为视听文本的翻译不应仅限于对文本语言的翻译，结合多模态理论分析，还应涉及其他模态的共同表意作用，模态间的表意补偿等，这种观点是对传统字幕翻译的冲击和扩展，也深化了翻译对语言深层信息传播的认知。

对多模态在字幕翻译运用的研究大多数都是以张德禄教授提出的多模态话语分析综合框架为基础。在多模态理论的实际运用中，在进行字幕翻译时，译者常常忽略多模态理论中各模态间共同表意的作用，仅按照相关的翻译原则进行翻译，对字幕翻译只关注到文本模态，而忽视对其他模态信息的把握，特别是对源语字幕意义补偿作用明显的图像模态，导致了广告内容表达上一定程度的缺失。笔者也希望随着多模态理论研究的持续深入，字幕翻译者能够重视各模态共同传达意义的作用，使观众解读信息更加顺畅、广告等影视作品传播效果更加良好。

三、多模态话语分析视角下泰国情感广告字幕翻译研究

笔者通过对于泰国情感广告的大量对比研究，选取了其中10个具有代表性的广告进行举例说明，作为本篇论文的材料支撑。这些广告通过发生在日常生活的小事，表达了对人与人之间美好情感的肯定，包括亲情、友情、爱情等，依托泰国人民的佛教信仰以及文化价值观念，集中地表现了泰国人民朴质、简单的情感。这类广告通常依托富有戏剧性的故事性框架，常有父母身患重症、意外去世等情节，从妈妈爱做的蛋炒饭、记录孩子成长轨迹的笔记本等细微处显真情。除此之外，泰国情感广告用词更加朴实，擅长用最简单真挚的语言勾画小人物的形象，调动各种抒情性因素，引起观众的共鸣，极大地增强了广告的渲染力。

（一）文化层面

文化层面指文化语境下各种语言符号共同表意的载体，包括了思维习惯、风俗人情、处世哲学等意识形态，这个层面是最为关键的层面，使深层的文化信息通过多模态得以传达出来（罗贤通，2018）。不同国家的文化差异是客观存在的，又因文化具有不可译性，译者要把握深层的意义在较短的时间里让观众理解影视所传达的意思。

原文：วันนี้นะ ครูจะสอนเรื่ององคุลิมาล ใครรู้จักองคุลิมาลบ้าง
译文：老师今天来给你们讲央掘魔罗的故事，有没有谁知道央掘魔罗。

例2:《碎米老师》

原文：แต่ว่าตอนหลัง องคุลิมาลกลายเป็นพระอรหันต์นะ
译文：不过在后来，央掘魔罗最终成就阿罗汉果。

广告讲述了琴老师耐心细致地教导“碎米学生”，他们身上都有自己的不完美，但是老师并没有放弃他们。这里的“องคุลิมาล”出自泰国佛教寓言，讲述了

一个坏人在醒悟后积德行善，最终修得阿罗汉果的故事。这里直译并未加以解释，联系前后情节，观众依然能够知晓“องคุลิมาล”的含义及象征意义。在面对隐含文化信息的字幕翻译时，译者考虑到观众的可理解性、阅读需要，一般采取增译法或意译法的翻译方法。但在前后剧情有所提示、铺垫的情况下，采取直译法，能更忠实原字幕所要传达的信息，使广告剧情过渡流畅，故事上下文衔接紧密、逻辑通顺。

例1 《碎米老师》[①]

例2 《碎米老师》

① 泰国师生情感广告：《碎米老师》https://www.youtube.com/watch?v=flcZsg5PWkk

原文：ทำดีได้ดี ทำชั่วได้ชั่ว

译文：老师教你谚语“善有善报，恶有恶报”。

文中的谚语译者直接采用了直译的翻译技巧，因为佛教在古时候便得到广泛传播，中国自古以来也受到佛教文化熏陶，中泰两国人民都有相似的佛教文化背景，该谚语是两国人民都耳熟能详的，直译便可表达原文含义。

例3 《他身处黑暗》①

原文：สวัสดีครับ ทุกท่าน

译文：大家好，尊敬的学生家长们。

画面中ปฐมนิเทศ นักเรียนใหม่ ปีการศึกษา 2559，意为2016学年新生开学典礼。字幕中没有对这一幕的环境进行解释，从图像模块可以看出，事件发生地点为学校，领导站在舞台上讲话，老师们穿着制服整齐地坐在台上，在画面、音乐多种模态的作用下，不难理解画面的含义。虽然细节上有所不同，但各国的学校都会举行开学典礼，因此画面中的文字信息可以省译。

① 泰国师生情感广告：《他身处黑暗》https://v.qq.com/x/page/v0828n2f1h4.html

例4 《他身处黑暗》

原文：ผลิดอกงาม แตกกิ่งใบ จับดวงใจแม้ใครบังเอิญได้เดินมองมา

译文：（歌颂老师的歌）

这一幕拍摄了泰国传统拜师节礼仪，是泰国社会十分重大的节日，同时也是学生向教师表达尊敬和爱戴的节日，体现了泰国尊师重道的理念。拜师节上，学生会制作花环，为老师唱赞歌。画面中学生们正襟危坐，即使观众不了解泰国拜师节，也可以通过图像、声音等多模态的结合，看出学生们对老师的尊敬。但这里如果将歌词意思翻译出来反而会喧宾夺主，观众注意力会放在歌词上，而忽略了对拜师节这一泰国独特文化的感受。

（二）语境层面

语境一般是指事件发生的背景、情形，在翻译中的语境指翻译活动下事件发生的社会、文化环境。在多模态理论中，需要联系的上下文关系或非语言因素，如事件发生的时间、空间，对白及说话人的情形、背景。在翻译中，译文如果能联系语境，会更加流畅、符合逻辑。

原文：ลูกไอ้ใบ้

译文：哑巴的小孩儿。

这一幕的情境是女孩儿有一个很爱她但不能说话的“哑巴爸爸”，而同学为嘲笑异类在她背上贴了ลูกไอ้ใบ้，这时将ลูกไอ้ใบ้直译为“哑巴的小孩儿”，联系小孩子调皮捉弄人的语境，直译的翻译方法已经足够使观众快速而清晰地理解此时的情境，也是这一场景的设置激发了女孩儿和父亲之间的矛盾，推动了后续情节的发生，这里如果没翻译出来，可能会造成观众的理解失误，在观看时观众停下来思考会影响到观看的流畅性。

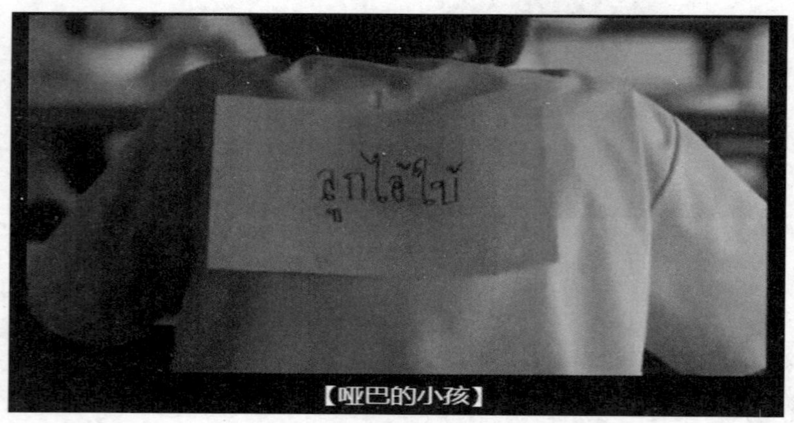

例5 《无声的爱》①

例6 《没有生日的人》②

① 泰国家庭情感广告：《无声的爱》https://www.bilibili.com/video/av49677532/
② 泰国社会情感广告：《没有生日的人》https://www.bilibili.com/video/BV1gz4y197LJ/

原文：วันเกิดบาร์บีกอนปีนี้ เราชวนทั้งคู่มากินข้าวด้วยกัน

译文：餐厅吉祥物今年生日，我们邀请双方一起吃饭。

这一幕的情境是发生在餐厅，两位主角一方是被家里忽视的老人，一方是不知道自己生日的孩子。随着镜头的切换，画面从养老院变成了餐厅，广告旁白也交代了镜头切换缘由，字幕对其进行直译，提示了故事发生的情境，为后面故事情节的发展做铺垫。

例7 《拥抱的力量》[①]

原文：ความสัมพันธ์ที่ดี เริ่มง่ายๆ แค่สัมผัส

译文：有时候"破冰"真的很容易，只需要一个简单的拥抱而已。

这则广告讲述了不同家庭的矛盾，孩子与家长之间因为各种问题变得生疏或互不理解。画面中的父女已经一年没有见过面，他们很久没有拥抱，没有谈心。同样在语境层面，译者如果采取直译的方法将无法准确传达其意义，还会产生误解，此时不应拘泥原文的形式、结构，或对特定词语、句子进行抽象性描述，所以采用意译的翻译方法能使观众更加理解剧情发展。根据上下文语境以及图像模态构建的意义，译者将"ความสัมพันธ์ที่ดี"和"สัมผัส"意译为"破冰""拥抱"，译出了广告想要传达的深层含义，十分契合语境，贴近主题。

① 泰国家庭情感广告：《拥抱的力量》https://www.bilibili.com/video/BV1r64y117j6?p=7

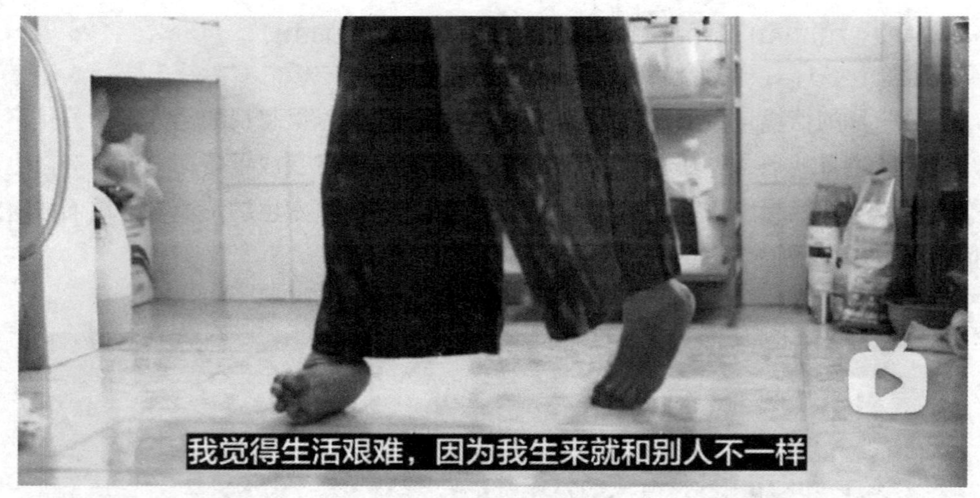

例8 《生命的价值》①

原文：น้อยใจค่ะ ที่เกิดมาไม่เหมือนคนอื่นเขา
译文：我觉得生活艰难，因为我生来就和别人不一样。

"น้อยใจ"在意为"委屈"，而字幕译为了"生活艰难"，从视觉模态可以知道该镜头的主人公为残疾人，广告采访了三位父母和他们的子女，共同探讨生命的价值。这三位父母都是生活在社会底层的人，译文直接点出生活艰难，结合上下语境，并配合他们的表情、话语，在多模态共同作用下，传达出了讲话者对自己生而残疾以及社会生活压力的控诉，使观众在情感上产生共鸣。

（三）内容层面

根据张德禄教授的多模式语态，内容层面中包括意义层面和形式层面，意义层面是指由几个部分组成的话语意义及概念意义、人际意义和谋篇意义；形式层面则由语言、图觉、声觉、感觉组成的形式和互补、非互补组成的关系共同构成。

在这一层面，字幕译者需要把影片中人物之间的对白、人物的旁白等准确地翻译出来，达到观众理解的效果。另一方面，字幕译者也需考虑到翻译非语言因

① 泰国社会情感广告：《生命的价值》https://www.youtube.com/watch?v=uWR72j-uel0

素的补偿作用，比如旁白、背景音乐、动作和音效等，以此来补充人物对话，完善情节内容。内容层面译者一般会考虑到直译法、意译法和增译法，在其他模态或上下文的共同作用下，忠实地传递、表达出原文的内容信息，使外国观众能够顺畅地接收、理解广告内容，并获取到与源语观众相同的观感。

例9 《你会理解别人吗》①

原文：ไม่ใช่ระบบขนส่งมวลชน เพราะคนเห็นแก่ตัวไง....

译文：因为自私的个人行为。

该镜头的画面中车子前视镜只出现了司机一个人的脸，再配上“เพราะคนเห็นแก่ตัว”（因为自私的个人行为）的台词，结合后文堵车是为急救受伤的小男孩情节，对“เพราะคนเห็นแก่ตัว”的直译，似乎在讽刺司机的自以为是，他以为的别人自私，实际上是像他这种指责着别人自私却没有采取行动的人，这里图像和语言的配合共同构建了广告所要表达的意义。

原文：ขับรถภาษาอะไรวะ

译文：你会不会骑车啊?

① 泰国社会情感广告：《你会理解别人吗》https://www.youtube.com/watch?v=Unjqe8QbJNs

例10 《你会理解别人吗》

这一幕讲述了在道路堵塞拥挤的情况下，摩托车司机在道路中横冲直撞，汽车司机出来质问摩托车司机，“ขบรถภาษาอะไรวะ”这里如果直译为“开的什么语言的车”会造成观众的理解障碍，这里译为“你会不会骑车啊”，从人际意义出发，将主人公的气愤之情很好地表达了出来，在形式层面，结合人物肢体的展现，也烘托出此时一触即发的紧张氛围，对故事剧情的推动起到了承接作用。

例11 《他身处黑暗》

原文：ต่อให้สายตาของฉันไม่เห็น แต่จิตใจก็ยังผูกพันความงาม

译文：虽然老师看不见，他美丽的心灵依然照亮黑暗。

在人际意义方面，这一幕的主角是盲人老师，而画面中是学生聚集在一起为老师唱歌献花，表示对老师无私的感谢，在进行字幕翻译的时候，此处的字幕翻译配合广告的画面，及所唱的歌词“แต่จิตใจก็ยังผูกพันความงาม”（心灵依然追求美好），这里译为“美丽的心灵依然照亮黑暗”，不仅点明盲人老师身处黑暗仍追求光明与美好的信念，也歌颂了老师高洁的精神品质，这里也展示了老师与学生融洽的关系，表达了学生对老师的尊敬、爱戴之情。

例12 《妈妈的角色》①

原文：ฮ่ะ อะไรนะคะ

译文：什么？天啊！我马上到！

广告是典型的多模态样本，通过图像、声音、动作等共同表意，其中一个模态的表意不明就会使得字幕翻译内涵缺失，因此在广告字幕翻译过程中，译者可以采取补充、增译等方法，以防观众的理解出现偏误。字幕原文本意为“啊！什么？”，译者在翻译时增加了“我马上到！”，刻画出了母亲急切的心情，表现出妈妈对孩子的担心，也为画面内容切换做了铺垫。

① 泰国家庭情感广告：《妈妈的角色》https://www.bilibili.com/video/av47019551/

（四）表达层面

表达层面就是指媒体层面，媒体层面是话语最终在物质世界表现的物质形式，包括语言的和非语言的两大类。语言的包括纯语言的和伴语言的两大类；非语言的包括身体性的和非身体性的两类。在影视作品中，除了纯语言能够传递意义外，包括人物肢体语言及其他非语言手段的非语言媒体，比如工具、环境等，也能相互配合传递意义，非语言媒体的因素也影响着观众的观感。影视作品具有瞬时性，语言、非语言两大媒体话语相互配合，才能保证信息的完整性。

例13 《听从我心》①

原文：ขอให้ผมได้เรียนต่อ
译文：让我学习吧。

这一幕是自闭症的学生向被打的学生家长道歉，揭示了人物之间的关系，“ขอใหผมได้เรียนต่อ”直译为“请让我继续念书”，通过学生下跪的身体性肢体活动配合人物台词，从非语言的媒体层面展现了自闭症孩子在日常生活中受到的不公正待遇及偏见。

① 泰国师生情感广告：《听从我心》https://www.youtube.com/watch?v=CtnsBDghIQc

例14 《很多抱歉，没机会再说》[①]

原文：แทนที่จะเอาเวลาอยู่ที่นี่ทำไมไม่กลับทำการบาน

译文：与其在这里鬼混，怎么不回家写作业？

这一幕是妈妈与儿子因为在游戏厅前相遇而引发矛盾，画面中有对游戏厅这个地点的提示，“เอาเวลาอยู่ที่นี่”直译应为“把时间花在这里”，字幕却译为“鬼混”，可以适当减少翻译字数，减少字幕译文所占空间，适应字幕瞬时性的特点；同时加强了语气程度，配合视觉模态上母亲愤怒的表情，更展现出母亲对儿子恨铁不成钢的心情，也更能展现双方的矛盾冲突，推动了广告剧情的发展。

例15 《妈妈的角色》

① 泰国家庭情感广告：《很多抱歉，没机会再说》https://www.youtube.com/watch?v=GvQONPeD9eQ

原文：แม่ หยุดบ่นได้ไหม

译文：你可以先不要碎碎念吗？

“หยุดบ่น”直译应为“停止抱怨”，结合图像中人物的面部表情所展现出的不耐烦、暴躁的情绪，字幕译为“不要碎碎念”十分贴切中国社会的表达，将“บ่น”的语义程度降低了。但女儿并不是对母亲真的不耐烦，更多是心情一时急躁，配合图像更好地向观众展现出场景里的内容，也为后面母女相拥、不舍之情做出了铺垫、反转。

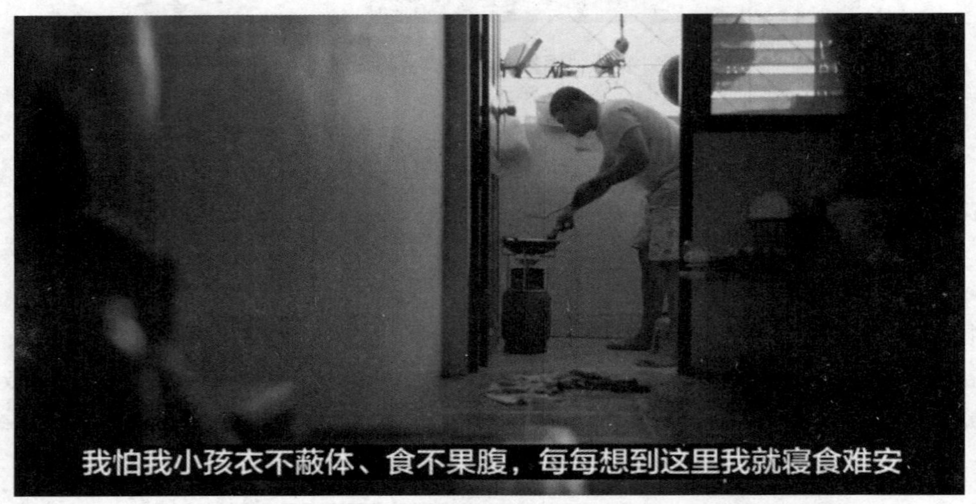
我怕我小孩衣不蔽体、食不果腹，每每想到这里我就寝食难安

例16 《生命的价值》

原文：เพราะว่าผมกลัวเค้าจะอดไม่มีจะกิน...นอนร้องไห้ทุกคืนว่า...

译文：我怕我的小孩衣不蔽体、食不果腹，每每想到这里我就寝食难安。

源语如果采用直译是翻译为“我怕我的小孩儿没有吃的，我每晚睡觉的时候都会哭”，画面中可以看出父亲对孩子的爱与担忧，译者在处理这一句时用了三个四字格词语，这不符合字幕口语化、瞬时性的特点，过长的字幕会影响观众的观看效果。建议可以修改为“我怕我的小孩儿过得不幸福，这让我很难过”。将“没有吃的”译为“不幸福”，使字幕译文在表达层面得到了升华，字数也控制在了合理的范围内。

四、结语

广告是具有多模态性的文本，广告主题所传达的观念是文字、音乐、画面等各种模态综合作用下的结果。分析广告的字幕翻译过程中，不能只分析字幕文本本身，这样极易发生翻译缺失现象。因为字幕文本与其他模态共同构成整体，相互作用共同传达语篇的意义，因此在分析字幕翻译时也需考虑探讨其他模态的功能作用，同时结合字幕特点进行合适的表达。根据张德禄的多模态话语分析综合构架，本研究通过文化层面、语境层面、内容层面、表达层面四个层面来研究多模态视角下语言、图像、声音、动作等多种符号共同传达信息的作用，探讨多模态话语理论在泰国情感广告字幕翻译的具体运用。

经过归纳与梳理，笔者发现在情感广告翻译中，为便于观众观看，同时受播放时长、屏幕的限制，译者会尽可能采取直译、意译或省译等方法。对于部分信息，当源语和目的语具有相同社会、文化背景时，直译即可。当两国观众认知不一致时，字幕译者就需要把源语中所包含的意义用符合目的语言习惯的形式表达出来，这就往往需要对字幕进行增、删、改。因此，当文本信息在图像这一模态有所体现或文本信息通过伴乐、人物动作等得到补充时，译者会减少相关信息的表达，通过译文与画面、人物动作等模态的紧密搭配，使其发挥共同的整体作用，达到源语信息再现。同时，针对国与国的文化差异、风俗信仰等的不同，译者有必要结合多模态所展示的信息，对字幕信息进行补充或修改，减少翻译缺失现象的发生。

参考文献

[1]顾曰国.多媒体、多模态学习剖析[J].外语电化教学，2007（02）：3-12.

[2]郝栓虎.我国的广告翻译研究现状与展望[J].对外经贸，2012（02）：146-147.

[3]李战子.多模式话语的社会符号学分析[J].外语研究，2003（05）：1-8+80.

[4]刘晶.从《都铎王朝》论英文影视字幕翻译的原则及策略[J].吉林广播电视大学学报，2020（08）：135-137

[5]罗贤通. 电影《西游记之大圣归来》文化信息英译策略研究[D].北京外国语大学，2018.

[6]臧勇，钱珏.广告设计[M].武汉：湖北美术出版社，2009.

[7]朱永生.多模态话语分析的理论基础与研究方法[J].外语研究，2007（5）：82–86.

[8]张德禄.多模态话语分析综合理论框架探索[J].中国外语，2009，6（01）：24–30.

作者简介

陈雪莲，广西民族大学2021级泰语笔译研究生；主要研究领域：外国语言文学。

罗琴，科勒（中国）投资有限公司数据专员。

目的论指导下的公司网站汉译策略及方法——以泰国AsiaOne公司为例

韦纪君

摘要： 随着中国经济的飞速发展和经济全球化的深入影响，中国市场也越来越受海外公司的青睐。一个好的网站内容能为公司树立良好形象，并快速吸引目标客户。因此，网站可以被视为展示公司发展质量的重要参考。为了更好地达到交际目的，做好网站的宣传工作，本文从目的论的角度出发，以泰国AsiaOne公司网站文本的泰译汉为例，重点探讨网站文本汉译的翻译策略与技巧。

关键词： 目的论；网站翻译；翻译策略

一、引言

“一带一路”倡议提出以来，中国重要的友好邻邦泰国积极响应。作为中国共建“一带一路”的重要合作伙伴，泰国高度重视我国的发展经验，中国市场的潜力也吸引了不少泰国的企业。在信息技术高速发展的时代，信息共享已经成为社会发展的大趋势。公司通过建立网站，并针对目标客户翻译成相应的目的语，这能很好地宣传公司产品和服务、展示公司的良好形象，且有利于提高公司的竞争力、开拓国际市场，并最终达到赢得利润的目的。因此，公司网站文本的翻译尤为重要。本文以泰国AsiaOne公司网站文本的泰译汉为例，分析泰国公司网站的文本特征，重点探讨网站文本汉译的翻译策略与技巧，以期为泰国的网站文本汉译提供必要参考。

二、目的论概述

20世纪70年代，功能派翻译理论兴起于德国。其发展经历了几个阶段，其中德国功能学派的主要代表人物之一汉斯·弗米尔（Vermeer）提出的目的论将翻译研究从原文中心论的束缚中摆脱出来。该理论认为翻译是以原文为基础的有目的和有结果的行为，这一行为必须经过协商来完成，翻译必须遵循一系列法则，其中目的法则居于首位，即译文取决于翻译的目的。在那之后有其他的学者对目的论进行补充和完善，逐渐形成了一个系统的翻译理论。

目的论是德国功能理论的核心，它由三个原则组成：目的原则、连贯原则和忠实原则。翻译行为所要达到的目的即是目的原则。目的原则是指翻译应在译语情境和文化中，按译入语接受者期待的方式发生作用。连贯原则是指译文必须具有可读性和可接受性，符合语内连贯的标准并能被目标读者所接受和理解。忠实原则是指译文要忠实于原文，但是忠实的程度由翻译目的决定（杨晓雪，晋艳，2017）。这三大原则构成了翻译目的论的基本原则，尽管在多数情况下，译文并不能同时满足这三项原则，但是忠实原则不如连贯原则，连贯原则又服从于翻译的目的原则。目的原则是翻译过程中最重要的主导原则，连贯原则和忠实原则二者均须遵从于主导原则。

二、泰国AsiaOne公司网站文本特点

AsiaOne公司作为一家从事殡葬行业的泰国公司，服务范围广泛，其中包括使用汉语作为官方语言的国家及地区。为了能够更好地普及行业知识，让更多的目标客户了解公司基本信息，做好网站的宣传是其工作内容的重中之重。与中国企业网站文本相比，泰国AsiaOne公司网站文本有以下特点：

（一）词汇层面

相同的意思有多种表达方式是泰语词汇的特点之一，即多词一义。如含有กิน（吃饭）意思的词有：เสวย ฉัน รับประทาน ทาน กิน แดก ฟาด หม่ำ 等等。由于泰语的语体不同，造成这些含义相同的词在用法上有差别，传达的情绪也有所不同。泰语语体也就是ระดับของภาษา，可以分为三个层次，分别是：ภาษาปาก（口头语）、ภาษากึ่งแบบแผน（半规范语）、ภาษาแบบแผน（规范语）。公司网站属于实用文本的范畴，其重点在于为目的语读者提供一些实用信息。泰国AsiaOne公司的网站使用的词汇语体大多为规范语。规范语的主要特点是：用词严谨规范，大多用于正式场合或领导人的发言稿、演说词、训言等等，一般作讲究庄重的官方语言或学术用语。例如，คุณ（你）、ศีรษะ（头）、ณ（在，于；一般用来表示事件或地点）、ผู้เสียชีวิต（逝者）、การฌาปนกิจ（火葬）、ภารกิจ（事务）等，这些规范用词都出现在网站的文本当中。

（二）句法层面

汉语和泰语同属于汉藏语系，具有大体相同的句法结构和语法表现手段（杨桂兰，2019）。泰语的五种基本句法结构有：主谓结构、动宾结构、主从结构、联合结构、连谓结构（裴晓睿，2001：106）。在分析泰国AsiaOne公司的网站文本时，发现五种基本句法结构都出现了，文本在句式上多使用陈述。按照句子结构分类，文本主要使用的是复合句。主要有以下几个特点：

一是多使用含有เพื่อ（为了，旨在）为连接词的目的复合句，旨在向客户展示公司能提供的服务项目和所拥有的服务能力，以实现对客户的某种承诺。

二是多使用含有โดย（通过，凭借）为连接词的复合句，使用โดย一词来引出实现某种状态或想要达成某种目标的方法手段，常用来说明公司将通过哪些具体可行的方式方法给客户提供服务。

三是多使用含有关系代词ที่（的）的定语从句，ที่一般用于引导表示事物性质的定语成分，这个成分可以是词、短语或主谓结构，中心语多为具体的事物。

（三）文化层面

由于中泰两国地理历史、生活环境、社会风俗、宗教信仰等不同，因此造成了文化差异和不同的价值观念。不同文化背景下的人与人交流难免会产生障碍，或者是对同一事物上有完全不同的看法。泰国AsiaOne公司的网站文本在文化层面上主要有以下两个特点：

一是在殡葬公司的网站文本上使用“ความภาคภูมิใจ”（自豪）、“ยินดี”（高兴）这类表达积极正面情绪的词语。众所周知，佛教是泰国的国教，受到佛教文化的影响，泰国人相信灵魂的存在，他们中的大多数认为死亡并不意味着生命的终结而是新一轮生命的开始。再加上灵魂信仰、祖先信仰等民间信仰，泰国人对死亡的态度是非常从容的，他们认为丧葬是人生过程中的重要仪式。因此，泰国AsiaOne公司作为一家能为顾客提供优质服务的殡葬公司，并且能成为行业巨头而感到骄傲自豪，这种积极热情的情绪表达几乎不会出现在相同行业的中文网页上。

二是在政治上出现意识形态错误。泰国是一个农业大国，加上国土面积相对较小，使得泰国人生活丰衣足食，但对国土的定义无概念。而信奉佛教则让泰国人性情温和，因此他们大多数人对政治的包容性很强，政局与生活分得很开。大多数泰国人对我国台湾问题的看法是很片面、不正确的。即使知道这是错误的观点也不为所动，不较真。造成这种意识形态上的巨大差异，是文化层面上的错误认知，因此在翻译的时候译者必须对原文内容进行纠正，才能被目标读者所接受。

三、目的论指导下泰国AsiaOne公司网站汉译策略及方法

（一）词汇的翻译

网站文本中最吸引目的语读者、能给出关键信息的词汇便是信息索引标题。这些在主页上出现的内容都属于信息功能的范畴，向网站的新访客传递公司基本的信息，以便访客能够快速地对公司状况有初步的了解。公司是否可以获得客户

的信任，在很大程度上会取决于这些基本信息。由于汉泰两种语言在构词上具有差异，词汇的翻译主要采用了意译法和释义法。

例1：การจัดพิธีฌาปนกิจ
对译：安排仪式火葬
译文：尊体火化

根据对译法可知道该词表达的大致意思为：举行火葬仪式。由于这是网站文本的翻译，译者需要考虑文本用词是否准确得体，因此这里采用意译法，将การจัดพิธีฌาปนกิจ译为“尊体火化”。“尊体”一词带有褒义色彩，表达了对逝者的尊重，也侧面体现了公司对逝者家属的关怀，遵循了目的论中的目的原则和连贯原则。

例2：การเตรียมร่างผู้เสียชีวิต
对译：准备身体人失去生命
译文：遗体预处理

根据对译法可知道该词表达的大致意思为：准备好尸体。这样的翻译太过生硬死板，同时也不符合中文的表达习惯，会造成目的语读者不理解译文想表达的是什么内容。因此การเตรียมร่างผู้เสียชีวิต可采用意译法，将其译为“遗体预处理”，这样的表述把源语主要内容翻译出来，更恰当合适，遵循了目的论中的目的原则和连贯原则。

例3：การตกแต่งและรักษาสภาพร่างผู้เสียชีวิต
对译：装饰和保留状态身体人失去生命
译文：遗容整理及遗体防腐

根据对译法可知道该词表达的大致意思为：给逝者化妆并且对其遗体进行防腐保存。如果不加思考可能会译成：遗体化妆和遗体保存，这样的表达显然会让目的语读者不知所云。为保证连贯原则，即确保译文接受者必须能读懂译文，译文符合目标语的表达习惯，译者采用意译法，将การตกแต่งและรักษาสภาพร่างผู้เสียชีวิต译成“遗容整理及遗体防腐”。

例4：บริการฌาปนกิจโดยตรง
对译：服务火葬（介词）直接
译文：简约火葬

บริการฌาปนกิจโดยตรง作为小标题出现在文本中，原文后还附有一段内容对其进行展开描述：นอกเหนือจากบริการจัดพิธีฌาปนกิจแบบครบวงจร เรายังมีบริการฌาปนกิจโดยตรง ซึ่งเป็นทางเลือกที่เรียบง่ายและประหยัดค่าใช้จ่าย

โดยการฌาปนกิจโดยตรงจะไม่มีการจัดพิธีกรรมที่เป็นทางการ เช่น พิธีกรรมทางศาสนา ทำให้มีค่าใช้จ่ายที่ลดลงและมีความยืดหยุ่นมากกว่าพิธีฌาปนกิจแบบดั้งเดิม，译为：除了提供完整的一条龙服务之外，我们还提供简约火葬的服务，是省钱省力的理想选择。简约火葬服务不包含像宗教仪式这样的常规流程，因此相较于传统葬礼，简约火葬服务更实惠，更灵活。译者采用意译的方法，将“โดยตรง”译为“简约”，在此处译文中“简约”一词能准确体现原文想要表达简化传统火葬的一系列繁琐仪式。所以简单的意译法翻译即可，遵循了目的论中的目的原则。

例5：เครือข่ายของเรา

对译：网络的我们

译文：服务网点

เครือข่ายของเรา作为信息索引标题出现，结合原文เครือข่ายของตัวแทนและบริษัทคู่ค้าทั่วโลก分析可知道，该词表达的意思为：公司的代理和合作伙伴遍布世界，形成了服务网和服务点。如果采用直译法，该词译为“我们的网络”，显然这样的表述可能会让目的语读者不理解。因为在汉语中，“网络”和“网点”的意思相差甚远。为了把原文表述得更准确，译者采用意译法将“เครือข่ายของเรา”译为“服务网点”，遵循了目的论中的目的原则。

例6：การส่งร่างกลับประเทศไทย

对译：运输身体返回泰国

译文：遗体转运（国际—泰国）

根据对译法可知道该词表达的大致意思为：把遗体从世界各地运回泰国。但原文中并没有出现表达“世界各地”这一意思的词汇。加上考虑到目的语读者是能看得懂中文的潜在客户，这些目的语读者的国籍是译者不能够确定的。因此，在翻译的时候应该遵循“目的原则”，从译文接收者以及该网站文本的宣传的角度出发，“การส่งร่างกลับประเทศไทย”可以采用释义法，译为“遗体转运（国际—泰国）”。释义法把原文词组中省略的内容全部翻译出来，增加译文信息的透明度，扫清原文中的理解障碍，使目的语读者更快抓住关键信息，让目的语读者理解得更全面透彻，是目的原则的体现。

例7：การส่งร่างกลับประเทศภูมิลำเนา

对译：运输身体返回原籍国

译文：遗体转运（泰国—国际）

根据对译法可知道该词表达的大致意思为：把遗体从泰国运到世界各地。如例6一样，这里同样采用释义法，译为“遗体转运（泰国—国际）”。

在词汇层面的泰译汉中，可以采用意译法和释义法。让翻译后的表达最大限度地贴近原文内容，向目的语读者传递信息。

（二）句法的翻译

1.使用เพื่อ（为了，旨在）作为连接词的目的复合句

例8：เรามุ่งมั่นที่จะพัฒนาการบริการของเราให้รวดเร็วและราบรื่นเสมอมา เพื่อให้ลูกค้าของเรามั่นใจว่าจะได้รับการบริการอย่างดีที่สุดในทุกขั้นตอน

译文：为给客户提供最优质的全程服务，我们始终致力于提高服务效率和质量。

例9：ทีมงานของเราพร้อมดูแลคุณตลอด 24 ชั่วโมง เพื่อให้คุณมั่นใจได้ว่าการบริการของเราจะราบรื่นตลอดทุกขั้นตอน

译文：为了您的信任和满意，我们团队24小时为您提供全程的贴心服务。

例10：เราให้ความสำคัญกับการให้บริการที่เป็นมืออาชีพและความเอาใจใส่ในทุกขั้นตอน เพื่อช่วยเหลือทุก ๆ ครอบครัวให้ก้าวผ่านช่วงเวลาที่ยากลำบากไปได้

译文：为了帮助每个家庭渡过难关，我们专注于服务的专业性并提供全程的关怀服务。

例11：เราเข้าร่วมการประชุมและสัมมนาที่จัดขึ้นอยู่เป็นประจำ เพื่อเสริมสร้างและรักษาความสัมพันธ์กับบริษัทพันธมิตรทางธุรกิจ ส่งเสริมความรู้ด้วยข้อมูลใหม่ล่าสุดและพัฒนาศักยภาพในการให้บริการของเราให้ดีที่สุดอยู่เสมอ

译文：为了进一步加强与合作伙伴的合作，了解行业动态，不断挖掘服务潜力，为您提供最优质的服务，我们会定期参加会议培训。

例8、例9、例10、例11中，เพื่อ做连接词出现在后一分句的句首，后接表目的的从句。中文习惯把表目的的分句放前面，这是由泰语和汉语两种语言语法结构和表达习惯不相同造成的。因此，在翻译的时候应该遵循"连贯原则"，即译者需要考虑语境和目的语读者的背景知识，使目的语读者理解其意。当原文使用含有เพื่อ为连接词的目的复合句，可采用转译法，即按照汉语的语法和表达习惯对原文进行相应地转化，可以通过调整分句位置的方法实现（黄忠廉，2009：56）。

2.使用โดย 作为连接词的复合句

例12：ในปี พ.ศ. 2497 บริษัทของเราก่อตั้งขึ้นภายใต้ชื่อ Teck Hong Funeral โดยประกอบกิจการผลิตและจัดจำหน่ายโลงศพ ก่อนที่จะเริ่มให้บริการจัดงานศพและบริการส่งร่างหรืออัฐิของผู้เสียชีวิตกลับประเทศภูมิลำเนาในเวลาต่อมา

译文：1954年，我们成立了Teck Hong Funeral公司，制造并销售寿棺，之后开始经营殡葬服务以及国际遗体转运业务。

例13：เรายังได้ขยายสาขาสู่กลุ่มประเทศอินโดจีน ซึ่งประกอบไปด้วยประเทศพม่า ลาว เขมร และเวียดนาม โดยให้บริการครอบคลุมถึงพื้นที่ประเทศมาเลเซีย สิงคโปร์ อินโดนีเซีย และฟิลิปปินส์

译文：我们还在中南半岛的缅甸、老挝、柬埔寨和越南等国开设分店，服务范围覆盖马来西亚、新加坡、印度尼西亚和菲律宾。

例14：ธุรกิจครอบครัวของเราก่อตั้งขึ้นในปี พ.ศ. 2497 และได้สืบทอดมาแล้วถึง 3 รุ่น โดยประสบการณ์ที่สั่งสมมากว่า 60 ปีนี้ ทำให้เราเป็นผู้เชี่ยวชาญอย่างแท้จริงในด้านการจัดงานศพและการเคลื่อนย้ายร่างระหว่างประเทศ

译文：我们的家族企业成立于1954年，经营至今已传承了3代，积累了六十多年经验，成为殡葬服务和国际遗体转运服务的佼佼者。

例15：เรามุ่งมั่นที่จะให้บริการที่คุ้มค่า รวดเร็ว และราบรื่น โดยใช้ความเชี่ยวชาญจากประสบการณ์การทำงานที่ยาวนาน และความร่วมมือจากเครือข่ายของตัวแทนและบริษัทคู่ค้าทั่วโลก

译文：凭借长期积累的服务经验和全球商业伙伴的网点合作，我们有信心为客户提供价格合理、快速应答的服务。

例16：เราพร้อมตอบโจทย์ทุกความต้องการของคุณ โดยการนำเสนอตัวเลือกที่หลากหลายและบริการที่ปรับเปลี่ยนได้ตามความเหมาะสม

译文：我们将通过向您提供多种服务套餐、制定专属服务来满足您的任何需求。

在翻译使用โดย 作为介词的复合句时，主要采用了直译法和意译法。

例12、例13、例14采用直译法，而这三个例句中的โดย作介词，无实义。此时采用直译法可使目的语简明直接，不改变源语的语言形式、内容以及风格，并且能够忠实地传递原文的信息。在实现交际目的的基础上，体现了目的论的三原则。

例15、例16采用了意译法，这两个例句中的โดย作介词，有实义。โดย可译成“凭借、通过”，表示通过某种方式达到目的。这种情况下可采用意译法，并且可把接在โดย后面的分句放前面，再接其他的分句。采用意译法需要译者把源语翻译成符合目的语习惯的表达方式，表达出原文所要传达的主要信息，便于目的语读者理解，保证了目的论中的目的原则和连贯原则。

3.使用关系代词ที่ 的定语从句。

例17：จากประสบการณ์ที่ยาวนาน ทำให้เรามีความเชี่ยวชาญในทุกขั้นตอนของการเคลื่อนย้ายร่างผู้เสียชีวิตระหว่างประเทศ

译文：长期积累的经验使我们熟悉国际遗体转运业务的每一项流程。

例18：คุณสามารถเลือกรูปแบบของพิธีที่เหมาะสมกับความต้องการ งบประมาณและความเชื่อทางศาสนาของคุณ

译文：您可以按个人需求、预算以及宗教信仰选择葬礼类型。

汉泰两种语言的语法规律在定语从句位置的摆设上正好相反。在翻译时，应该按照汉语的表达习惯，调整定语和中心语的顺序。

例17中จากประสบการณ์ที่ยาวนาน是一个使用关系代词ที่ 的定语从句，对译为“从经验的长期”，在整个句子里面作主语。这里采用意译法，译为“长期积累的经验”。

例18中ที่ 引导的定语从句作宾语。ที่前面画线部分句子是中心语“葬礼类型”，ที่后面画线部分句子是定语。该句中除了作为引导定语从句的ที่可译成“的”外，还有同样表示所属关系的ของ（的）。句子出现多个表所属关系的词时，为实现目的论中的目的原则和连贯原则，可以采用意译法译出原文所要传达的主要信息。

（三）文化的翻译

中泰两国地理历史、社会风俗、宗教信仰的不同造成了文化差异和不同的价值观念。以泰国AsiaOne公司的网站文本为例，在文化层面上的翻译可采用删减法、直译法和改译法。

例19：เรายินดีให้บริการวางแผนและจัดงานศพแบบครบวงจร ตั้งแต่การเตรียมเอกสารสำคัญ ไปจนถึงการจัดพิธีกรรมทางศาสนา บริการของเราสามารถปรับเปลี่ยนรูปแบบได้ความต้องการของคุณ

译文：从准备文件到举办葬礼，我们可根据您的需求提供一站式殡葬服务。

例20：เรายินดีให้คำปรึกษาและเป็นตัวแทนของครอบครัวคุณในการดำเนินงานทุกขั้นตอน

译文：我们将为您提供咨询服务，并代表您跟进流程的每一个环节。

例21：เรามีความภาคภูมิใจที่ได้ช่วยเหลือครอบครัวจากทั่วโลกมาอย่างต่อเนื่อง รวมกว่า 50,000 ครอบครัว

译文：我们因助力全球五万多个家庭而倍感自豪。

例22：ทีมงานของเราทุกคนเชื่อมั่นในปณิธานของบริษัทที่จะช่วยเหลือและอยู่เคียงข้างครอบครัวชาวไทยและชาวต่างชาติในช่วงเวลาที่ยากลำบาก เรามีความภาคภูมิใจอย่างยิ่งที่รับความไว้วางใจจากลูกค้าตลอดมา และเรามุ่งมั่นที่จะให้บริการอย่างตั้งใจและเอาใจใส่ที่สุดเสมอ

译文：我们坚信可以帮助每一个家庭度过困难时期，我们因长期获得客户信赖而倍感自豪，我们将一如既往提供最贴心周到的服务。

例23：ส่วนคุณเจนจิรา ผู้สำเร็จการศึกษาด้านธุรกิจระหว่างประเทศจากประเทศไต้หวัน ได้รับตำแหน่งผู้จัดการที่สำนักงานสาขาภูเก็ตหลังจากสำเร็จการศึกษา

译文：卓莉晶女士毕业于中国台湾的国际商务专业，毕业后在普吉岛分公司担任总经理。

例19、例20采用了省译法。当原文出现一些文化因素信息，翻译之后反而阻碍了目的语读者对源语的理解，依照目的原则和连贯原则，可选择不译。省译即省略源语中的一些信息以达到有效的跨文化交流（连淑能，2006：146）。例19、例20中的“ยินดี”（高兴）一词，如果具体展开解释会涉及一个国家的文化、宗教、信仰等，比较复杂，所以这里省略不译也不会影响目的语读者的理解，保证了目的论中的目的原则和连贯原则。

例21、例22采用了直译法。泰国AsiaOne公司作为一家从事服务业的公司，能为顾客提供优质服务且能成为行业中的佼佼者，是可以被理解的。考虑到网站文本有对外宣传的功能，译者采用直译法，保留了原文中因业绩突出而出现积极正面情绪的文本内容，遵循了目的论中的忠实原则。

例23采用了改译法。世界上只有一个中国，台湾自古以来就是中国领土不可分割的一部分。翻译工作不论是笔译还是口译都有一个很强的思想性和政治性问题，都有一个立场问题。因此，翻译工作者不能采用客观主义的态度，见到或听到什么就译什么，喜欢什么就译什么，这都是不对的（梁源灵，2008：17）。中国客户是泰国AisaOne公司重要的目标客户，因此就更加需要注意到文化背景和立场问题，译者在翻译过程中也要站稳立场，明辨是非，不能犯原则性错误。这种情况下采用改译法，遵循了目的论中的连贯原则。

四、结语

本文以泰国AsiaOne公司网站文本汉译作为研究对象，论述泰国公司网站的文本特征，从目的论的角度对泰国公司网站文本的汉译策略及方法进行探讨。

公司网站文本的内容广泛，并且会涉及专业领域的知识。同时，公司网站是一种目的性比较强的文本，在宣传公司形象、吸引潜在客户方面发挥着十分重要的作用，因此公司翻译文本的质量值得重视。在翻译过程中，译者要确保译文的准确性和接受度，这就要求译者精通目的语的语言，具有扎实的语言功底，同时还需要广泛阅读，熟悉目标语国家的文化。最重要的是，译者必须有正确的世界观和一定的政治理论水平和思想水平，站稳立场，明辨是非。

参考文献

[1] 杨晓雪，晋艳.目的论视角下探析企业网站翻译[J].现代商贸工业，2017（29）：75–77.

[2] 杨桂兰.汉泰语语法体系中句法研究比较[J].青年文学家，2019（12）：164–165.

[3] 裴晓睿.泰语语法新编[M].北京：北京大学出版社，2001：106.

[4] 黄忠廉.翻译方法论[M].北京：中国社会科学出版社，2009：56.

[5] 连淑能.英译汉教程[M].北京：高等教育出版社，2006.

[6] 梁源灵.泰汉翻译理论与实践[M].重庆：重庆大学出版社，2008.

作者简介

韦纪君，广西民族大学东南亚语言文化学院泰语口译专业在读研究生，主要研究领域：泰语口译。

民族团结故事中译日的译前编辑研究——以飞译人机合译平台为例

曾文华　唐慧颖

摘要：机器翻译在现代翻译实践中的运用越来越广泛，如何有效地进行译前编辑、提升翻译质量是机器翻译成败的关键。本文以飞译人机合译平台为例，分析了机器翻译在民族团结故事中译日领域的运用，总结出对原文进行译前编辑，增强翻译效果的策略与技巧。本文主要从术语库的建设及其运用，消除文化差异、改写简化原文过度复杂的句式或语法结构等方面进行了译前编辑技巧的研究。研究发现，在现实的翻译当中有效的术语库建设与消除文化差异，善用接续词等技巧在译前编辑中尤为重要，做好了译前编辑能大幅度提升机器翻译质量，减轻译后编辑负担。

关键字：民族团结故事；译前编辑；术语库；编辑技巧

一、引言

随着人工智能技术的发展，机器翻译的可靠性增强，为从事翻译活动的译员们减轻了工作负担。但是，机器翻译结果仍然存在着可读性不强、缺乏意义连贯、晦涩难懂等问题，特别是在文学文本的领域，无法译出字里行间的深层次信息，对口语中的语序、省略的理解不足，出现许多误译问题。这就需要对进行机器翻译的原文与译文进行编辑，以提高翻译质量。机器翻译的编辑介入一般发生在机器翻译过程前、中、后，对应编辑模式分别为：译前编辑、交互性编辑、译后编辑。本文主要从译员角度出发，对机器翻译的译前编辑策略与技巧进行研究。探讨如何对原文进行有效的译前编辑，提升机器翻译的效率与正确性，增强译文的可读性。

二、译前编辑的策略与本研究的立足点

关于译前编辑的技巧，香港中文大学计算机辅助翻译硕士黄越悦（2017：175）与河北农业大学外国语学院教师李亚民、黑龙江大学应用外语学院副教授冯莉（2020：102）通过自己的实践，进行了分析与归纳，主要总结为以下5个方面：

（1）修正原文中的错别字、标点、语法等各类低错；

（2）对原文中的术语使用进行优化，修正错误和不规范术语，并确保一致性；

（3）通过改写、简化原文过度复杂的句式或语法结构，将长句拆解为短句；

（4）消除原文中的歧义或语意不明等现象，将习语和俚语等替换成简明直白的表述；

（5）消除原文中的文化差异，通过词的改写与跨文化的语义转换，便于机器理解。

目前的机器翻译研究多是通过百度翻译等通用翻译引擎，使用上述5个技巧开展各类文本的译前编辑研究。然而，通用翻译引擎只能使用其自带的术语库进行翻译。译员进行译前编辑时，不能自行创建与运用术语库，译前编辑的实际效果受限。

与通用的翻译引擎相比，本研究所使用的飞译人机合译平台本身具有强大的机器翻译系统，还可以自建术语库，补充引擎中的不足，实现较为高效的翻译。本文将以飞译人机合译平台为例，通过术语库与上述技巧结合的策略，探讨更有效的译前编辑方法。

三、翻译文本的特点

本研究的翻译文本，即《民族团结故事集》收集有壮族、瑶族等11个广西世居少数民族相关的民间故事。从文体来说，以叙事类文学文本和故事类文学文本为主，现主要以《密洛陀故事》等7篇“民族同源故事”为例，对其语言表达特点进行分析，为机器翻译做准备。

（一）民族团结故事中的语言表达特点

故事当中包含有丰富的广西少数民族历史、文化、风俗习惯等方面的内容，这些内容主要通过相关的词汇来体现。其中既有民族的名称，如仫佬族、侗族、苗族、瑶族等；又有独特的物产与宗教词汇，如“道公”“师公”，他们是壮族师公教的神职人员，在举办道场时进行的仪式活动被叫作“跳神”。还包括众多的广西地区方言，如玉米在广西一些地区被称为“包谷”或“苞穀”，学名为“贯叶连翘”的植物被称为“上天梯”。神话故事中的人物更是历史文化的精华，如“密洛陀”“陆盟”“布伯”等人名都是少数民族词汇的汉语音译，他们的发音在汉语中没有实际意义，但是在其民族语言中却意义丰富。例如，“密洛陀”在瑶族是个合成词。“密”，意为母亲，“洛陀”，意为古老。把两部分合起来，“密洛陀”即“古老的母亲”的意思。这些词汇包含的文化内涵很难被翻译引擎读懂，其自带的语料库与术语库也基本没有覆盖到，因此在进行机器翻译的时候往往会出现误译。

（二）民族团结故事翻译的基本要求

运用简洁易懂的译入语（日语），较为正确地翻译出故事中包含的民族文化内涵，让普通的日本民众能够理解是民族团结故事翻译的最重要目的。为了实现这个目的，本研究将以飞译人机合译平台为例，利用术语库与上节中介绍的译前编辑技巧，来探究翻译引擎读懂这些广西民族风情和文化特色的途径，以提高机器翻译质量。

四、术语库建设在民族团结故事译前编辑中的运用

下面将从术语库的编辑、术语的翻译技巧等方面分析民族团结故事的译前编辑技巧。

（一）术语的提炼与翻译

在建设术语库之前，先要进行术语的提炼与分类。通过对故事的解读与分析，发现翻译错误的主要是上述广西少数民族历史、文化、风俗习惯等相关的词汇。为此笔者将相关的词汇进行了整理编辑，分成了少数民族的名称、故事中的人名、广西物产的相关词汇、包含文化特色的方言和俚语等4个类别。由于篇幅问题，这里以少数民族的名称、故事中的人名为例讨论中译日的技巧。

首先，是关于少数民族名称的翻译，不管是苗族、瑶族等民族统称还是细分的茶山瑶、坳瑶、山子瑶对于日本人来说都是陌生的，而且其名称在汉语中大多是音读。如下表所示，在将少数民族统称翻译到日语时，基本上可以采用“片假名音译+族”的译法，使用片假名可以体现出是外来词汇，并且在阅读时较为醒目。像“茶山瑶”这样细分的少数民族名称则需看具体情况，由于“茶山”等汉字在中日文中的意义基本一致，在中日文中都能描述出其民族特点，这类的名称可以采用“不译/直译+民族统称”的方式。像“坳瑶”这样比较特殊的名称，因这一族系读“瑶”字的发音与汉字的“坳”字相近，故被称为“坳瑶”，像这样的情况就可以用“音译+民族统称”，将其民族特点体现出来。

表1　少数民族名称的翻译案例

中文		日文	翻译技巧
少数民族统称	仫佬族	ムーラオ族	音译+族
	苗族	ミヤオ族	音译+族
	瑶族	ヤオ族	音译+族
细分化的少数民族名称	茶山瑶	茶山ヤオ族	不译+民族统称
	坳瑶	アオヤオ族	音译+民族统称
	山子瑶	山の子ヤオ族	直译+民族统称

故事中的人名，大多是从少数民族音译到汉语的，译成日语时可以同样借鉴采用“片假名音译”的方式。例如，“密洛陀”可以音译“ミノルド”，“陆盟”可以音译为“ルーモン”。但是，对于有特别寓意的人名须用脚注的形式进行进一步的解释，如“密洛陀”不仅是“古老的母亲”，更是壮族中造天地、万物和人类的女神，可以在第一次出现的时候加以脚注的解释为“チワン族の中で崇高な地位を持つ天地、万物と人類を作った女神として、チワン族に崇拝されている”，这样就能将意思准确地传达到日语当中。

这里只是举了一些较为代表性的术语翻译，在上述各类词汇的翻译中可以采用功能对等的翻译原则灵活地使用各类技巧进行翻译后，建立好相关的术语库以备在机器翻译中调用。

（二）术语库的使用

术语库建成后的基本样式为表2所示的EXCEL表格，左边是“Source”项目下的原文词汇，右边是“Target”项目下的日语译案。在实际的术语库建设中可以根据术语的量，分类建立多个术语库。

表2　术语库的示例（部分）

Source	Target
瑶族	ヤオ族
布努瑶	ブヌヤオ族
米诺陀	ミノルド
布伯	布伯
陆盟	ルーモン

进行机器翻译时，调用术语库也非常的方便。只要在平台中建立好翻译的项目之后，按照提示一步步地操作即可。下表即为调用术语库后的翻译效果，蓝色部分为术语的翻译，如“陆盟”这一人名被作为术语来翻译，对译为“ルーモン”。而且在文中反复出现时，也能进行一一的识别并正确的翻译，得到较为满意的翻译效果。

表3　术语库使用后的翻译效果

原文	译文
秋天以后，每秆包谷都结了三、五穗。	秋以降，1秆につき玉蜀黍に3～5穂が出た。
雷王下来收租时，只能睁着眼看布伯家	雷神して借りるとき、布伯家を见ている人
雷王气得鼻孔冒烟，那原来是碧蓝碧蓝	雷神に鼻孔から烟が出る。それはもとは青
他一转身，头也不回地跑了。	彼はくるりと向きを变えるや，頭も振り返
布伯还在后面连连叫他回来喝了酒再走	布伯がまだ后ろにいて，帰って来て饮んで
雷王回到天上，便叫雷将[illegible]过来，命	雷神が空に戻ると、雷はルーモンを呼んで.

五、民族团结故事中译前编辑技巧的运用

术语库的运用可以解决一些翻译引擎难以读解的词汇问题。在实际的机器翻译中还存在着文章内容难以理解，文中的逻辑关系理解错误，文化差异读解不出来等问题。针对这些问题，需要将存在机器理解问题的地方进行有效的译前编辑。

（一）译前编辑技巧的分类运用

下面将依据译前编辑的技巧，分别对故事翻译时所涉及的问题进行分析，探讨译前编辑技巧的运用方式。

1.消除低级错误

如表4所示，在机器翻译中使用的原文有时会出现一些错别字、语法问题，这样的错误翻译引擎无法分辨出来，需要在翻译之前通读文章将其找出并更正，避免出现误译问题。

表4　消除低级错误案例

案例		译前编辑前	译前编辑后
例1	中文	背萎	背篓
	译文	背萎	背負い籠
例2	中文	町嘱	叮嘱
	译文	町の指示	念を押す

2.改写简化原文

在故事中为了增加语言表达的效果，往往采用语言叠加表达和事物的重复类比等方式，使得句子内容累赘复杂，容易出现逻辑上的问题，使得翻译引擎读解出错。这时就需要对相应的句子进行改写，将内容简化，消除相关的逻辑错误，使得句子结构符合机器翻译的逻辑。例如，下表中原文为了强调无雨，在“滴雨不落”前后增加了“天上”与“滴露不撒”，这对翻译引擎的正确翻译产生了干扰，翻译出来的“空には雨が降らず、露が散らない”不符合日语表达的逻辑。这时需要对原文进行简化，将“滴露不撒”与“天上”删除后，翻译较为准确。

表5　改写简化原文案例

翻译＼编辑	译前编辑前	译前编辑后
中文	这一年，天上滴雨不落，滴露不撒。	这一年，一滴雨不落。
译文	この一年、空には雨が降らず、露が散らない。	この一年、一滴の雨も降らなかった。

3.消除文化差异

虽然中日两国都使用汉字，有同文同种之说，但是其实中日两国之间存在着较大的文化差异。这时就需要译者对原文中的文化差异进行分析，并通过相关词汇的改写或是在内容上进行跨文化转换等方式消除文化差异，使得机器翻译的效果得以提升。

下表中例1的“心计”一词通过上下文的读解可知为“内心不好的想法”之意，与辞典中“善于算计别人”解释也有所不同，对于这样含有文化差异的词汇，机器翻译时被拆分理解，误译成了“心の計（心的合计）”。这时须对词进行转换，将其改写成“企图”就较好地表现原文的含义，且“企图”作为一般常用的表达能被翻译引擎识别，最终被翻译成“企み”。

例2的“哑子吃黄连，有苦难言”属于中文的歇后语，是文化差异的代表性事例，通过比喻的表达来说明自己吃亏后却难以言辩的心情。机器翻译时由于没有理解歇后语所表达的意思，只进行了字面翻译，出现了“唖のように黄蓮を食べ、苦難の言葉があり（像哑了一样，有苦难的话语）”这样的误译。因此需要对其进行意思的转换，编辑成“像不能说话的人吃了黄连，说不出苦味一样，无法反驳”后，从表中的翻译“話せない人が黄蓮を食べて苦味が言えないように”可以看出，译文的意思变得清晰了。

表6　消除文化差异案例

案例		译前编辑前	译前编辑后
例1	中文	不料契高不知布伯的心计，又怕雷王放出后，要找他报仇。	不料契高不知布伯的企图，又怕雷王放出后，要找自己报仇。
	译文	意外にも契高は布伯の心の計を知らないで、また雷王が放した後に、彼に仇を討つことを恐れていた。	意外にも契高は布伯の企みを知らず、雷王が放った後、自分の仇を討つのを恐れていた。
例2	中文	雷王像哑子吃黄连，有苦难言，无力反驳，但心里有了疙瘩。	雷王，像不能说话的人吃了黄连，说不出苦味一样，无法反驳。但有了疙瘩。
	译文	雷王は唖のように黄蓮を食べ、苦難の言葉があり、理不尽に反論したが、心にしこりができた。	雷王は、話せない人が黄蓮を食べて苦味が言えないように反論できない。しかし、心にわだかまりができた。

4.消除歧义或语意不明

机器翻译时发现，故事中的一些语言表达还存在歧义或语义不明的问题。歧义产生的原因主要有下表中所涉及的多个方面，包括指示代词的理解、虚词等词语的省略、标点符号的省略、语序不合理等问题。在译前编辑中，需要采取相关的技巧消除这些问题。

如例1中的指示代词引发的误译问题，可以采用将指示代词明确化的方式解决。“他的儿女伏依姐弟”这一连串指示代词的并列，由于缺乏一些虚词来明确关系翻译软件理解时，将“他的儿女”与“伏依姐弟”分开理解引发了误译。这时通过增加副词、虚词理清他们的关系，编辑成“让他的儿女，也就是叫作伏依的姐弟2人”后，解决了语义不明的问题，实现了机器更好地理解。

主语、补充动词、副词、虚词等省略也会引发机器翻译的误译问题，这时可以采用增加或明确主语，补充动词、副词、虚词等方法，把隐含的语义表达出来，将句子的意义完整化，促进翻译引擎的正确解读。例2中由于主语的省略，“都很恨他”的主语是“契高”还是“雷王和布伯”对于翻译引擎来说难以正确理解，因此将“契高”理解成了“都很恨他”的逻辑主语，出现了误译问题。这时须改写成“所以雷王和布伯都很恨他。”这样增加了主语后，明确了“恨”这一动作的发出人，还通过“所以”一词将前后分句的逻辑关系理清楚，促进了机器翻译效果提升。

如例3这样的语序不合理引发的误译问题，可以采用调整原文语序的方式进行改写，使其语序符合机器翻译的逻辑思维，以达到正确翻译的效果。原文中“归我管”在句末是口语表达，这样的语序导致翻译引擎没有译出什么事由雷公负责。这时通过将“我”“掌管”放到句子开头，改写成主谓宾语序，并且将“天晴”“下雨”用“和”字并列之后，实现了机器的准确翻译。

表7　消除歧义或语意不明案例

案例		译前编辑前	译前编辑后
例1	中文	然后叫他的儿女伏依姐弟，拿扁担在棚下等着。	然后让他的儿女，也就是叫作伏依的姐弟2人，拿扁担在棚下等着。
	译文	それから彼の子供を姉弟に伏せて、天秤棒を持って小屋の下で待っていた。	そして彼の子供、つまり伏依という姉弟2人に、天秤棒を持って小屋の下で待たせました。
例2	中文	契高呢，由于得罪了雷王，又破坏了布伯的计策，都很恨他。	契高呢，由于得罪了雷王，又破坏了布伯的计策，所以雷王和布伯都很恨他。
	译文	契高は、雷王を怒らせ、布伯の策を破壊したので、彼を憎んでいた。	契高は、雷王を怒らせ、布伯の策を破壊したので、雷王も布伯も彼を憎んでいた。
例3	中文	天晴落雨归我管。	我掌管天晴和下雨。
	译文	晴れたり雨が降ったりして私の責任になる。	私は晴れと雨を司っている。

（二）译前编辑地运用总结

从上述各类翻译的分析可以看出，进行译前编辑时，标准并不是从人的思维理解出发，将原文修改得“更流畅更优美”。这种改写使得表达更加的文学色彩丰富，反而会增加翻译引擎理解的负担。修改的标准应该是“机器能不能翻译对”，修改的结果是否句子结构完整，主谓宾定状补的语序是否正确，逻辑上是否变得更加清晰。即译前编辑时，需要认识到机器翻译是按照规则和指令进行翻译的特性，并以此为指导对原文进行能够适应机器翻译的优化和重构。

六、结论

译前编辑的工作做好了就意味着机器翻译效果的提升，可以大大地减轻译后编辑的工作。现在机器翻译运用的范围越来越广泛，因此在进行机器翻译时要重视译前编辑解决一些基本的问题。在译前编辑时，术语库建设与译前编辑技巧的结合使用，可以从词、句、段的三个层次提升翻译的效果与效率。因此，在平时的翻译实践中可以自己建立各个领域的术语库，方便在进行相应领域的翻译时使用。

虽然通过译前编辑能产生较好的翻译效果，在一定程度上代替译后编辑，但是并不能完全代替。机器翻译的译文中依然存在着一些词语表达不当，句式选用不正确，意思不明等问题，因此还需要对其进行译后编辑，使译文更加的流畅自然。

参考文献

[1]李亚民，冯莉.人机合作翻译中的译前编辑与译后编辑[J].边疆经济与文化，2020（1）：4.

[2]黄越悦.浅谈机器翻译中译前编辑的应用[J].湖北函授大学学报，2017，30（3）：3.

[3]陈丽.机器翻译中的译前编辑翻译技巧——以Google汉译英《边城》为例[J].海外英语，2020（8）：2.

[4]刘思奇.从影视文本翻译研究译后编辑模式[J].喜剧世界（下半月），2020（10）.

[5]胡红娟.日汉机器翻译的局限性及策略探析[J].山西能源学院学报，2021，34（6）：3.

作者简介

曾文华，副教授，硕士，桂林理工大学外国语学院，主要研究领域：中日社会文化对比与翻译研究。

唐慧颖，中学初级，学士，桂林市交通技工学校，主要研究领域：日汉互译。

第二篇　外语教学研究

高校英语专业教师课程思政教学能力评价体系研究

陈露　陈敬花

摘要：教师是高校课程思政建设的主体，其课程思政教学能力直接影响到课程思政教学的质量和育人效果。高校教师教学能力考核评价是高校保障高校教学改革和人才培养质量的主要途径之一。本文探讨构建科学完善的高校英语专业教师思政教学能力评价体系，确保课程思政教学的有效性。

关键词：课程思政；高校英语专业教师；教学能力；评价体系

2020年，教育部印发实施《高等学校课程思政建设指导纲要》，明确立德树人成效是检验高校一切工作的根本标准，教师是全面推进课程思政建设的关键。作为中西文化碰撞的前沿阵地，英语课程思政建设成为高校英语教学的首要目标。英语教师必须进一步根据学科特点提高育人能力，确保课程思政建设落地落实、见功见效。本文试图通过分析高校英语专业教师课程思政教学的现状，提出构建科学合理的教师思政教学能力评价体系，形成教师课程思政教学能力提升的长效机制，确保英语课程思政教学的实效性。

一、英语教师课程思政教学研究现状

在全球化时代背景下，我国高等英语教育的发展逐步呈现从扩张规模的外延式到提升质量的内涵式转变，教学质量是英语教学改革的核心问题，教师教学质量成为影响和保障教学质量的重要因素。厦门大学教授、博士生导师潘懋元（2007：6）指出，将高校教师的总体发展方向定位为教学质量的提高和评价，有利于提升我国高校的办学水平。高校教师教学能力是培养具有创新意识和实践能力高素质大学生的重要前提。沈阳大学经济学院教授米娟（2014：273）的研究认为，高校教师的教学能力应该包括教学设计能力、教学实施能力、教学研究能力、教学评价能力以及专业拓展能力，构建科学的高校教师考核评价制度改革是推进高校教师教学能力提升的内在动力。2020年国务院印发《深化新时代教育评价改革总体方案》，强调建立健全多维度的高校教师教学能力考核评价体系和监督检查机制，在各类评价工作和深化高校教育教学改革中落细落实。在外语教育领域，高校英语专业教师教学能力提升及评价业已成为教学研究的关注点。根据中国知网数据库2010—2022年收录的文章，约有177篇是有关英语教师教学能力提升和评价方面的研究，篇数也呈现逐年递增的趋势。

2016年，全国高校思想政治工作会议召开以来，探索“课程思政”教学规律，增强英语专业知识传授与价值引领有机融合的高校英语课程思政教学改革持续升温，英语课程思政研究在规模和数量上迅猛发展。课程思政教学改革对英语教师的教学能力提出了新的要求，教学研究工作者也开始对英语教学能力的内容和评价进行广泛的讨论。目前，大量研究集中在课程内容和实施的讨论，如北京外国语大学教授、博士生导师文秋芳（2021）聚焦教师课程思政教学的内涵与实施；文旭（2021）讨论教师如何在语言学课程实施课程思政，实现立德树人根本任务。探讨英语教师课程思政教学能力和评价的文章并不多见，主要有学者张或凤、孟晓萍（2021）对大学英语教师课程思政教学能力的研究，学者许葵花、张雅萍、王建华（2022）对大学英语课程思政模式建构及评价的研究以及学者黄蓉（2022）对大学英语课程思政教学评价体系的构建策略研究。几乎很少有针对英语专业教师课程思政教学能力考核评价的研究。

二、英语教师课程思政教学评价体系构建的必要性

（一）思政教学意识缺位

尽管广大教师响应思政教学改革号召，但仍有部分专业教师对英语课程开展思政建设重要性认识不足，教学上主要关注英语语言知识学习与语言技能提升的训练。例如，笔者所在高校近年来大力推行本科课程思政建设课题或项目（无限量申报），明确资助实施本科课程思政教学改革，建设一批发挥思政功能的示范课程，推动构建科学合理的课程思政教学体系。据统计显示，英语教师项目申请的积极性不高，承担课程思政建设示范课程项目只占英语专业课程中的20%。此外，根据知网统计，笔者所在学院190名英语教师中，发表与课程思政相关的教学教改文章只有11人，占总体人数比量少，反映出英语教师群体课程思政教学改革意识有待改进。

（二）思政教学内容不足

课程思政教学要落细落实，实施教学的能力是关键。英语学科的特殊性决定了大学生在英语课程学习中频繁接触到英语语言与英语国家文化。英语知识传授与思想价值引领的有机融合是高校英语课程思政教学的主要内容，教师的价值引领作用尤为重要。通过课堂观察发现，英语专业教师尚未具备深度挖掘课程思政元素的能力。教学内容依旧是基于单一课本教材，以传授课本英语专业知识为重心，随机添加思想政治教育内容。教师在教学设计、教学内容上对思想政治内容与专业知识的结合还没有引起足够的重视，缺乏对社会主义核心价值观、四个自信内容研究的深度和广度拓展以及对英语专业教学内容的西方文化的批判性审视和遴选。

（三）思政教学方法单一

在多模态教学模式广泛普及的趋势下，由于缺乏对学生学习需求的调查，教师思政教学方法出现与现代化技术脱节现象。思政教学仍然采用传统课堂一言堂灌输讲座方式，思政内容呈现方式陈旧，任务设置欠科学连贯性，课堂思政元素

主题探讨和小组活动缺乏创新和想象，无法充分利用现代化技术辅助提高思政教学成效。教学内容与考评脱节导致学生学习参与度不高，课堂教学形式单一同时挫伤学生的积极性，无法达成思政教学育人的培养目标。

（四）思政教学评价体系缺失

目前，指导英语教师群体课程思政教学的评价体系构建仍处于空白状态，没有结合课程思政教育背景更新可遵循的评价目标和评价内容。

首先，评价目标只关注对教师知识传授能力的评价，对立德树人目标的评价有所忽视。

其次，评价内容也局限于对教师师德和英语语言和知识教学能力的评价，对教师课程思政教学的设计、理论和实践能力等方面的评价没有新的规定。

课程思政教学能力达成观测指标的缺失，导致专业教师在教学理论实践中缺乏实现立德树人教学目标的有效指引，课程思政教学研究能力和评价学生课程思政学习成效的能力难以拓展。同时，在教师队伍管理上，教师的课程思政教学素养和能力没有得到有效的检测和考评，无法推动教师课程思政教学改革的积极性。

在课程思政系统中，课程、思政、课堂、教师、评价是关系课程思政建设质量的五个核心要素（戴少娟，2021：58）因此，完善的考评体系是确保教师课程思政教学质量长效机制的制度保障。

三、英语教师思政教学能力评价体系的构建

（一）评价体系的设计原则

高校教师评价体系是由若干互相联系、互相补充、具有层次性和结构性的指标组成的，这些指标尽可能完整地体现高校教师的工作绩效，同时符合评价体系所应具有的基本特征（付沙、周航军，2019：92）。高校教师教学能力评价体系必须符合以下原则：

1.与时俱进原则

与时俱进原则是指在构建教师教学能力评价体系时要将时代精神和高校教师发展现状两者紧密结合。近年来，随着高等教育高质量发展格局的不断完善，国家对高校教师师德师风、专业素质和教学能力水平的提升提出新的要求。因此，构建评估体系必须坚持紧跟时代节奏，在评价理念、评价指标、评价方法与手段等都应该有适时的更新与调整；充分尊重现实，使评价体系体现新时代的要求。

2.科学客观原则

教师教学能力评价体系的科学客观原则，是指教师评价系统是建立在科学的理论的指导下，遵循科学的程序，利用科学的手段与方法进行研究与分析，从而构建出科学的教师教学考核评价内容、标准以及方式，实事求是、客观地反映教师教学工作的性质和特点。考核评价体系是一个复杂的动态系统，会在变化中的信息时代呈现出新的发展特点和变化。考核评价体系的构建基于准确、现实的状况，就必须遵循科学性原则。因此，客观现实是我们构建该考核评价体系的重要依据。

3.多元性原则

多元性原则是指要教师教学能力评价体系设计要考察多层次和多维度要素，关注不同要素之间的内在逻辑联系与差异。采用统一的考核评价标准、方式、评价量表来对高校教师教学能力评价缺乏客观性和合理性。合理地采用多元评价主体，根据不同学校的教师群体进行量体裁衣，由具体情况可做出相应的调整。依据多元智能理论的观点，不应过分偏重对某一方面进行评价，忽略其他方面的评价，要做到多层次、多元性地对教师教学能力全面进行综合评价。

4.可操作性原则

可操作性原则是指要教师教学能力评价体系的内容和实施设计要从实际出发，充分考虑其可以操作性。高校教师教学考核评价体系的最终目的是促进高校教师教学能力的提升，因此，考核评价体系的各个方面都必须遵循可操作性原则，方便理解、实施和改进。

（二）评价体系的构建

为了达到考核教师的挖掘课程思政教学素养和能力的内涵，必须细化课程思政教学能力的指标，体系的构建必须符合与时俱进、科学客观性和多元性和可操作性等特征，能激励教师在课程思政教学方面结合本专业特色发挥自身优势，有助于形成促进高校课程思政教学水平不断提高的内在因子，促进高校英语教学改革与发展、加大推进课程思政建设的步伐。

1. 更新评价理念

结合教育部要求高校实施全面课程思政的时代背景，学校及学院需要更新对英语教师的教育评价理念与方法，改革对教师教学评价的监督与考核条例，制定检测教学效果的评价体系。

首先，学校将教师课程思政素养纳入师德考核范畴。通过健全培训考核和激励机制，出台管理文件将教师参与思政培训、各类课程思政教学活动以及申报课程思政建设情况纳入考评体系，强化课程思政意识和课程思政教学素养能力。

其次，英语教师教学能力评价内容应该从单一的英语学科知识教学和研究能力补充教师对英语课程教学育人价值的认知能力、对思政元素的挖掘能力和英语学科课程思政实践的教学能力。

此外，通过行动研究，在教学实践中不断地深化细化完善考评的观测点和考评指标。考评的目标是检测教师课程思政教学能力的达成度，深化课任教师对课程思政教学能力的认识和认同，同时，充分发挥考评的反拨作用，引领教师自觉地不断提升其课程思政教学能力，形成以评促改的良好氛围。

2. 制定评级指标体系

依据科学客观和可操作性原则，制定教师课程思政教学能力评价层次结构的分级评级指标体系。

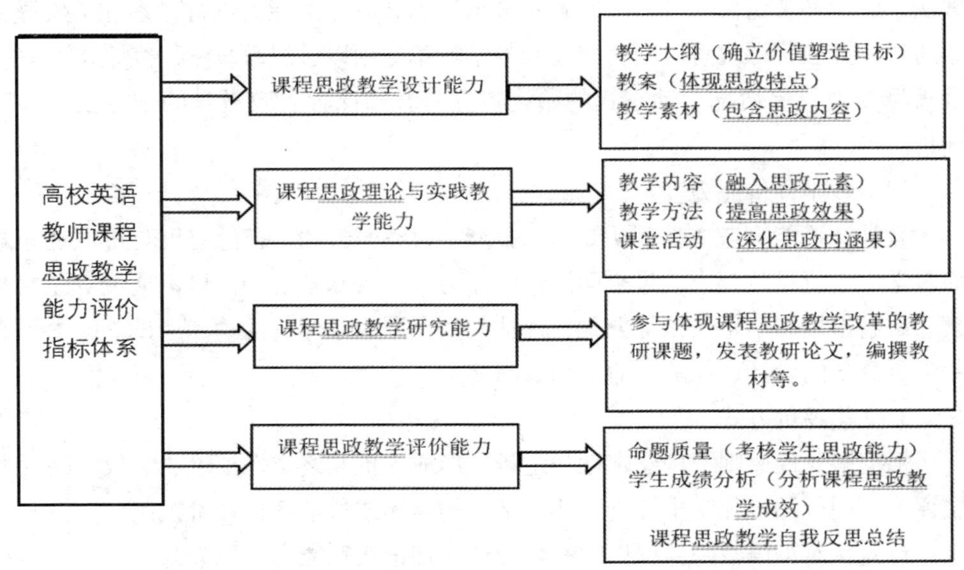

图1　高校英语教师课程思政教学能力评价指标体系

如图1所示，评级指标包含了英语教师课程思政教学设计、理论和教学实践、教学研究和教学评价能力。体系中的三级指标对各项内容都有具体的说明和要求。评级采用百分制标准，权重分别为教学设计占20%、理论和教学实践占40%、教学研究占20%和教学评价占20%，全面监督课程思政教学的质量和效果。

（1）课程思政教学设计能力

设计能力指标重点观测英语教师在教学大纲、教案、课件设计以及教学素材遴选等方面对课程思政教学性质的认知，考察英语教师对英语课程的育人本质，深刻认同各门课程协同育人的教育理念，寓价值观引导于英语知识传授和能力培养以及帮助学生塑造正确的世界观、人生观、价值观的课程统筹设计能力。学校和学院层面可以通过组织教学指导委员对教师的教学设计理念和材料进行审核和评估，考核结果用于帮助教师加深对课程思政内涵和外延的认识。

（2）教学理论和实践能力

教学理论和实践能力考核通过现场观察评价、监视监听评价、录像评价、量表评价等方式展开对英语教师的教学评价。对英语教师深度挖掘与课程教学内容中的相关思政元素，重构英语教学课堂知识，组织有效的思政融入教学方式，设定思政元素融入语言知识与技能教学的教学活动能力展开综合评估。

（3）教学研究能力

教学研究能力针对英语教师探索英语课程思政教学规律，发现和解决教材、教法、学生和考试模式等存在问题并进行反思和改进的能力进行考察。学校每学年通过统计教师课程思政项目建设和教学改革立项以、思政教学研究论文发表以及编撰新教材等情况，动态式的始终贯穿对教师课程思政教学的全方位指导和评价。

（4）教学评价能力

教学评价能力考核教师从知识与技能、过程与方法、情感态度与价值观等方面对学生进行思政育人效果全面评价的能力。学校和学院层面可以通过对课堂考察、试卷审核和学生访谈等方式，评估教师在课程学习、活动和考试等教学环节中为所具备的设计、保障、监督和诊断能力。

3. 优化评价方式

根据多元性原则，构建定性与定量、形成评价和终结性评价、学校学院管理层评价、同行评价和学生评价三体相结合的立体式科学考核评价机制。

首先，对英语教师课程思政教学设计、理论实践能力、研究与成果、教学效果四个方面的二级指标进行丰富和细化，选取具有代表性的、可量化的指标评价，通过科学的定量指数实现定性与定量相结合的评价。

其次，采用形成性和终结性评价的方式，重构能力层次结构分级评价指标体系的标准与内容（如上图所示），重点关注教师课程思政教学过程中的表现及发展，逐步增加形成性评价的比重。

最后，优化评价模式与方法。改革传统以管理人员为评价主体的模式，建议增加教师同行和学生之间互评的模式，尊重教师个体，实事求是、多角度、多层次地开展评价工作并给予帮助和指导，鼓励英语教师在课程思政背景下，不断提高英语专业水平和课程思政教学能力，最终促进教师专业的全面发展。

四、结束语

教师课程思政教学能力提升是实现立德树人的人才培养目标的关键，而完善的课程思政考评体系是实现课程思政目标的有效保证。根据目前高校英语专业教师课程思政教学的现状以及英语课程思政的内容特点，参照其他学科的课程思政评估体系，笔者构建了以课程思政教学设计能力、课程思政理论与实践教学能力、课程思政教学研究能力以及课程思政教学评价能力为观测点的高校英语专业教师课程思政教学能力评估体系，以期为全面提升课程思政教育的实效性提供参考。

参考文献

[1]戴少娟.高校课程思政的核心要素解构与系统集成创新[J].中国大学教学，2021（6）：58-62.

[2]付沙，周航军.高校教师教学发展与评价体系探究[J].教育探索，2019（4）：92-95.

[3]黄蓉.大学英语课程思政教学评价体系构建策略研究——以陇东学院为例[J].陇东学院学报，2022（33）：P118-122.

[4]米娟.高校教师教学能力的评价与提升策略[J].经济研究导刊，2014（10）：273-274.

[5]潘懋元，罗丹.高校教师发展简论[J].中国大学教学，2007（1）：5-8.

[6]许葵花，张雅萍，王建华.大学英语课程思政“四位一体”模式建构及评

价研究[J].外语教学，2022（43）：48–54.

[7]文秋芳.大学外语课程思政的内涵和实施框架[J].中国外语，2021（2）：47–52.

[8]文旭.语言学课程如何落实课程思政[J].中国外语，2021（2）：71–77.

[9]张彧凤，孟晓萍.大学英语教师课程思政教学能力研究[J].教育理论与实践，2021（21）：33–35.

作者简介

陈露，副教授，硕士，广西师范大学外国语学院，研究方向：应用语言学。

陈敬花，硕士，广西师范大学助理研究员，研究方向：高校教师教学能力提升、教师专业发展方面的研究。

“新文科”背景下研究生公共英语的融合创新

粟芳

摘要：随着“新文科”建设在高校全面推进，研究生公共英语教学改革再次引发思考和讨论。本文认为，面对国际形势的新变局，研究生公共英语教学应该遵循“新文科”建设目标和路径，充分把握“新文科”建设的重大契机，摒弃传统教学模式，积极探索英语与多学科知识融合的教学模式、英语与专业联动的培养模式，采用多元化的评价体系，以培养出具有全球视野、跨文化交流能力强、具有国际竞争力的精英人才。

关键词：新文科；大外语；研究生公共英语

一、引言

中国崛起越来越成为不可否认的现实，中国在国际社会中的影响也越来越大。今天的世界比以往任何时候都更加关注中国，中国也比以往任何时候都更加关注世界（张西平等，2019：65）。在此背景下，“新文科”应运而生。新时代的世界经济和政治形势要求中国元素及中国声音必须在国际社会中占有重要地位，所以“新文科”人才的外语能力必须加强。外语能力如何才能得到加强，高校外语教学如何改革和创新才能达到“新文科”建设对外语能力的要求，这是高校外语教师亟须思考的问题。

二、"新文科""大外语"内涵及之于研究生公共英语的意义

2017年，美国希拉姆学院率先提出"新文科"概念，其初衷主要是对传统文科进行学科重组，倡导文理交叉，即把新技术融入哲学、文学、语言等诸如此类课程中去，为学生提供综合性的跨学科知识学习（麦可思、王慧，2018：19）。2018年，"新文科"概念在我国初见端倪。2019年，国家正式推出了包括"新文科"在内的"四新"发展战略，以提高高校服务社会经济发展能力。新文科是相对传统文科而言的，是以全球新科技命、新经济发展，中国特色社会主义进入新时代为背景，突破传统文科的思维模式，以继承与创新、交叉与融合、协同与共享为主要发展途径，促进多学科交叉与深度融合，推动传统文科更新升级，从学科导向转向需求导向，从专业分割转向交叉融合，从适应服务转向支撑引领（安丰存、王铭玉，2019：9）。教育部新文科建设工作组组长樊丽明教授指出，建设"新文科"的核心要义是"立足新代，回应新需求，促进文科融合化、时代性、中国化、国际化，引领人文社科新发展，服务人的现代化新目标"（樊丽明，2020：5）。学界通常认为新文科之"新"主要体现在三个方面的内涵：一是超越传统文科的观念与边界；二是打破传统文科的学科体系与人才培养模式；三是构建传统文科所不具备的方法论，包括使用现代科技手段研究人文学科（郭英剑，2020：30）。

"新文科"建设为高等外语教育改革发展提出了新要求，也创造了新机遇。教育部高教司司长吴岩提出"识变、应变、求变，新使命、大格局、新文科、大外语"（吴岩，2019：3），为新时代高等外语教育改革指引方向、明确要求、规划路径。"大外语"之"大"在于"高等外语教育关系到高等教育人才的培养质量，关系到中国同世界各国的交流互鉴，更关系到中国参与全球治理体系的改革建设"（吴岩，2019：3）。"大外语"的概念早已超越了外语人原来所理解的、相对狭隘的"外语"教育所能够承担的历史责任，在新的历史时期，"大外语"要承担其新的历史使命与新的职责。研究生公共英语作为高等外语教育的主要内容，是大多数非英语专业学生在研究生教育阶段必修的公共基础课程，在人才培养中具有重要作用，无疑要在"新文科"建设中担当大任。

"大外语"是"新文科"思想落实到高等外语教育的实践导向。"新文科"及"大外语"建设是一场具有深远意义的"范式革命"。它将带来外语学科问题域的

转换以及方法论的革新（殷健、陶李春、冯志伟，2020：9）。“大外语”是未来外语教育的发展方向（郭英剑，2020：31）。“新文科”“大外语”对于研究生公共英语具有重大的变革意义。研究生公共英语必须“超前识变、积极应变、主动求变”（吴岩，2019：4）。

首先，研究生公共英语需要找到新定位，方能实现新变革和新突破。研究生公共英语很长一段时间以来一直遭受“费时低效”的诟病。因此，研究生公共英语教学首先要超越传统的教学理念，回应社会关切。

其次，在新文科时代，研究生公共英语要打破英语与学生所学专业之间的壁垒，促进语言与文、理、工不同学科间的沟通与融合，为学生知识创新、潜能发挥提供基本工具，培养复合型国际化人才。

最后，研究生公共英语要创新教学方法和手段，要适应新技术，探索大数据、人工智能等信息技术与英语的深度融合。

三、研究生公共英语教学现状及主要存在的问题

目前，“我国高等教育面临前所未有的竞争压力和生存压力，其中研究生教育发展滞后和外语人才需求高层化的矛盾已成为主要人才供需矛盾之一”（陈宏志，王雪梅；2013：12）。究其原因，教学目标滞后、教学模式同质化、课程设置不合理、课程评价僵化等问题仍或多或少地客观存在，成为提升研究生英语能力的瓶颈。

（一）教学目标滞后

在实际教学中，不少高校的研究生公共英语课程定位为通用英语或基础英语课程，以学习语言知识、训练语言技能为课程学习目标，在课程体系中很少体现出对人才培养国际化和学术化的要求。虽然学生的英语听、说、读、写、译的能力基本上都能够应对日常对外交往需要，但进行其专业领域的对外交流时，就常常显得手足无措。此外，英语教学过分注重目标语国家的语言文化，导致跨文化交流中英语文化的单向性传播。“在与西方人交往的过程中，一些英语水平较高的硕士生，甚至是博士生，一旦进入英语交流语境，便会立即呈现出‘中国文化

失语症'"（从丛：2000）。

（二）课程设置不合理，教学内容与专业需求脱节

有学者认为，"当前大学英语课程与学生个性发展需求之间的矛盾已转变为学生希望能学习学科前沿知识与课程应试教育之间的矛盾"（蔡基刚，2019：48）。在实际教学中，不少学校研究生公共英语仍然以通用英语能力培养为主，与本科英语教学有重叠，学术英语能力未得到关注。"以教材为纲领"的应试型教学仍然客观地存在，很多高校采用统一版本的教材，教材体系单一，教材的内容跟研究生所学专业没有直接联系，专业型研究生与学术型研究生的教材一样。

（三）教学模式单一

由于师资原因，研究生公共英语很难做到因材施教。学科专业不一、需求不一、英语基础不一（有专业型与学术型研究生）的学生被安排在同一个班级学习，教学模式和课程设置"一个模子"，单一的教学模式忽视语言的交际功能和实际应用，师生互动少，课堂教学内容枯燥，"过分刻板机械的教学已使一些学生'思想萎缩'"（陆谷孙，1999：1）。以至于一些研究生认为公共英语课程的开设是一个"负担"，研究生期间公共英语学习没有什么实际作用，也不够"专业"（李洁，2021：98），学生学习缺少积极性。

（四）课程评价方式僵化

当前研究生公共英语教学缺乏完善的考核机制，一般高校多沿袭本科英语课程的评价办法和评价标准，多数高校没有完全取消英语四、六级考试与学位英语水平之间的挂钩。教学评价多半以学生通用英语语言技能为标准，忽略了对学术研究和学术交流能力的要求，导致了一些学生以通过考试为目的而不求提高能力的状况，不利于培养学生的英语应用能力，难以适应新时代国家对高层次人才的外语需求，也不利于研究生培养质量的提高。

四、"新文科"背景下研究生公共英语的新定位

"新文科"建设"要大力培养具有全球视野、通晓国际规则、熟练运用外语、精通中外谈判和沟通的国际化人才，要有针对性地培养'一带一路'等对外倡议建设急需的懂外语的各类专业技术和管理人才等"（吴岩，2019：6）。因此，研究生公共英语教学要顺势而变，对教学目标重新定位，重启认知，寻求新的突破，尤其需要关注以下几个重要问题，回应"新文科"建设的需求。

其一，研究生英语教学与国家战略契合。高等外语教育是国家对外开放的"桥梁"和"纽带"。研究生公共英语教学要从国家战略发展需求、社会需求、时代需求、学生个性发展需求以及构建中国特色学术话语体系的角度出发，加强内涵建设，拓展外语教育的国际化、多学科、跨学科视野，真正起到提升国家对外话语传播能力的重大责任和使命。

其二，研究生英语教学与思政教育融合。面对世界百年未有之大变局，要在大国博弈竞争中赢得优势与主动，实现中华民族复兴大业，关键在人。文科教育教学兼具价值性与学术性，强化价值引领是新文科建设内在要求。高等外语教育"覆盖全、规模大、责任重"，是文科教育的重要组成部分。如何发挥外语教育塑造正确的价值观、培养高尚的精神品格的作用，是"新文科"背景下高等外语教育的重要诉求和挑战。因此，研究生英语要牢固把握外语教育的价值导向性，把知识传授、能力培养与理想信念和道德观念教育有机结合，真正承担起资政育人、立德树人、培根铸魂的重任。

其三，研究生公共英语教学与学科专业整合会通。"新文科"是学科交叉整合的新引擎。加强学科融合的顶层设计，构建协同育人机制是新文科建设的题中之义。外语教学与其他学科专业如何深度融合是当下外语教育的主旋律。研究生公共英语教学要打破学科藩篱，优化课程体系和培养模式，推动文科专业之间深度融通、文科与理工农医交叉融合，培养高素质的复合型人才。

其四，研究生英语教学与现代技术呼应。"新文科"建设强调包括外语在内的人文学科对现代科技的应用与创新，破解人才培养面临的挑战。研究生公共英语教学必须建立技术思维、创新思维，主动适应并借力现代信息技术手段，培养学生的多元智能和技术适应、技术批判的能力，实现外语教育高质量高水平发展。

五、“新文科”视域下研究生公共英语融合创新探索

“新文科”的建设旨在改变现有文科教育模式，从而推动文科人才培养模式和教育组织形式的变革。从分科治学走向学科交叉或科技融合，打通学科发展与国家需求之间的连接通道，无疑是“新文科”战略的核心目标（徐飞，2020：1；王学典，2020：5）。据此，本文顺应新时代语境，充分利用语言教学的综合优势，探索研究生公共英语教学融合学科改革的路径。

（一）融合多元目标，构建“英语+……”模块化课程体系

“新文科”建设语境打破了曾经一度固化的文科属性，将文科的知识性、人文性与学科边界性融会贯通。在“大文科”视野中，“文科功能必须走向整合化，即求知、育人与社会服务功能的兼顾与集成”（龙宝新，2021：137）。模块化课程体系，即“英语+文化+多学科英语+学术英语”课程模式，旨在通过优化课程体系，加强语言能力，拓宽专业口径，打破学科课程之间的壁垒，培养高素质的复合型人才。通用英语课程旨在听、说、读、写、译等语言技能方面提升学生的语言和认知能力。语言文化类课程一是要把中国文化推介和传播作为己任，教会学生用英语表达中国文化基本信息；二是进行跨文化教育，培养学生的跨文化意识。把多学科知识纳入研究生公共英语教学内容，旨在扩充学生的宏观知识基础，使学生既学了英语又通过英语学到了其他学科知识，提升研究生的整体英语能力。学术英语针对特定学科特点与需要，服务于人才成长的学术研究与国际化需求。根据学生的学术英语能力及学科专业的不同需求，可以分别开设通用学术英语和专门学术英语课程，既满足学科建设的需求，又满足了学生专业的需求。通过模块化课程模式，培养研究生的文化自信、思辨能力及学术道德规范，同时拓宽学生的视野，增强跨文化交际意识和能力，在国际学术舞台上更好地展示自己，提升国际话语权，增加国际竞争力。

（二）打破学科边界，探索“专业+英语”模式

教育部发布的2021年《新文科研究与改革实践项目指南》中明确提出了探索“专业+外语”培养模式，培养“一精多会、一专多能”的高素质国际化复合型

人才。外语学科是推进中国人文学术国际化、引领国际前沿学术潮流的重要力量（王俊菊，2021：24）。研究生公共英语应该在助力建设交叉融合的新专业或新学科方向方面大有作为。一方面，加强学科间合作融通，促进语言教学研究的纵深探索。例如，公共英语教学部门联手特色专业打造“××系列译丛”，翻译特色专业的最新成果，并依托此项合作，打造具有院校特点的××通识外语课程。这种合作方式既发挥英语教师在本土学术成果国际推广中的重要作用，同时也加深英语教师对中西方文化的认识，进而反拨教学，深化外语教育的育人价值，是“外语＋专业”课程的有益尝试。另一方面，探索跨专业联合培养模式。例如，联合建设“英语+×语”复语实验班（专业），“×专业+英语”等新专业，开启跨学科、跨专业联合培养模式，可以是“英法复语实验班（专业）”“法律英语专业”“化工英语专业”等等，专业和英语共同制定培养方案，专业学科负责专业知识的传授，外语教师进行外语语言教学，跨专业联合培养“一专多能，文工相济”的国际复合型人才。

（三）创新教学手段，推进英语与信息技术深度融合

“新文科”要努力进行学科交叉，在学科边界上形成与拓展新的知识领域，尤其是要与科技相结合，实现文理交叉，对文科来说，就是提升文科的科学性，从而推进新文科的建设（陈凡、何俊，2020：7）。吴岩提出“要来一场课堂革命，淘汰‘水课’、打造‘金课’，推出一批线下、线上和线下混合、虚拟仿真、社会实践的‘金课’。外语教育不要抗拒技术，也不要藐视技术，要重视技术，重视变革”（吴岩，2019：6）。因此，研究生公共英语教学中应当充分发挥现代教育技术特别是现代信息技术在英语教学中的重要作用，将“‘互联网＋’‘教育技术＋’”等信息化手段融入课堂教学，采用线上线下结合、课内课外翻转等多样形式，不断推进课堂信息化革命。同时，依托优良媒体资源和多元学习支持终端，开辟线上学习空间，确保学生主动性有效提高，帮助学生培养新时代必备的信息能力与素养。

（四）构建线性、大数据相融合的多元评价机制

学科交叉、交融的“新文科”建设理念对教学评估理念的创新提出新的启示，即依托大数据媒体，建立线性、多元的教学评价机制。线性评估即融合形成

性评价和终结性评价，并将教与学的动态过程做详细记录评估的评价方式。在评估过程中，特别强调观察与记录学生在学习任务的完成、学习活动的参与、学习策略的更新、学习习惯的变化等多元要素的变量评估，有助于帮助学生对自身学习状况的全面认知和把握。此外，研究生英语要改变单一考核方式，评价方式不仅限于课堂内的行为，课外实践活动也作为考查内容，如鼓励参加各级各类竞赛、社会服务等；考核方式也不必是提交书面答卷，可以是文献翻译、学术论文，还可以是学术演讲、主题辩论等任何能反映学生英语运用能力的考核形式。总之，只有将形成性评价与终结性评价有机结合，建立合理的多元化评价体系，实现评价方式、内容和手段多样化，才是实现课程目标的重要保障。

六、结束语

研究生公共英语是外语教育的重要组成部分，其改革与创新关系到高水平人才培养质量，关乎外语学科更好地服务国家战略需求。“新文科”“大外语”背景下，研究生公共英语必须要有大格局，要积极迎接挑战，要顺应新时代语境，依据新时代、新需求重新定位学科角色，充分利用语言教学的综合优势，切实促进课程的创新与发展，构建“新文科”背景下的兼顾国家人才需求和学生个性发展需求的课程体系，推动学科融合并大力推进课程改革创新。

参考文献

[1]张西平，石之瑜，亚·罗曼诺夫，等.70年来的中国发展与海外中国研究[J].国外社会科学 2019（6）：61－73.

[2]麦可思，王慧．一场新文科的尝试[N]．北京日报 2018，09，19（19）.

[3]安丰存，王铭玉．新文科建设的本质、地位及体系[J]．学术交流 2019（11）：5 –14.

[4]樊丽明．“新文科”：时代需求与建设重点[J].中国大学教学 2020（05）：33–36.

[5]吴岩.新使命、大格局、新文科、大外语[J]．外语教育研究前沿 2019（2）：3–7.

[6]郭英剑．对“新文科、大外语”时代外语教育几个重大问题的思考[J]．中

国外语2020（1）：4–6.

[7]殷健，陶李春，冯志伟.“大外语”的“范式革命”与外语研究方法论创新*——冯志伟教授访谈录[J].外语教学理论与实践（FLLTP）2022（01）：8–14.

[8]陈宏志，王雪梅.基于需求分析探索我国英语专业研究生培养[J].外语界，2013（2）：12–23.

[9]从丛.“中国文化失语”：我国英语教学的缺陷[N].光明日报 2000–10–19，（01）.

[10]蔡基刚.“双一流”建设背景下非英语专业本科生与专业教师的学术英语需求再调查[J]. 外语教育研究前沿，2019（2）：48.

[11]陆谷孙. 关于英语教学的三点杂谈[J]. 外语与外语教学，1999（7）：1，27.

[12]李洁.“双一流”背景下研究生公共英语教学方式的创新教书育人[J].教书育人（下旬刊），2021（12）：98.

[13]徐飞. 应对新财经新趋势需着力培养复合型财经人才[N]. 每日经济新闻，2020（07–22）：（11）.

[14]王学典. 何谓“新文科”？[N]. 中华读书报，2020（06–03）：5.

[15]龙宝新. 中国新文科的时代内涵与建设路向[J]. 南京社会科学，2021（1）：135—138.

[16]王俊菊. 新文科建设对外语专业意味着什么[J]. 中国外语，2021（1）：24.

[17]陈凡，何俊. 新文科：本质、内涵和建设思路[J]. 杭州师范大学学报，2020（1）：7–11.

作者简介

粟芳，副教授，学士，广西民族大学外国语学院，研究方向：英语教学研究。

"互联网+"背景下高校英语专业课程思政双语案例库建设研究

关熔珍　桑宇　等

摘要：在2022年党的二十大即将召开的背景下，课程思政教育成为当前高校工作的重中之重。英语专业学生作为中国文化对外传播的桥梁，其课程思想政治教育不可忽视。本文主要是探究互联网时代下英语专业课程思政创新模式，汇编案例进行双语建设，由此建立服务英语专业课程建设的思政案例库，并以该案例库为例探究该模式的可行性，为英语专业课程思政教育创新模式提供一个新思路。

关键词：课程思政、互联网、英语专业、案例库

一、英语专业课程思政教育的必要性

思政教育是高校教育工作的重中之重。大力发展英语专业的课程思政教育不仅仅是高校落实立德树人根本任务、培养专业人才的内在要求，也是促进中外交流，顺应时代发展的需要。

首先，课程思政教育是高校建设的发展重点之一，习近平总书记曾多次强调思政教育的重要性及其改革创新。在学校思想政治理论课教师座谈会等多次会议上习近平总书记明确指出，思政课是落实立德树人根本任务的关键课程，思政课

的作用不可替代，必须把思政教育工作贯穿到教育教学全过程。2020年10月，教育部高等学校“大学外语”教学指导委员会发布《大学英语教学指南》，提出大学英语教学应主动融入学校课程思政教学体系，使之在高等学校落实立德树人根本任务中发挥重要作用（中华人民共和国教育部，2017）。此外，在高校课程实践过程中，由于课程思政融入外语专业课堂仍处于初期摸索阶段，仍存在思政案例过于老旧、课程难以提高学生学习兴趣及课程参与度偏低、大部分学生对课程思政的重视不足等一系列亟须解决的问题。对此，习近平总书记在学校思想政治理论课教师座谈会上强调：“推动思想政治理论课改革创新，不断增强思政课的思想性、理论性和亲和力、针对性。”（习近平，2022-03-17）因此，创新课程思政模式也成了互联网时代的一大教育工作重点。

其次，《普通高等学校本科专业类教学质量国家标准》（中华人民共和国教育部高等学校指导委员会,2018）明确要求外语类专业学生，应具有正确的世界观、人生观和价值观、良好的道德品质，中国情怀和国际视野，除此之外，还应该掌握外国语言知识、外国文学知识、区域与国别知识，熟悉中国语言文化知识，具备外语运用能力、跨文化交流能力以及一定的“信息技术应用能力”。然而，不论在本专业的英语文化类教学过程，还是非专业英语文化类教学过程中，其做法是典型的以语言为主，以文化为辅，重语言结构而轻文化知识（谢冰，2006：101-102）。通过运用专业知识对思政材料的创新加工，既可以拓展中国外语专业学生加强思政建设的新途径，加强对中国和西方文化的认识，提升学生的思政素养，更好传播中国声音和中国文化，也可以将学生学习到的理论和技能与实践相结合，在学习思政知识的过程中进一步强化自己的专业知识。

此外，中国公共外交的过程中会渗透课程思政的相关内容，而中国公共外交少不了英语专业学生的参与。在全球化趋势迅速发展的大环境下，中国与其他西方国家的交流日益密切，英语人才作为沟通中西方的桥梁，本身应该具有良好的思政素养。以广西为例，广西面朝东南亚，地理位置特殊，是中国—东盟合作的前沿阵地，是中国东盟博览会的永久举办地，每年的东盟博览会对广西英语专业学生需求量巨大。英语专业学生担任东盟博览会志愿者和实习生时，与东盟各国领导人和来访者都有密切接触，由此，学生们在一定程度上也承担了传播中国声音的责任。但现实中，英语专业的学生重视专业学习，轻视思想政治教育。“两耳不闻窗外事，一心只读英语书”是他们大部分人的写照，对从小到大接受的说教式、满堂灌式的思想政治教育较为厌烦，不愿意参加政治理论学习，不愿意参加主题班会和党团日活动，在需要“发声亮剑”时不愿意主动展示自己的观点

（高永昌、王梅梅，2021：100-101+112.）。英语教育中的课程思政是英语专业学生传播中国文化，从事外交事务的内驱动力，在互联网时代下，如何推进英语专业的课程思政建设也就成了至关重要的教育工作。

因此，本文通过探讨建设服务于英语专业课程思政建设的双语案例库，提出互联网背景下英语专业课程思政建设的新思路与新方法。

二、研究路径

本文将从“双语案例库”“互联网+”“课程思政”三方面进行分析，首先从独立角度看待这三个方面的相关理论知识，进而了解三个要点之间潜在的联系，为互联网时代下英语专业课程思政双语案例库的建设提供思路。

（一）双语案例库

在案例库与双语教学方面，建设好中英双语微视频案例库，并将其正确地服务于英语专业课程思政建设，变革传统课程思政教育模式，形成多模态教学是创新英语专业课程思政教育的重要内容。因此本节从微视频案例库、教学模态以及双语教学三个角度分析，探索建设思政双语案例库的新路径，以更好地服务于英语专业课堂。

1.微视频

本文所探究建设的案例库为课程思政微视频，归根结底是运用视频本身的视觉黏性（沙玉萍、周建芳，2015：68）对人的感官进行刺激，加强观者的印象。此外，在信息素养教育微视频服务中，最主要的是用于非正式学习的微讲座、微学习视频（沙玉萍、周建芳，2015：69）。上述第一个方面体现了微视频的“视频性”的特点，第二个方面展现了微视频案例在教学中的便利性与可能性。本文的目的为变革传统课程思政教育模式，使课程思政以新思路、新形式进行呈现。微视频可以促进学生对课程思政的理解，易于学生的接受以及记忆，因此创新课程思政模式可以汇编思政微视频，建设微视频案例库。

相对于具有使用权利限制的微视频数据库，信息素养教育微视频案例库将呈现于开放平台之上。这不仅方便接受过信息素养教育的学生进行反刍性学习，同时也有利于更多的网络用户学习（沙玉萍、周建芳，2015：71）。因此，在构建了完整的案例库之后，教师可将案例库内资料将上传至公共平台供网络用户进行学习，这更有利于课程思政教育“下课后”的延续，而这也是传统课程思政教育不可实现的。

此外，在信息时代，微视频案例库辅助教学即多模态教学已成为趋势，二者联系紧密，有极大的探索空间。制作微视频，通过图像、音频等相结合的方式输出课程内容，在全国范围内已经有广泛的应用。在此现实基础上，笔者将传统思政教育转化为课程微视频，利用视频本身的特点，与英语专业学生的培养要求相结合，制作服务于英语专业课堂的中英双语课程思政案例库。

2.教学模态

Kress设计理论指出设计“是所有模态和模态组合的运用，是在某个交际语境中实现话语的手段”（Kress & van Leeuven，2001：5）。对此观点，同济大学教授、博士生导师张德禄提出“为教学过程设计合适的阶段，确定每个阶段的目标，为每个阶段设计合适的程序和步骤……为整个教学过程和每个教学阶段选择合适教学方法，并据此选择合适的教学模态，如口头、书面、ppt书面语、黑板书面语、图像、图表、动画、行动、行为等”（张德禄，2010：51）。因而在课程的具体开展中，教师应在不改变原有专业课程内核的基础上合理利用微视频案例库，在教学过程中分阶段采用不同的形式进行课程思政教育，构建多模态教学生态环境。

3.双语教学

在教学过程中，以两种语言作为教学媒体，并采用有计划、系统化的方式，对提高学生的整体学识和语言能力都有一定的促进作用。在教学过程中要注意因“地”制宜（郑吉平、张丝曼，2016：122）。在本研究中，思政案例库直接服务对象是英语专业学生，使用双语的目的也正是为了提升英语专业学生的自身专业素养。同时，在笔者认为，由于课程思政教育的对象为英语专业学生，涉及学生之间英语水平差异的问题，因此在开展教学活动时教师应注意以学生的实际水平为基础，通过合理安排减轻教学阻力。

（二）互联网+

在“互联网+”方面，《“互联网+”背景下高校课程思政的价值意蕴与实践路径研究》一文指出了有效运用互联网对课程思政建设的有利之处。

（1）用术而化，“互联网+”赋能深度融合思政元素；

（2）从术而变，“互联网+”赋能合理重构课堂生态系统；

（3）因术而聚，“互联网+”赋能全面构建思政教育共同体；

（4）聚术而盈，“互联网+”赋能有效突破思政教育时空边界（杨晓宏，2020：72）。

这四个要点，一方面向我们展现了“互联网+”课程思政的可能性，另一方面展现了“互联网+”模式融合多种教育元素，重构并激活传统课堂以及超越时空和学科界限的优越性。

随着时代发展，任何行业都与互联网密切相关。在课程思政教学的过程中，互联网也发挥着巨大的作用，“互联网+”课程思政的模式将有着很大的潜力。因此本案例库的建设将充分发挥互联网的优点，更好地开展课程思政教育。

（三）课程思政

在课程思政方面，英语课程思政内容建设要坚持“以学生发展为中心、以学科属性为引导、以学校特色为依托”三大原则（徐锦芬，2021：18）。笔者认为课程思政顺利开展是创新课程思政模式的前提，在教学开展过程中教师应注重学生的特点，同时，根据现实需求进行创新，在课程思政的主题下寻找更多更有效、更有趣的新方法。

综上，笔者认为身处新时代，“双语教学”“课程思政”等与“互联网+”“案例库”的联系十分密切，将四者有机结合，建设课程思政双语案例库有利于高校英语专业学生的学习。

三、案例分析

以《剑桥国际英语教程4》的12个单元为例设计单元课程思政教学内容，根据英语专业学生应具备的专业能力进行选材，形成本课程思政案例库。

（一）案例材料来源

本案例库根据《剑桥国际英语教程4》每一单元核心主题，收集相关双语材料。中文部分来源有国家各项会谈中的习近平等领导人讲话、中国古今谚语以及名人名言等。英文译本均来源于官方译本，具有权威性。同时，根据英语专业面向国际的需要，在选取材料时我们也注重包括一些国际性话题。

（二）案例材料契合度

1.案例材料主旨

《剑桥国际英语教程4》12个单元原主题为Family and Friend, Mistakes and Mysteries, Exploring New Cities, Early Birds and Night Owls, Communication, When's the Real Story, The Information Age, Putting the Mind to Work, Generally Speaking, The Art of Complaining, Values, Moving Around。在分析每一单元课程内容后，笔者将本单元内容与相关的时代主题相联系，从而选择出合适的课程思政主题。以Family and Friend一课为例，本单元主要讲述了每个人的不同特质以及不同国家的家庭模式和规模。联系实际，习近平总书记强调："我们要重视家庭文明建设，努力使千千万万个家庭成为国家发展、民族进步、社会和谐的重要基点，成为人们梦想启航的地方。"（习近平，2016-12-13）党的十八大以来，党中央高度重视家庭文明建设，因此本单元思政主题可与当下所倡导的家庭建设相联系，在授课过程中，学生了解了不同国家的家庭模式后，也应反思中国的家庭建设和家庭观念，因而本单元课程思政主题即为"Socialist Outlook of Family"。以此方式所确定的其他思政主题分别为Golden Sayings, East or West, Home is best, Wisdom of Time, The Most Admirable People in China's New Era, Literature with Chinese Characteristics, National Cyber Development Strategy, The Great Spirit of Struggle, World Culture, Guidance of Public Opinion, Core Socialist Values, Construction a Beautiful China。这些主题涉及"家国观""社会主义核心价值观"和"奋斗精神"等时代主题，是当代中国青年应具有的核心价值观。

此外，英语专业学生是跨文化交际的桥梁。跨文化交际存在于多个层面，语言语用层面大都"价值中立"，但在其他层面都有强烈的意识形态隐藏其中，如认识不到这一点，跨文化交际课程就可能变成西方理论的学习研讨课（文秋芳，2022：13）。要树立正确的意识形态的离不开对本国文化的学习。《剑桥国际英语教程4》包含了对英语专业学生听、说、读、写的训练，帮助学生了解国外文化，但这些课程内容的学习仍停留在中外文化语用层面，在跨文化交流教学的其他涉及价值观或意识形态层面仍然具有缺陷，而这正是因为本册书并未引导英语专业的学生去了解相关的中国文化，特别是当下的中国文化和中国的社会价值观，因而在学生意识形态方面的引导有所欠缺。本课程思政案例库对这一方面的教学内容进行补充，案例库中既包含了优秀的中国传统文化，同时也紧扣时事，涵盖相关时代主题，帮助学生了解当下中国文化，从而使他们树立正确的意识形态，在跨文化交际活动中真正讲好中国故事。

2.案例材料语言

《普通高等学校本科专业类教学质量国家标准》（同上，2018）培养目标指出“外语类专业旨在培养具有良好的综合素质、扎实的外语基本功和专业知识与能力……”，知识要求上“外语类专业学生应掌握外国语言知识、外国文学知识、国别与区域知识，熟悉中国语言文化知识……”。由此可知，英语专业教学过程中教师应注重学生对英语基本语言知识的学习，同时也应帮助学生了解中国语言文化知识。

英语语言知识的学习应包括听、说、读、写、译的训练。本课程思政案例库为双语案例库，包含很多经典名人名言的权威翻译以及国家政策的政治性术语翻译，这些内容均在国内大学英语四、六级考试、英语专业四、八级考试、CATTI考试等外语类考试中有所涉及，因此本案例库也助于培养英语专业学生在写、译方面的能力。此外，本案例库顺应互联网时代的发展，将12个单元的课程思政内容制作为双语短视频，发布于抖音、b站等开放性视频网站，教师可利用这些视频让学生进行配音、讨论、写作等活动，让学生可以听、说、读、写训练相结合。同时，本案例库中涉及众多中国文化知识，包括中国经典名人名言以及时政术语，使学生能够了解很多中国语言文化知识及其英语表达，满足学生对中国语言文化的学习。

3.案例材料文化方向

英语专业学生肩负着向世界传播中国文化的重任，是跨文化交际不可或缺的一部分。但当前很多英语专业学生在跨文化交际的过程中无法准确流利地介绍有关中国的文化，这正是“中国文化失语”（从丛，2000：01）的表现，而这一现象显然不利于中国文化的对外传播。分析其原因，中国学者刘丽华、戴慧琳指出在英语专业学生的培养中一味地强调学习英语国家文化知识，没有将英语的学习提升到传播中国文化知识的高度，甚至忽视了中国优良的传统文化，这不利于英语专业学生跨文化交际能力的培养（刘丽华，戴慧琳，2018：44）。因而，在课堂中加大中国文化的输入是克服“中国文化失语”问题的关键。

在教学过程中，教师输入的中国文化包括应包括中华优秀传统文化和中国当代文化。本案例库中Golden Sayings，Wisdom of Time, The Great Spirit of Struggle涉及中国传统文化的内容，其他单元Socialist Outlook of Family, East or West, Home is best, The Most Admirable People in China's New Era, Literature with Chinese Characteristics, National Cyber Development Strategy, World Culture, Guidance of Public Opinion, Core Socialist Values, Construction a Beautiful China则讲述了以中国特色社会主义文化为代表的中国当代文化。本案例库覆盖的中国文化范围全面，确定了中国教育的中国文化身份，对内有助于提升学生的文化自信，对外有助于学生讲好中国故事。

（三）案例材料的具体实施

以《剑桥国际英语教程4》Unit1 Friends and Family为例设计单元教学和步骤。

1.课前分析

（1）教学对象

本教程适用于英语专业大二学生，他们已具备一定的英语专业写作、阅读和翻译能力。同时，他们的价值观仍具有可塑性，对于朋友和家庭的认知并不成熟。本单元思政任务应为帮助学生树立正确的家国观，并使学生能够正确传播中国的家国文化。

（2）教学内容

本单元课本内容包括了“What kind of person are you?”和“Every family is different.”两部分。分别是认识自己的性格品质和成长变化以及了解不同国家的家庭模式，并以一篇主题为加利福尼亚州的一个大家庭为例引导学生思考自身的家庭规模。这些内容侧重于向学生讲述西方国家的家庭文化，缺少有关中国的家庭文化内容，因而教师应有意识地向学生传授中国的家国文化，促进英语专业学生了解中西文化差异，树立正确的家庭观念。

（3）教学目标

在分析教学对象和教学内容的基础上，确定本单元两个课程思政教学目标。第一，认识不同国家的家庭文化差异，在跨文化交际中学会包容理解。第二，了解新时代下的中国社会主义家庭观，思考良好家风建设的重要性和途径。同时，在跨文化交际中能够正确表达社会主义家庭观基本内容。

2.课程思政的实施

本单元课程思政的实施分为导入、互动、考核三个环节。每一环节教师都应将思政素材与英语语言能力的培训相结合，在训练学生听、说、读、写、译技能的同时帮助学生树立正确的价值观。

（1）导入环节

将本单元课程思政材料作为课堂warm up环节。课堂开始十五分钟内，教师播放本单元课程思政双语视频，通过习近平总书记在2015年春节团拜会上对社会主义家庭观的阐述，让学生初步认识社会主义家庭观的基本内涵，并学会“社会主义家庭观”“家庭建设”等术语的表达。

观看完视频后，让学生用英语进行小组讨论，讲述自己的家庭特点和家庭观念，并总结将其发布到“雨课堂”“学习通”等教学平台。通过这一方式，学生可以迅速地进入课堂学习状态，并锻炼自己的口语交流和翻译能力，同时能够学习中国文化中的家庭文化，启发学生对家庭观和家风建设的思考。

（2）互动环节

互动环节立足于课堂内容开展。在讲解“What’s Your Family Like?”（讲述了不同的家庭生活特点）和“Full House”（讲述了加利福尼亚州的一个大家庭）两篇课文时，教师可引导学生一起探讨如中西家庭观念、生活方式的差异以及所反映出的价值观念。通过这些讨论学生提高了口语能力，树立了文化自信，对不同国家的文化持更加开放包容的态度，为跨文化交际奠定良好的基础。

（3）考核环节

教师每周可通过30分钟左右的课后作业巩固学习效果，作业内容应注重将思政材料与英语语言训练相结合。如作业一，学生可根据本单元双语视频及课堂内容进行写作。主题可为比较中西家庭文化的差异，探讨新时代如何贯彻社会主义家庭观等。英语写作的考核方式既能提升学生的写作水平，同时能够强化学生的思想认同，复习思政案例库中的语料知识。如作业二，搜集一个有关中国家风建设的故事，并能够用英语流利完整叙述，学生两两结对互相用英语叙述搜集到的故事，并录音上传至学习平台。这一考核方式可培养学生概述、口译的能力，同时使课程思政的内容延伸到课外，让学生了解更多的中国文化知识。

综上所述，每一单元的教学步骤如下图所示：

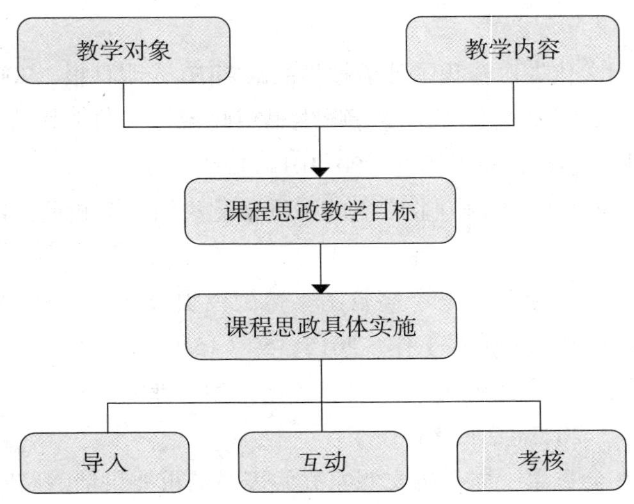

四、结论

发展英语课程思政是贯彻落实习近平总书记关于思政教育的重要论述的内在要求，如何驱动英语专业学生传播中国文化，为从事外交事务、宣传大国形象做出贡献，是英语思政教育工作至关重要的任务。本文以构建案例库为主要途径，从专业课程中攫取主题，结合国家社会热点话题，采用“互联网+课程思政”的模式，将课程思政内容制作为双语短视频，让学生进行配音、讨论、写作等活动。根据调查问卷的调查结果显示，对比传统的思政课和专业课分开的教学方式，英专生更倾向于在此类新颖的双语案例库模式中，潜移默化、双向参与的学习课程思政理论。该模式效果显著，在注重培养学生的专业素养的同时激发学生作为接收者和学习者的主体活力，改变传统的单向教学，使课程思政生动起来。基于有效经验，今后高校英语专业应进一步完善思政元素案例库建设，增加具有相同性质的实践性专业活动，并增强与思想政治理论课的联系，帮助英专生树立良好的价值导向，明确自身价值和社会定位，成为国家需要的高素质的英语人才。

参考文献

[1]从丛.中国文化失语：我国外语教学的缺陷[N].光明日报，2000-10-19.

[2]高永昌，王梅梅.高校英语专业学生思想政治教育的现状与对策[J].湖北开放职业学院学报，2021，34（20）：100-101+112.

[3]刘丽华，戴慧琳.英语专业学生的中国文化失语症分析研究[J].外语教学研究，2018（10）：44.

[4]沙玉萍，周建芳，刘桂芳.高校图书馆微视频服务研究——兼论信息素养教育微视频案例库[J].图书情报工作，2015，59（15）：68-72.

[5]文秋芳.对“跨文化能力”和“跨文化交际”课程的思考：课程思政视角[J].外语电化教学，2022（2）：13.

[6]习近平.在会见第一届全国文明家庭代表时的重要讲话[N].新华社，2016年12月13日.

[7]习近平.2019年3月18日在北京召开的学校思想政治理论教师座谈会上的重要讲话[N].央视网，2022-3-17.

[8]谢冰.英语专业文化教学的现状与对策[J].安徽工业大学学报（社会科学版）,2006（5）：101-102.

[9]徐锦芬.高校英语课程教学素材的思政内容建设研究[J].外语界，2021（2）：18.

[10]杨晓宏，郑新，梁丽.“互联网+”背景下高校课程思政的价值意蕴与实践路径研究[J].电化教育研究，2020，41（12）：72.

[11]张德禄.多模态外语教学的设计与模态调用初探[J].中国外语，2010（10）：51.

[12]郑吉平，张丝曼.新形势下数据库原理的双语教学[J].教育与教学研究，2016（07）：122.

[13]中华人民共和国教育部.大学英语教学指南[Z].2017.

[14]中华人民共和国教育部高等学校指导委员会.普通高等学校本科专业类教学质量国家标准[M].北京：高等教育出版社，2018.

[15]Kress, G.& T. van Leeuwen. *Multimodal Discourse: The Modes and Media of Contemporary Communication* [M]. London: Arnold，2001.

作者简介

关熔珍，博士，教授，广西大学国际学院，研究方向：欧美文学、翻译研究。

桑宇，广西大学2020级英语专业在读本科生。

刘瑞一，广西大学2020级翻译专业在读本科生。

任珊珊，广西大学2020级英语专业本在读本科生。

蒋瑞琦，广西大学2020级翻译专业在读本科生。

李湘，广西大学2020级英语专业在读本科生。

挖掘大学英语教材课程思政元素的策略研究

刘芳琼

摘要：教材是课程思政的基本载体，教师对教材课程思政元素的透彻分析与有效挖掘是确保教学效果与育人成效的关键。本文从教材使用者视角，以外研社《新一代大学英语综合教程1》（第二版）为例，分析大学英语教材所蕴含的课程思政元素，围绕"如何挖掘"教材课程思政元素这一个关键问题，提出了挖掘教材课程思政元素的四种策略：（1）研读教材；（2）按需挖掘；（3）紧密贴合教学流程与内容，深挖思政内涵；（4）做到举一反三。

关键词：大学英语教材；课程思政

一、引言

教材是供普通高等学校英语教学使用的教学用书，以及构成其内容组成部分的补充教学材料（如配套音视频资源、图册等）（教育部，2019）。2021年10月，孙春兰副总理全国教材工作会议暨首届全国教材建设奖表彰会上的讲话中提到：教材是教育教学的关键要素、立德树人的基本载体。教材是学生获取系统知识的重要工具，是落实立德树人根本任务的重要载体。（何莲珍，2022：22）

毋庸置疑，教材在语言知识技能培养、思辨能力培养、跨文化交际能力培养和思政教育中所起的重要作用。然而，很多时候教师在教材使用中没有进行深刻的思考，没能挖掘到教材更好的价值，这不得不说是对好教材的一种"辜负"；

而有的时候教师又花费了许多时间去寻求课外资源，却忽略教材本身的深度运用。故而，在教学中，教师们一定要先读懂教材，读透教材，充分挖掘教材中课程思政元素，在合适的教学环节中有机融入思政元素，设计适切教学活动，最大力度发挥教材的育人作用。如何挖掘教材中课程思政元素和有效利用教材，这是一个摆在教师面前急需解决的现实问题。

二、课程思政的内涵

2014 年，上海市教育委员会率先提出“课程思政”这一概念，随后，2016年12月，全国高校思想政治工作会议以及2018年9月全国教育大会对“课程思政”进行详细的阐述。2020年5月，教育部印发的《高等学校课程思政建设指导纲要》明确提出课程思政育人的理念。只要能进行课程思政的课程都要进行课程思政，大学英语就自然进入课程思政第一阵营。课程思政的本质就是：立德树人。大学英语课程思政的本质就是：引导学生坚持理想信念，坚定“四个自信”，树立正确的世界观、人生观和价值观，培养他们成为葆有浓厚的家国情怀和深厚的文化底蕴，以及长远的世界眼光的国家栋梁之才。

什么是大学英语课程思政呢？北京外国语大学教授、博士生导师文秋芳（2021：48）认为，“以外语教师为主导，通过外语教学内容、课堂管理、评价制度、教师言行等方面，将立德树人的理念有机融入外语课堂教学各个环节，致力于为塑造学生正确的世界观、人生观、价值观发挥积极作用。”从中启发，笔者认为，大学英语课程思政具有以下四个特点：

第一，隐性的。从教育方式维度而言，课程思政着眼于隐性教育方式。教师需要重视“潜移默化”式的教育，采用“寓教于乐、寓教于游等”喜闻乐见的手段，例如，实地考察、榜样示范、同伴互助等方法。所以，大学英语课程思政应该是“润物无声”的一个过程，不应该是把简单的一些思政话题引入课堂，开展讨论，草率了事。大学英语课程思政应该是沉浸式的，需要教师经过深思熟虑地、更有针对性地、更加精细地进行更多的设计。

第二，全员的。从教育者维度而言，课程思政着眼于全员育人。教材管理者、教材编辑团队、教材使用者、教学管理者、各科专业教师、各级班主任、各类行政人员和各行服务人员等，加入教育者队伍，分别从不同维度，对学生进行思想政治教育。

第三，全过程的。从教育过程维度而言，课程思政着眼于全过程育人。从学生一入校开始，直至毕业，在不同学期、不同环节，将思想政治教育覆盖全过程，涵盖教材编写、教材使用、教学设计、教学评价以及教材评价。教师可以通过自己的言行对学生进行思想政治道德品行教育，除了在课堂上要有关于思想政治教育之外，可以通过平时的作业、跟学生的交流以及对他们的评价完成全人教育。

第四，全方位的。从教育内容维度而言，课程着眼于全方位育人。创新教学内容，充分挖掘融合教材思政资源，凸显思想性、科学性、相关性、真实性、时代性、趣味性和多元性，引导学生领略同一主题下不同文化视角，细细思考不同文化差异，传承好中华优秀传统文化，进行文明互鉴。将经典中外传统文化、特色地方文化、现代时尚网络文化等多元文化教育有机融入大学英语课程思政教育。

三、挖掘大学英语教材课程思政元素的策略

教材是知识传递、文化传承、价值塑造的载体，是课程组织的基本依据。现有大学英语国家规划教材蕴含课程思政元素，在板块设计、素材选取、练习活动与教学资源等各环节有机融合思政内涵，发挥育人功能。所涉及的相关主题穿越时空、跨越文化，具有现实意义，有利于守住大学英语课堂在思政教育中的主战场地位（马惠琼，2021：56）。怎样挖掘现有大学英语教材课程思政元素并将之有机融入大学英语教学尤为必要。下面以外研社《新一代大学英语综合教程1》（第二版）为例，围绕“如何挖掘”教材课程思政元素这一个关键问题，提出了个人拙见。

（一）研读教材

集教材编写专家、技术专家、教材使用团队于一体，从教材设计的高纬度中更加全面立体地分析研读教材，更好地体会到大学英语教学工具性与人文性统一的设计宗旨与立德树人的教学初衷。同时，在教材的使用过程中，借助编辑团队

提供的有力支持：开展定期线上讨论会、责编访谈，邀请使用团队进行经验分享与交流，教师们从语言学习价值和教材育人价值两方面分析教材，以教学共同体的形式备教材、备学生、研课、录课，从学情分析入手，挖掘学生的实际困难与需求，结合课程大纲设置教学目标，设计涵盖不同认知活动等级、融语言、文化、思辨、技术于一体的目标任务，创设交互社会文化情境开展教学活动，在多轮教学实践和反思中不断细化教学目标、调整教学设计、优化思政内容供给，通过语言输入、反复操练、适时提供语言支架来引导和帮助学生实现语言能力、思维能力、跨文化交际能力协同发展。

以《新一代大学英语综合教程1》（基础篇）的前4个单元学习为例，深度挖掘教材单元主题的思政元素，整合教学内容，从主题、篇章、练习等内容中挖掘思政点，增加与主题相关的社会问题、中华文化、时事热点、科技成就等课程思政内容。通过教材研读，结合课文主题而发掘的思政元素如下表：

单元主题	思政要素	思政主题	思政融入
Unit1 A New Journey in Life 第一单元 人生新起点	党的十八大提出“立德树人”是教育的根本任务，党的十九大要求教育“落实立德树人根本任务”。教育的现代化必须坚持中国特色社会主义的发展方向，全面贯彻新时代党的教育方针，培养一代又一代拥护中国共产党领导和我国社会主义制度、立志为中国特色社会主义奋斗终身的有用人才。	帮助学生树立正确的时间管理观念，培养独立自主、艰苦奋斗、勇于进取的精神，培养应对挑战的积极心态，引导教育学生志存高远，明大德、守公德、严私德，把爱国情、强国志、报国行融入坚持和发展中国特色社会主义事业的奋斗之中，在实现中华民族伟大复兴中国梦的生动实践中放飞青春梦想，书写人生华章。	（1）通过观看双语视频“人生是场铁人三项——2018年马里兰大学毕业演讲”，启发学生不必畏惧环境的改变、身份的变化，而是认清自我、确定目标，培养独立自主性。 （2）通过“优先处理顺序”实验演示，帮助学生了解优先处理顺序原理，强化时间管理的意识：把时间花在重要的事情上面，激励学生努力学习，增长智慧，做社会栋梁之才。

Unit 2 The Magic of Words 第二单元 语言魅力	习近平总书记强调，培育和践行社会主义核心价值观，要以培养担当民族复兴大任的时代新人为着眼点。人民有信仰，国家有力量，民族有希望。	帮助学生感受中英双语之美，励志学会语言，从中国走向世界，让世界走进中国。	（1）通过阅读双语文章《许渊冲：译梦为马，百年传薪》，品读语篇，建立正确学习观念，激励学生立志做中外文化交流的使者。（2）通过了解少数民族语言缺失现象，鼓励各民族学生学好本民族语言，担当民族语言传承繁荣发展及对外传播大任。
Unit 3 Culture Links 第三单元 文化纽带	党的十九届六中全会通过的《中共中央关于党的百年奋斗重大成就和历史经验的决议》提出："加快国际传播能力建设，向世界讲好中国故事、中国共产党故事，传播好中国声音，促进人类文明交流互鉴，国家文化软实力、中华文化影响力明显提升。"习近平总书记用简洁平实的语言道出了文化自信的奥秘："中国有坚定的道路自信、理论自信、制度自信，其本质是建立在5000多年文明传承基础上的文化自信"，这一精辟论述深刻阐明了文化自信在"四个自信"中的重要地位。	帮助学生感受中国文化魅力，正确对待文化差异，增强文化自信、文化认同。	（1）播放双语视频"Come together: the confidence power of Chinese culture renaissance"，学生通过观看该视频可增进对中国文化事业与产业发展、中国文化软实力提升的了解，提高对文化意义、地位以及作用的深度认同。激励学生自觉承担举旗帜、聚民心、育新人、兴文化、展形象的使命任务，坚定文化自信，向世界讲好中国故事，让中国声音赢得国际社会的理解和认同。 （2）通过阅读有关玉、竹、龙等中华传统文化中常见符号的历史渊源和内涵的英文短篇，要求学生向外国友人介绍一种中国艺术形式，帮助学生在研习传统艺术的过程中加深对本民族文化的理解，提升文化素养，培养国际传播能力。
Unit 4 Life at Fingertips 第四单元 数字生活	习近平总书记指出："经过长期努力，中国特色社会主义进入了新时代，这是我国发展新的历史方位"。党的十九届六中全会报告提出：中国特色社会主义进入新时代，中华民族迎来了从站起来、富起来到强起来的伟大飞跃。	感受中国科技发展的日新月异，培养创新精神，合理合法应用技术。	（1）播放双语视频"《经典里的中国智慧——平'语'近人》：苟日新，日日新，又日新。"观看视频后，引导学生谈谈近十年来我国科技方面的创新成果及其为人类生活带来的影响，鼓励学生保持创新精神，树立远大志向。引导学生做中国特色社会主义的坚定信仰者和忠实实践者。 （2）通过视频展示中国高铁通过自主创新实现一次次技术飞跃，让世界见证了"中国速度"，引导学生结合自身经历，深入思考中国高铁如何服务人民生活，带动经济增长和产业结构优化升级，从而增加学生们的民族自豪感。

（二）按需挖掘

大学英语教材涉及主题广泛、思政角度多样以及思政元素丰富且零散，究竟挖掘什么样的思政元素？一门课的思政元素数量必须恰到好处，结合学生需求，对接教材内容选择适量的思政素材案例，将案例中涉及的思政元素与专业课程的知识点对应，使被挖掘的思政元素兼备思想性、科学性、真实性、适切性、时代性和趣味性。从学生学习兴趣出发选取关键思政素材，提炼精华，巧妙融入教学环节，易引发共鸣，便于学生理解、接受与学习，有效践行思政育人。

以旅游管理专业大学英语教学为例，结合“红色旅游”主题，组织学生到人文内涵丰厚的红色旅游景区，让学生小组合作提炼地方特色的红色词汇，中英文对照欣赏，引导学生领会其中的丰富文化底蕴，并尝试英语翻译、英语解说以锻炼他们的英语表达能力和对外传播红色文化能力。学生通过查阅、思考和翻译，更好地认知当地红色文化，更深刻地理解红色文化内涵，有利用将课堂上学习和积累的文化知识用到实际导游业务中。或举办“中国红色旅游”英语讲座，邀请嘉宾介绍“中国红色旅游”的来源、红色旅游与英语的关系以及红色旅游英语相关的翻译练习。在讲授理论性知识的同时，列举很多如红色旅游相关的名人、景点与民俗风情等生活实例。通过对红色旅游英语的介绍和导学，使学生从中发现英语语言表达之美，发现中华文化之美，了解红色旅游资源丰富，自觉学习、传承、弘扬中华民族优良传统和文化，树立中华民族文化自信，增强学生的人文社会科学素养、社会责任感和民族自豪感。

（三）紧密贴合教学流程与内容，深挖思政内涵

遵循《新一代大学英语》iPrepare、iExplore 1、iExplore 2、iProduce的教学流程，紧扣单元教学内容，以思政视角全新切入，各环节、各练习之间依据“产出导向法”的教学理念及内在逻辑设计，一脉相承，环环相扣。如Scenario & task依据单元思政主题进行调整，情境设置与产出任务贯穿课件始终。特设Further reading板块，提供思政拓展文段，并设置相关Critical thinking思考题，助力学生锤炼思维，提升语言应用能力与思辨能力，促进语言教学与铸魂育人有机融合。下面具体介绍1节“以追逐梦想为思政主题”的课堂教学设计：

1.Lead-in：10 minutes

（1）结合课前学习微课《身残志坚人物画卷》，组织学生分组讨论以下问题：

What good characters do they have?

What setbacks did they suffer in the chase of their dream?

How did they overcome their setbacks to realize their dream?

通过讨论身残志坚人物的励志事迹，学习他们坚韧不拔、不畏艰难、砥砺前行的品质，使学生树立崇高理想信念。讨论后引出“追逐梦想”主题，并展示思维导图，引发学生全面思考追梦人需要具备的优良品质。

（2）学生分享课前准备的表达身残志坚或逆境奋斗的中外名言（双语），并阐释其精彩之处。

2.Active learning：25 minutes

（1）翻译练习：针对课文中关于“梦想”的语言点，联系思政元素，引入政府文件中含“中国梦”的句子，进行翻译练习。

（2）释义及评论：首先对教师指定的文中重点句子用中文翻译，保持其意思不变，再用英语改写，并对每组句子的含义作简短评论。

（3）抢答题：分享励志名言（古诗、名言）、习近平总书记青年寄语英文版，学生抢答对应中文。帮助学生树立正确地应对挑战的积极心态，再次强调树立崇高理想的育人主题。

（4）翻译填空题：展示习近平总书记青年寄语中文句子，学生根据部分给定的对应英文，补充完成英文句子，并深刻理解中国梦的蕴含及其与青年的关系。深入讨论树立崇高理想的育人目标，引导学生讨论珍惜青春，养成终身学习的习惯，成为勇于担当新时代使命的大学生。

3.Extended output：10 minutes

（1）阅读分享：阅读史蒂芬·霍金（Stephen Hawking）励志故事，用英语从不同角度阐释自己的阅读心得。

（2）英文写作：完成一篇180字左右的短文，其题目为“Is failure success in progress？”围绕成功和失败之间的关系阐述自己的观点，并用事实和例子来支撑个人观点。

本节次课堂教学紧密贴合主题，灵活设计教学活动，巧妙融入思政元素，有效融合专业教学与思政教育，使学生在掌握语言知识的同时，具备坚韧不拔、不畏艰难、砥砺前行的品质，树立远大理想，努力为中华民族的伟大复兴贡献自己的力量。在设计和布置课内外练习时，有意识地挑选含有思政元素的材料，并事先布置语言和思政元素相融合的教学任务和活动，让学生通过独立思考、小组合作等方式，探索解决问题、完成任务的方法，以充分发挥英语课程育人功能和实现语言与育人相统一。

（四）做到举一反三

教师可以通过某个专业知识点中的关键词来找出与之相契合的思政元素（丁义浩，2021：37），也可以根据已有的思政元素引申出更多的、具有适切梯度的价值拓展点，这就需要教师做好前期准备工作，将多模态思政元素全面收集、分类整理、因材而用、因境而用、因生而用、有效使用。在课堂上，将教材思政元素挖掘和教学结合在一起，真正发挥教材的育人作用，让课堂更加高效，帮助学生创造性地提升自己的产出能力。

以《新一代大学英语综合教程1》（基础篇）第八单元iExplore1 China's Climate Change Commitment 的教学为例，iExplore1文章阐述了中国如何正确看待气候变化带来的影响、如何应对气候变化以及所取得的成就。课前，学生自主播放英文视频“气候变化的原因和影响”，让学生正确看待气候变化带来的影响，要求学生小组讨论气候变化的原因和影响以及防止气候变化的具体措施，并在U校园平台分享小组作品，以增强他们的环保意识。课中，学生阅读英文新闻“Eco-friendly model city has taken root in Tianjin”并找出有关双碳计划的英文词汇：carbon dioxide emissions, ecologically friendly, sustainable development, energy consumption, an action plan等等，鼓励学生们勤奋学习，刻苦钻研，掌握扎实的理论知识为国家的发展作贡献。课后，要求学生调查校园相思湖水体污染，让学生充分认识到绿水青山的重要性，把习近平总书记的“绿水青山就是金山银山”的发展理念传给学生，让他们认识到环境的重要性，增强他们为治理祖国大好河山的责任感和使命感。

通过“举一反三”的做法，学生们认为，本次课程激发了自己的生态环境保护意识，并增强他们为治理祖国大好河山的责任感和使命感。

四、结论

课程建设者需要根据教学大纲、学科专业、学生需求、教学目标，将从教材中挖掘的思政元素与大学英语课程的知识点对接，举一反三，帮助学生领悟精髓并付之行动。挖掘大学英语教材思政元素是一项持续复杂的系统工程，需要智慧团的加入，每位教材编辑专家、技术专家、教材使用者都有义务为培养有家国情怀、国际视野和专业本领的复合型人才贡献外语力量与外语智慧。为培养学生成为更有责任感、公正、诚实、可靠、宽容的时代新人，作为课程思政的主力军，大学英语教师必须加强自我学习、自我反思、自我提升、自我超越，使自己成为师德高尚、业务精湛、充满活力、富有创新、受人欢迎的优秀教师。

参考文献

[1]马惠琼.挖掘整合大学英语教材中思政元素的实践研究[J]. 云南科技管理，2021,（03）：55–57.

[2]丁义浩，王泽燊，王刚.基于BEACON模式的课程思政生成路径[J].中国高等教育，2021（11）：36–38.

[3]何莲珍.从教材入手落实大学外语课程思政[J].外语教育研究前沿，2022，5（02）：18–22+90.

[4]文秋芳.大学外语课程思政的内涵和实施框架[J].中国外语，2021，18（02）：47–52.

[5]于亚新，丁义浩. 以课程思政重塑大数据与智能时代的数据科学思维体系[J].中国高等教育，2020,（08）：9–11.

[6]中华人民共和国教育部，2019，教育部关于印发《中小学教材管理办法》《职业院校教材管理办法》和《普通高等学校教材管理办法》的通知[OL]，http://www.moe.gov.cn/srcsite/A26/moe_714/202001/t20200107_414578.html.

作者简介

刘芳琼，女，1974生，汉族，广西资源人，广西民族大学，教授，研究生学历，硕士学位，研究方向：主要大学英语教学。

基于“雨课堂”的翻转课堂模式在医学英语教学中的应用效果分析

程思

摘要：为了打破传统医学英语课堂教学中课堂气氛比较沉闷的现象，本文探究基于“雨课堂”的翻转课堂模式在医学英语教学中的实际应用效果。选取广西医科大学108名英语专业学生作为研究对象。以《医学英语文献选读》课程为例，上学期采用传统教学模式，下学期增加了“雨课堂”翻转课堂教学模式，对比这两学期的学生期末综合评定成绩和学生的满意程度。根据实施效果可知，该教学模式提高了学生的参与度与学习兴趣，学生对以“雨教室”为基础的翻转课堂教学方式普遍感到满意。希望本文可以为医学院校英语教学改革提供借鉴。

关键词：医学英语；雨课堂

一、引言

“雨课堂”是2016年由清华大学开发的智能教育系统，通过 PPT、微信等方式，使教室始终处于在线状态，并在新冠肺炎疫情期间进行网上授课。在医疗技术与医学教育的融合与渗透下，智能教学平台实现了互联网、大数据、云计算和人工智能技术的不断融合，更好地实现翻转课堂式教学模式，这种模式是指学生在课前或课外观看教师的视频讲解[1-3]，自主学习，教师不再占用课堂时间来讲授知识，课堂变成了老师学生之间和学生与学生之间互动的场所，包括答疑解惑、合作探究、完成学业等，从而达到更好的教育效果，医疗教育环境不断向资源整合的方向发展。在此基础上，可以有效地优化与整合学习资源，便于收集教学资料，实现对学习过程与效果的评价与反馈[4-7]；随着课堂互动的日益丰富、高效，课外作业的多元化，使得医学教育的内涵品质得到了提升，从而为医学生创造了一个学习的环境与机遇，同时也让我们认识到了这一点；在21世纪，利用雨课堂是医学教学发展的一个新潮流。

二、医学英语教学现状

（一）学生词汇量的短板

医学英语的学习本身要比基础英语困难得多，因为医学英语中有很多来自希腊、拉丁语的外来词汇，这些生僻的单词使学生望而却步；而词汇量的不足，极大地制约了学生的阅读理解，使学生在学习医学英语时产生恐惧。

（二）教师医学专业背景的欠缺

专业英语的教学需要教师本身具有深厚的专业基础和英语综合技能，才能够用英语把学科中的经典知识传授给学生；让学生们能够更好地理解这个领域的发展。目前，我国医科大学从事英语教学的老师多为英语专业[8]，很少有医学背景的老师，而英语和医药方面的老师更是凤毛麟角。英语专业的老师，因为他们对医学的了解不够透彻，有些人对医学的了解还不如学生，所以很难和他们进行深入的沟通；要掌握一门综合的、专业的医学知识，绝非一日之功。医学专业的老师虽然掌握了一定的专业知识，但是在语言方面仍然不能很好地掌握英语的语法，英语的口语和专业的写作水平也比较低。

（三）存在教学评价理念与评价方式不协调现象

习近平总书记强调，“以立德树人为核心，以思想政治工作贯穿于教育教学的全过程，全面育人。”[9]医学英语是一种隐性的思想政治教育，它要求教师在潜移默化中培养学生的人文精神和情感。但是，当前的医学英语教学与思政教育的内容并不相适应。“雨课堂”随着人工智能技术的不断融合，医疗教育环境不断向资源整合的方向发展。在此基础上，“雨课堂”可以有效地优化与整合学习资源，便于收集教学资料，实现对学习过程与效果的评价与反馈，帮助医学英语的学习困难得到解决。医学英语学习策略研究在国内方兴未艾，相关论文一年比一年多，但是研究方法种类严重不均衡，问卷调查遥遥领先，实验研究、个案研究和综合研究远远不足，很少有将研究成果转化为实际培训的专著和教师培训，能有效指导学生医学英语学习的研究成果更是凤毛麟角。

（四）依旧无法摆脱“教师为中心”的教学模式

在国外学校没有“满堂灌”的现象，而是把主要时间让给学生，以学生为中心。例如，在美国很多大学，上医学英语语言课，教师鼓励学生发表自己的见解、大胆地讲英语已是最正常不过的事情[10-12]。由于学生来自不同的国家，他们的医学英语基础不同，有些学生的发音不准。然而，教师总是用鼓励的语言来引导学生大胆地用英语回答问题，进行小组会话。久而久之，学生运用语言的能力越来越强，他们过去经常犯的语法错误也在实际运用语言的过程中得到了纠正，发音也逐步得到改善。从这一点上，不难发现，国外医学教师更注重的是如何培养学生独立思考问题、分析问题和解决问题的能力，如何提高他们用医学英语表达自己思想、发表自己见解的能力。就此来看国内医学英语还需要很大的空间去发展[13]。

三、研究实践过程

（一）研究对象

广西医科大学外国语学院2019级的108名英语专业学生参加了研究，分为实验组和对照组；实验组是下学期增加了“雨课堂”教学模式的108名英语专业学生，对照组是上学期采用传统教学模式的108名英语专业学生。其中女生92名，男生 16 名，年龄 21—23岁，平均 22.5岁。

（二）研究问题

本研究主要尝试探讨以下几个问题：

（1）在基于“雨课堂”的智慧教学设计中，如何提高学生的学习主动性和学习参与度?

（2）在学生进行合作式学习和完成个性化作业后，学习参与度、学习满意度及学习成绩有什么变化?

（三）问卷设计

（1）通过问卷调查进行学生学情需求分析。新学期开课第一周对实验班学生进行了关于“雨课堂”使用情况的问卷调查，包括学习态度、学习计划、学习习惯、课外自主学习情况等。结果显示：支持教师使用“雨课堂”的学生占98.13%，有50.68%的学生表示愿意在课后每天投30分钟至1小时的时间学习。问卷结果说明，大部分学生有比较积极的学习态度，也愿意在教师的指导下制订学习计划。问卷结果也为后续的实证研究打下了基础。

（2）修订教学目标和教学计划。根据问卷调查结果，在实验班进行基于“雨课堂”的大学英语智慧教学模式设计，向学生公布问卷调查的分析结果和新的教学计划。让学生充分了解个性化和合作式的学习方案，让学生通过“雨课堂”自由选择分组学习的伙伴。每个班分为10个小组，每个小组6～7人。

（3）结合问卷调查结果，让学生了解自己的学习风格。教师根据不同学生的学习风格，利用“雨课堂”布置个性化的课后作业。学习风格中的感官类分为视觉型、听觉型及动觉型。视觉型学习风格的学生倾向于看图表、图片及阅读类材料；听觉型风格的学生倾向于听讲座、对话、用音频材料进行学习。教师可以布置阅读类、视频类作业、presentation、口头总结作业等。建议学生根据自己的学习风格选择不同类型的作业。

（4）小组合作学习和测评。要求小组成员在课堂上 坐在一起或相邻的位置，有利于课堂的学习和讨论。课后小组作业包括作文、小组PPT展示、复习资料制作、小组单元话题讨论等。学生的合作学习成绩通过“雨课堂”细化记录，最终纳入过程性评估。

（5）教师在课后与学生保持联系，定时查看“雨课堂”学生留言并进行答疑互动，要求学生量用英语留言，教师也用英文答疑，这样可以更好地创造语言学习氛围。

（6）课堂观察。利用实验前后的课堂录像观察和对比学生课堂听课的关注度，并分析学生的课堂参与度。对学生课堂参与度进行分析，将其作为评估教学情况的辅助标准。

（四）教学方法

控对照组采用课堂教学与 PPT相结合的方式，在课堂上进行总结，并进行相应的问题培训与评价。实验组采用“雨课堂”教学法，学生在预习过程中遇到不明白的地方，可以进行标注。《医学英语文献选读》这门课为广西医科大学大三学生的必修课程，分两个学期讲授完毕。教学准备环节是通过自主学习，学生可以掌握一些基本的基本知识，在培养学生的临床思考能力的同时，也可以节约教师的时间和精力，只教一些有难度的问题。例如，在讨论和分析前，可以将困难的病例单词和难题单词提前推送给学生，使他们有充足的时间了解单词病症的基本状况，并尽可能地了解单词的资料；病例的讲述可以激发学生的思维，使学生不但能在很短的时间内完成医学英语文献课文的阅读，从而避免了背景知识的缺乏。课堂教学中有相关提问，现场问答，全班学生积极参与病例讨论，激发学生学习的积极性；正确引导学生对临床单词、检查结果单词、影像学检查结果单词进行思考和分析，以了解临床与临床有关的疾病的单词。另外，“雨课堂”还提供了考试的发布功能。一方面，它能激发学生的自主性，使教师能更好地了解学生的课前阅读状况，并能及时发现问题；另一方面，阐述了课堂教学中的重点；另外，在课堂上，教师可以在课堂上公布考试成绩，以此来检验学生的学习效果。通过对课堂和课外实践的数据进行分析，教师能够针对不同的学生进行不同的学习，对其进行正确的指导，从而实现“因人而异”。

具体操作如下：（1）老师指定一组，输入任何组，按一下开始组。在组群结束时，按一下每个箭头，就可以进入每个小组的成员管理界面。（2）首先教授单词的词根和词缀，把这节课要注意的单词推出来，并用“弹幕”的形式让同学们抢答，然后分组进行单词扩展比赛。比如，后缀– itis就是“感染”，学生们可以分组“头脑风暴”，创造出许多常用的单词，比如 hepatitis肝炎、nephritis肾炎、gastroenteritis肠炎等。（3）教师将新组合的词汇推入“雨课堂”，让同学们把中文的含义翻译出来，并利用“云投屏”和“投稿”功能，让学生们在老师的同意下，将他们的分数显示在小组里。在班级里，成绩好的学生都会有一个红包。经过本人的教学实践，发现“弹幕”“红包”等功能在学生中是最受欢迎的。老师们可以在课堂上打开弹幕，和同学们进行即时交流，让他们的弹幕变得简单，既能增加他们的即时性，又能增加他们的参与度，但太多的评论会让他们分心；因此，老师可以设置一个特定的话题，或者在特定的时间点打开弹幕，让同学们积极参与，从而达到更好的交流效果。在课堂上，老师通过发放小红包来活跃课堂的氛围，能有效地激发学生的学习兴趣。教室里的红包数量并不重要，而是一种积极的方法，可以让人和人之间的联系更加紧密。教师在“雨课堂”中与同学们进行互动，以了解他们对所学知识的掌握情况，并将问题、讨论、测验等穿插到教学中，以便于学生对本课程的认识与掌握。“不懂”功能可以保证每个问题都能及时、准确地回答，解答学生在学习中遇到的问题。

（五）考核方法

课程结束后，以闭卷测试进行理论知识的考核（总分 100分），考核试卷由授课教师编写，并统一阅卷标准；实验组与对照组对比综合成绩。另外，对两组学生进行匿名满意度问卷调查，了解医学生对教学方式的满意度及认同感。

（六）统计学方法

两组理论考试成绩均采用 SPSS 软件进行数据统计分析。

三、教学数据结果分析

测试数据分析。使用方差分析，比较实验班与对照班在前测和后测中的成绩。前测使用实验开始之前的第一学期期末考试卷面成绩，后测使用实验后的第二学期期末卷面考试。分别对比学生的听力、阅读、写作、翻译等分项成绩。通过问卷、访谈等收集反馈和评价。在教师已经提交学生的期末成绩之后，向学生发送有关基于“雨课堂”的大学英语智慧教学设计的问卷，研究学生的学习满意度和对教学设计的评价。回收有效问卷108份。研究组教师还与18名学生进行一对一在线访谈，进一步了解学生对教学设计的意见和建议。

（一）教学方法的满意度评估

共分发 108 份问卷调查表，实际回收 108份，回收率 100%。调查结果表示：实验组满意度为 92%，对照组 44%，比较两组的满意度，实验组得分明显高于对照组，参见表1。

表1　实验班与对照班学生满意程度对比

满意程度 / 组别	满意人数	不满意人数	满意度
实验组	100	8	92%
控制组	60	48	44%

（二）效果分析

1.数据分析结果与讨论

成绩对比分析通过方差分析，发现实验组前测平均分数（M= 52.3）与控制组前测平均分数（M=51.5）不存在显著的差异（F=1.20，p=0.27），两个班的听力、阅读、写作、翻译的各分项前测成绩没有显著的差异，这表明两个班的学生在前测时的英语水平是基本一致的。经过一个学期的基于“雨课堂”的合作式、个性化学习，与对照班的成绩对比，实验班的总分，阅读、写作、翻译各分项成绩都有所提升，听力分项成绩上升明显（见表2、表3）。对于后测成绩，以班级为自变量，各分项分数为因变量，前测分数为协变量，比较不同班级之间的后测各分项分数的差异。结果表明，两个班的阅读分数（F=0.01，p=0.91）和翻译分数（F=1.30，p=0.25）均不存在显著的差异。实验班的写作分数（M=8.9）与对照班的写作分数（M=7.7）相比，都有所提升。两个班级的听力分数存在比较显著的差异（F=6.05，p=0.01）。实验班的听力分数（M=18.8）高于对照班的听力分数（M=12.7），且这种差异达到了比较显著的水平，可以认为是不同的学习方式造成的。

表2　实验班与对照班前后测验成绩对比

<table>
<tr><th>班别</th><th>前测平均成绩M值和P值</th><th>后测听力M值</th><th>听力P值和F值</th><th>文献阅读P值和F值</th><th>术语翻译P值和F值</th><th>写作M值</th></tr>
<tr><td>实验班</td><td>M= 52.3</td><td>M= 18.8</td><td rowspan="4">p=0.01
F=6.05</td><td rowspan="4">P=0.91
F=0.01</td><td rowspan="4">P=0.25
F=1.30</td><td>M=8.9</td></tr>
<tr><td></td><td></td><td></td><td></td></tr>
<tr><td>对照班</td><td>M=51.5</td><td>M= 12.7</td><td>M=7.7</td></tr>
<tr><td></td><td>p=0.27</td><td></td><td></td></tr>
</table>

表3　实验班与对照班前后测验成绩对比　　单位：分

班别	平均成绩 /测试	总分（100%）	听力（30%）	文献阅读（40%）	术语翻译（15%）
实验班	前测	52.3	13.3	22.5	8.9
	后测	60.6	18.8	23.3	9.6
对照班	前测	51.5	13.1	21.6	9.0
	后测	52.2	12.7	22.3	9.5

2.课堂观察分析

通过前测阶段、后测阶段的课堂观察，任课教师普遍反映实验班学生课堂参与度有所提升。在课堂讨论的10分钟内，主动发言学生达到11人，参与弹幕发言的学生占89.1%。课堂观察和课堂录像显示，认真听课的人数明显增加。在课堂上用手机做与上课无关事情的学生明显减少。“雨课堂”采用了比较流行的弹幕方式、投票方式等进行课堂测试，学生的学习兴趣得到激发。以下的调查问卷结果显示学生的课堂参与度和满意度均较高。

（三）问卷结果和访谈反馈

根据第二次问卷调查的结果，选择“非常积极”和“经常”参与课堂活动的学生达到51.06%，89.73%的学生选择愿意通过“雨课堂”参与课堂活动，81.73%的学生认为学习参与度有很大提高。对于“雨课堂在哪种方式上提升了你的课堂参与度”的问题，选择“行为参与”“情感参与”“认知参与”的学生分别占84.89%、36.25%、54.38%。针对“雨课堂是否有助于你提升对大学英语学习的兴趣和满意度?”的问题，83.39%的学生选择了“作用显著”和“有一定作用”，只有16.62%认为作用不明显。81.58%的学生认为小组合作式学习对英语学习的促进作用显著，对个性化作业的反馈也比较好，认为个性化的作业促进英语学习“有显著作用”和“有一定作用”的比例分别达到13.6%、72.21%。访谈反馈表明：大部分实验班的学生对目前教学设计非常认可，成绩越高的学生越赞同个性化作业，完成作业情况也更好。成绩偏低的学生完成作业情况一般，反馈意见认为作业帮助不明显，对完成作业感到有压力。同时，所有参加访谈的学生都认为教师在课外的 指导和督促非常重要，他们都表示愿意利用“雨课堂”的互动功能与教师交流。反馈意见举例：“老师能给我们指导，也需要我们课下付出更多的努力。”“老师给出的学习材料非常好，适合我们的学习水平。”“我自己的自制力比较弱，一般不会主动去听一些英文节目和广播，现在看老师给的材料会感觉比较有收获。”这些反复选择独立样本进行测试，测量数据用（ ±s）描述，P<0.05，差异具有统计学意义。另外，两组对教学方法的满意度进行问卷调查统计。实验组和对照组的比较t=4.1 P<0.05。实验组学生的成绩高于对照组，两组之间的差异具有统计学意义（P<0.05），如表 4所示。

表4　两组学科成绩比较

成绩 / 组别	平均成绩	t值	p值
实验组	60.6	2	P=0.024
控制组	52.2		

表1、表2、表3、表4显示，实验组的受试听力成绩明显高于控制组。显示雨课堂线上线下教学模式与学习者成绩显著正相关。这表明，雨课堂教学模式对学习者成绩有显著提升，都说明了教师的指导有利于学生养成自主学习习惯，也说明了基于“雨课堂”的教学模式得到了大多数学生的认可。

四、“雨课堂”教学模式的优缺点分析

（一）“雨课堂”教学模式的优势

（1）学生的参与程度较高。与传统的课堂教学相比，雨教室可以更好地激发学生的学习兴趣。利用弹幕功能，使学生能够在上课时，将所听到的问题及时反馈给教师。通过对数据的分析，雨教室将学生的学习热情用数据进行量化，从而使学生在课堂上的参与程度得到了最好的体现[14]。

（2）丰富的教学方法。雨教室打破了传统教学的“瓶颈”，打破了时空和时空的局限，通过教学重播，让同学们能够在课堂上理解不了的内容，在课后随时可以在任何地点反复观看，有利于培养学生的自主性。

（3）只要会使用 PPT 和微信，就可以开展“雨课堂”教学模式，非常便捷高效。常规教学是填鸭式的教学[3]，较为枯燥乏味，既加重了教师的工作量，也没有给学生提供预习的课前掌握，基于“雨课堂”的教学已有个别教师有所尝试和探索，“雨课堂”实现了课前预习，线上疑难解答，使教学效果有了较大的提高。

（4）“雨课堂”已经完成了整个数据收集周期，通过对数据进行统计分析，可以掌握学生的学习状况，带教老师可以掌握学生的出勤率，上课时和上课后的学习情况，并实时测试自己的授课效果。在医学教学中选择“雨课堂”教学方法可以了解学生的课堂测验成绩，显著提高了学生在教学过程中的参与度，产生了积极的影响，在“雨课堂”的教室气氛中，这种教学方法可以更全面、更恰当地塑造学生创新能力的思维方式，提高了学生将专业技术基础知识与医学中特定问题联系起来的能力，并熟练掌握实践操作技能，这是一种新型有效的教学方法。

（二）雨中课堂教学中的难点

为了更好地理解学生在“雨教室”中所遇到的实际问题，笔者对这一学期的班主任“雨教室”进行了一次小型的匿名问卷调查，以求一目了然。

（1）学生在“雨教室”中的地位不高。从学生的角度来看，课堂就像一个固定的教室，老师在教室里讲课，师生之间的教学是一个“面对面”的过程。所以，在“雨教室”中，没有一个清晰的认识。在进行“雨教室”学习的时候，因为没有老师的监管，考试的形式也更加开放，这一下子就给了学生自由，反倒让学生们手足无措，这就导致了学生对“雨教室”的认识不足。下面的问卷调查也证实了这个想法[15]。

（2）学生的行为举止不规范。与传统课堂相比，“雨教室”给了学生更多的自主学习空间。可以根据自己的喜好，选择学习地点，进行教学回放，这就是“雨教室”的优势。但是，这也是“雨教室”存在的问题。在进行雨课教学的时候，由于没有老师在教室里指导，导致了学生的注意力不能集中。在“雨教室”中，尽管学生可以通过弹幕和老师进行即时交流，但由于教学进度的限制，老师无法一一解答学生提出的问题；一些问题只有在下课后才能得到解答。通过电子邮件、微信、QQ等方式来解决问题，未必能得到及时的反馈，而网上的问题也无法得到权威的解答。这样，学生在积累了大量的疑问之后，就会失去学习的兴趣。

（3）学生学期末时较容易遗忘之前相关基础知识，尤其是对疾病的病理改变、疾病预后等知识掌握不佳，对疾病的整体认识欠缺，影响最终考试成绩。“雨课堂”教学课前预习要求比较严格，个别学生预习习惯较差，课堂的效果不明显。在使用“雨课堂”时，受网络影响在推送视频时，文件较大，师生使用会有所限制。

五、改进方向与建议

“雨课堂”是一种新型的混合教学平台，它的应用越来越方便。任何一种新事物的诞生和被人们所接受，都是经过一段时间的考验。不断完善的“雨教室”平台，得到了广大教师和学生的广泛认可。

首先，要使学生的学习态度端正。“雨课堂”与传统的教室相同，要求学生具有严肃的学习态度。没有老师的监督，不能懈怠。在进行“雨教室”的学习时，更要把注意力集中到每一节课上。

其次，要有清晰的自我认知。“雨课堂”的学习都是在网上进行，几乎没有任何的面对面的教学。“雨课堂”对网络的依赖性较强，如何有效利用学校提供的网络环境、实现多媒体教室的计算机软件的实时更新及保证学生使用“雨课堂”时不玩手机等问题仍需解决。相信随着软件的不断更新，“雨课堂”课前—课上—课后体系会逐渐完备，最终普及到每一个学生。

总之，在医学英语教育中应进行适当的改革和创新，以“以人为本”的教学方式，随着网络信息技术的发展，“雨教室”在各方面都形成了自己的特色，提升了学生的理论知识，增强了学生的实践技能和创新意识；对培养学生的综合素质、培养学生的素质、培养学生的素质具有重要的现实意义。秉承现代科技之光，构筑医德之路，以信息化与现代教育相碰撞，激发新的教育生机；通过网络技术，融合大数据的雨教室软件，以及课前预习、现场重难点的解答、课后知识的重复性练习，大大的巩固了学生对基础知识和临床思维的了解，同时，也让我们认识到了高效的教学方式；它既可以增强学生的知识，同时也为建设高效率的“科教兴院、人才强院”的附属医院提供了有力的支持。通过实施“雨教室”教学模式，进一步强化医学英语师资队伍建设，提高医学英语教学质量，提升我校医学英语教学内涵和软实力，为建设一流教学医院、打造一流师资力量、培养一流医学人才奠定更为坚实的基础。

参考文献

[1]蔡佩玲，黄婵，程丽佳，等.翻转课堂模式在组织学与胚胎学教学中的应用[J].解剖学杂志，2017，40（1）：3.

[2]蔡佩玲，黄婵，程丽佳，等.翻转课堂模式在组织学与胚胎学教学中的应用[J].解剖学杂志，2017，01（v.40）：126–128.

[3]陈学秋，赵微，唐柱生，等.基于雨课堂人体解剖学教学模式改革实践探索[J].解剖学杂志，2019，42（01）：104–106.

[4]陈煜，胡洁，朱一鑫，等.基于雨课堂平台的有机化学实验翻转课堂教学模式的研究与实践[J].化学教育（中英文）,2019，40（14）：5.

[5]方梓萱，孔琳琳.基于雨课堂的翻转课堂模式在大学英语听说教学中的应用研究[J].海外英语，2022（8）：3.

[6]冯曦涓，等.互联网+形势下高职教育翻转课堂教学模式研究——以《网络营销实务》课程为例[J].科技通报，2017，33（10）：4.

[7]洪锦泉.基于雨课堂的翻转课堂模式教学改革——以《理论力学》课程教学为例[J].黑河学院学报，2020，11（2）：3.

[8]景爱红，司传平.基于基础医学教学资源网的局部解剖学翻转课堂教学模式探索[J].解剖学杂志，2015（4）：3.

[9]景爱红，司传平，等.基于基础医学教学资源网的局部解剖学翻转课堂教学模式探索[J].解剖学杂志，2015，04（v.38）：116–118.

[10]郎建英，徐谦，陈丽霞，等.翻转课堂教学模式在医学统计学教学中的应用与思考[J].现代预防医学，2016，43（17）：4.

[11]李建忠，吴海平，李明，等.基于微课的翻转课堂教学模式在局部解剖学中的应用[J].解剖学杂志，2019，042（002）：203–204.

[12]李玲，陈超.基于雨课堂的科技信息检索课翻转课堂教学[J].图书情报工作，2019，63（12）：6.

[13]孟婷婷，徐捷.基于“雨课堂”的翻转课堂模式在《基础日语》课程中的应用策略分析[J].2020.

[14]孙爱平，张国俊，赵铁锁，等.基于网络平台的“翻转课堂”教学模式在《医学免疫学》实验课上的应用[J].中国免疫学杂志，2016，32（10）：3.

[15]苏琰，李融，蒋斌.基于信息化的翻转课堂教学模式在免疫学检验技术课程中的设计研究[J].中国免疫学杂志，2018，34（2）：4.

[16]谭文波，陈龙菊，等.翻转课堂教学模式在系统解剖学教学中的应用与思考[J].解剖学杂志，2015（5）：2.

[17]徐清、张璐萍、韩坤、刘栋、刘洪付.网络考试在护理学专业人体形态学课程中的实施探索[J].解剖学杂志，2020，43（6）：2.

[18]赵爱云，石长青，王甜，等.基于雨课堂的动物福利保护混合式翻转教学实践[J].黑龙江畜牧兽医，2021（17）：4.

[19]朱益平.基于雨课堂平台的翻转课堂模式对诊断学学习效果和满意度的影响[J].2021（19）：4.

作者简介

程思，硕士，讲师，广西医科大学外国语学院讲师，主要研究领域：医学英语与跨文化研究。

第三篇　语言文学研究

浅谈美国新闻话语体系构建技巧
——以CNN报道为例

李晓滢　曲思樾　陈开奇　文彦苏　薛晴

摘要：互联网技术使新闻成为日常生活元素，新闻所带来的舆论影响力度日益增加。本文以部分CNN新闻报道为例，采用对比分析视角进行研究。通过分析2月24日至3月2日美国有线电视新闻网（CNN）部分报道措辞与用语，比较贬义词、褒义词、中性词及所用比例，观察CNN所用新闻话语体系以及技巧，发现CNN放弃新闻中立性原则，以独特的新闻话语体系构建使其舆论影响力度日益提升。本文将浅谈美国新闻媒体话语体系构建，总结CNN新闻报道中所体现态度与站位，从中获取我国应对国际舆论压力的启示。

关键词：美国新闻话语体系；CNN；态度与站位

课题：本论文为大学生创新创业立项项目《美国新闻媒体话语体系建构技巧研究》的阶段性成果

一、引言

新闻传播作为近现代人类社会对信息传递的这一概念的重新解读，无论从政治、经济还是文化层面上都对现代社会产生着非常巨大的影响，尊重客观事实、真实性是新闻存在的原则。（雷甫，2020：004）新事件的发生于任何国家和地区而言都是永恒的，因此不同国家与地区皆有规模不一的新闻媒体力量。自1980年成立至今的CNN，作为美利坚合众国首屈一指的主流新闻媒体，旨在每天二十四小时不停关注并实时播报全球新闻。不仅关注欧美国家局势变幻，更对亚洲新闻有着较强的影响力。CNN自建立以来，对外标榜追求没有污染的新闻，即不仅在新闻内容上追求客观中立，而且在新闻报道用语上也竭力防止有所偏向。然而，在具体的新闻报道中，CNN是否贯彻其标榜的新闻理念和最初建立的宗旨？本文以2月24日至3月2日这一阶段CNN的部分新闻报道为素材，进行CNN新闻态度与站位研究。

二、CNN部分新闻报道的资料搜集情况

（一）CNN部分新闻报道资料基本数据

以2022年2月24日为时间起点，2022年3月2日一星期后为时间终止点进行研究，共计7日。以这7日为时间范围，选取CNN互联网站上26篇CNN新闻报道，共计47844个英文词汇，所选新闻报道来自于CNN网站中Opinion，World，Politics，Newsroom，Business等多个板块，囊括新闻播报与新闻评述两大类型，其中新闻播报包括解释性报道、经济新闻、动态新闻等多种新闻报道类型。

（二）CNN部分新闻报道新闻资料统计标准与数据

在2022年2月24日到2022年3月2日的26篇报道中，以国别与新闻类型作为分类与统计标准，结果如下：

表1　以新闻类型作为分类与统计标准

<table>
<tr><td rowspan="6">CNN从2022年2月24日
到3月2日
所选取26篇报道</td><td rowspan="3">新闻播报
（17篇6350词）</td><td>以美国政府反对对象单独
作为报道对象</td><td>17.6%
（3篇269词）</td></tr>
<tr><td>以美国政府支持对象单独
作为报道对象</td><td>58.8%
（10篇3582词）</td></tr>
<tr><td>以美国政府反对对象与美国政府支持对象为双重报道对象</td><td>23.5%
（4篇2533词）</td></tr>
<tr><td rowspan="3">新闻评述
（9篇7527词）</td><td>以美国政府反对对象单独
作为报道对象</td><td>11.1%
（1篇1439词）</td></tr>
<tr><td>以美国政府支持对象单独
作为报道对象</td><td>11.1%
（1篇255词）</td></tr>
<tr><td>以美国政府反对对象与美国政府支持对象
为双重报道对象</td><td>77.8%
（7篇5833词）</td></tr>
</table>

（三）研究思路和理论支持

研究表明，态度是由个体在社会生活中经过学习和经验积累形成，并建立在自身道德理念和价值观基础之上对特定对象（人、观念、情境或时间等）所持有的稳定的心理倾向。它由认知成分、情感成分和意向成分三部分要素组成（田琳，2014：C02）。语言文字符号宛如态度的传声筒，不同的措辞和用语会影响态度的呈现效果。因此，一篇新闻报道中的语言文字用词极为重要，以新闻报道的遣词用字为线索往往可以查明该报道甚至背后代表势力蕴含的态度。本文将7日内CNN新闻报道用词以褒义词、贬义词、中性词为标准分门别类，着重于其形容的对象以及各自数量的统计。褒义词是含有肯定、赞美、尊敬等感情的词。贬义词是指作者对某一事物某一人物带有明显的批评倾向，并且带有厌恶、憎恨的感情色彩。（唐晓，2017：207–209）中性词指具有中性感情色彩的词语，不表露情感倾向的词。（李雪冬，2016：169–170）因此如想探求CNN新闻话语体系构建技巧，三大词类则为最佳密钥。

三、CNN新闻报道的褒义词、贬义词和中性词的统计情况

（一）选区新闻报道中褒义词、贬义词和中性词的数据明细

详细研究数据表明，7日内26篇报道中，相比较褒义词，以某国、某人、某事件等为形容对象的贬义词占比多出93.4%，如Condemn，Assault，Abhorrent。中性词比褒义词多出两个词汇之数，如Extraordinary，Political polarization，Ethereal，剩余中性词除却形容他国以外，更有形容美国本身以及形容世界等中性词汇如Urgency and implications。同样，以贬义词为例，形容某国、某人、某事件的贬义词占26篇的CNN新闻报道中贬义词的6.6%。对比后发现针对美国政府支持对象的词汇对比针对美国政府反对对象的词汇，二者数量差异较大。

表 2

<table>
<tr><td rowspan="7">7日内26篇有关报道中</td><td rowspan="2">褒义词
（30个）</td><td>形容美国政府反对对象</td><td>0%
（0个）</td></tr>
<tr><td colspan="2">其他</td></tr>
<tr><td rowspan="3">贬义词
（76个）</td><td>形容美国政府反对对象</td><td>93.4%
（71个）</td></tr>
<tr><td>形容美国政府支持对象</td><td>6.6%
（5个）</td></tr>
<tr><td colspan="2">其他</td></tr>
<tr><td rowspan="2">中性词
（46个）</td><td>形容美国政府反对对象</td><td>4.3%
（2个）</td></tr>
<tr><td colspan="2">其他</td></tr>
</table>

（二）以针对美国政府支持对象的褒义词、贬义词、中性词数据对比观察CNN新闻报道态度与站位

从占比总数0%的褒义词和占比97.2%的贬义词，以及数量只有个位数的中性词汇，我们不难发现CNN报道主观性较强，对美国政府反对对象的态度取向较为

负面。CNN作为美国极具影响力的新闻媒体，对外宣传本国思想和文化，坚决维护美国根本利益。而国家的发展也为其提供强有力的保障和支持，这决定了CNN对外报道的态度受国家利益影响，具有偏向性。“看门狗”，是经典自由主义传播学说对媒体的定位：秉持公正、客观立场的媒体，是代表民众监督政府行为的“看门狗”，许多媒体达人以此自居。但随着时间演进，政府与媒体关系逐渐密切，媒体需要依靠政府获得权威信息，并且政府的态度对于媒体的生存、发展起决定性作用。同时，由于媒体的商品属性，在市场的驱动下，CNN主动与政府权力加深联系，以此获得经济利益和自身发展空间。在政治制度、利益追求、政府把控多重因素影响下，CNN在报道中逐渐失去媒体应有的客观中立的职责。例如CNN在报道中对美国政府反对对象多使用“Aggression groups，Attack”等贬义词，在叙述时具有主观色彩。CNN使美国政府反对对象在国际社会中的形象不正义化，缺少新闻媒体的客观性。美国著名经济学家克鲁格曼在《纽约时报》的专栏文章中说：“在这个国家，我们确实没有书报检查，找到不同的观点仍然是可能的。但是我们确实有一个制度，在这个制度里，主要的媒体公司以取悦政党的方式去报道新闻。”CNN作为美国新闻媒体，被约束在美国构建的意识形态内对发生事件进行报道和评论，其反映内容需经过美国政府的许可，服务于美国的价值观和根本利益，在一定程度上丧失了新闻独立的职能。尤其当涉及政治和利益时，CNN报道需严格遵循着“政治正确”原则，将美国主流意识凌驾于新闻媒体的客观性之上，政治性凌驾于新闻媒体的中立性之上。由此可见，CNN逐渐由客观、真实的新闻媒体，变为了服务国家政府的舆论工具。外交事务中，CNN和政府相互合作，是国家夺取更多利益的工具，更是美国对外舆论战的主体。美国也可以利用CNN为其外交政策舆论造势，铺垫宣传，扩大其政治资本和国际支持。

（三）以针对美国政府反对对象的褒义词、贬义词、中性词数据对比观察CNN新闻报道态度与站位

在这7日的新闻报道中，存在的71个形容美国政府反对对象的贬义词汇，0个褒义词汇，2个形容美国政府反对对象的中性词汇将CNN站位徐徐展现于民众眼前——CNN逐渐抛弃了新闻媒体报道的公正性、客观性原则以及放弃应有的中立性站位，维护美国利益，表达美国态度，为美国政府服务。原因显而易见，除却自身发展的需要，美国近年来已经是自顾不暇。美国整个国家运转费用极高，就军事上航母一个方面而言，美国现役共11艘航母，先看美国现役“尼米兹”级

最后两艘航母和最新一艘“福特”级航母的费用，该级第g艘“里根”号核动力航母的建造费用约为45亿美元，而第o艘“布什”号则涨至64亿美元。仅以“里根”号航母为例，除本舰的建造费用，该舰的舰载机费用也是一笔不小的开销。再加上整个编队其他属舰的费用，整个航母编队的全部费用就将在200亿美元左右。按照全寿命期费用5～6倍来计算，整个航母一生的全部费用将超过1000亿美元。（李杰，2011：10–17）这仅是军事中航母一个方面的开支，若加上经济方面、民生方面等等各种开支，结果定是天文数字。美国并非印钞机，自然没有源源不断的金钱来支撑这些庞大的开销。美国应对疫情的措施失当，2021年末新冠肺炎确诊病例数量已经突破5000万例，虽然依靠美国联邦储备委员会大规模的货币宽松政策维持金融市场稳定，但也面临通货膨胀加剧以及债务规模扩大的问题，加之疫情对供应链体系造成严重冲击，后续经济增长的可持续性面临较大的不确定性，预计2022年美国经济增长率将从2021年的6.0%回落至5.2%。（陈海萍、赵荣博，2022：1–9）由此可得，通过CNN新闻报道吸引大众眼球，能够转移视线，减轻美国国内所受关注度。

四、CNN有关美国政府支持对象新闻的褒义词、贬义词和中性词的统计情况

（一）针对美国政府支持对象的褒义词、贬义词和中性词的数据明细

研究数据表明，7日内26篇CNN新闻报道中，形容美国政府支持对象的褒义词总数26个其中不乏Defending，Respect，Heavy lifting等词，占褒义词总数约86.7%，意味平均每篇新闻定有一个以美国政府支持对象作为形容对象的褒义词。占形容美国政府支持对象的贬义词有5个如Hellish，占贬义词总数6.6%，形容美国政府支持对象的中性词约为8个如Die，Rockets exploding，Innocent，约占中性词总数17.4%。凭借基本运算不难发现，对比贬义词占比，褒义词占比高出80.1%。换而言之，贬义词占比总数为褒义词占比总数的7.6%，甚至小于10%。贬义词占比为中性词占比的37.9%，显示出褒义词占比极高。反观反对对象有关数据，从褒义词方面来看，美国政府支持对象褒义词占比高于美国政府反对对象褒义词占比86.7%。从贬义词方面来看，美国政府支持对象贬义词占比少于美

国政府反对对象87.2%。从中性词方面来看，美国政府支持对象中性词占比高于美国政府反对对象中性词占比14.1%。数值差距较大，CNN的态度与站位已昭然若揭。

表 3

<table>
<tr><td rowspan="6">7日内26篇报道中</td><td rowspan="2">褒义词
（30个）</td><td>形容美国政府支持对象</td><td>86.7%
（26个）</td></tr>
<tr><td colspan="2">其他</td></tr>
<tr><td rowspan="2">贬义词
（76个）</td><td>形容美国政府支持对象</td><td>6.6%
（5个）</td></tr>
<tr><td colspan="2">其他</td></tr>
<tr><td rowspan="2">中性词
（46个）</td><td>形容美国政府支持对象</td><td>17.4%
（8个）</td></tr>
<tr><td colspan="2">其他</td></tr>
</table>

（二）以针对美国政府支持对象的褒义词、贬义词、中性词数据对比观察CNN对于美国政府支持对象态度

通过上述数据来看，褒义词与贬义词是最能够体现CNN对于美国政府支持对象袒护与否。褒义词占比高于贬义词80.1%，显然CNN在舆论上起到了一个协助美国政府支持对象的作用。CNN试图通过使用各种正义词汇如Courageous与United表明了对于美国政府支持对象的支持态度。CNN袒护美国支持对象原因不言而喻，支持对象必定能够从某些方面为美国国家利益做出贡献。而美国政府大力发展对于CNN的发展是相辅相成的，因此两方同心协力使美国影响力得以提高。

由上述数据可知，在26篇报道中CNN用于形容美国政府支持对象的褒义词比贬义词多出21个。事实上，CNN的新闻报道中的用词已经能够表明CNN抛弃了新闻媒体应有的客观性原则。不难看出，CNN已经成为美国在国际上的一大发言工具，代表美国发声。

五、结论

新闻工作首先必须做到对真相负责，坚持客观性和平衡性原则，即以不偏不倚的公正态度来报道新闻，竭力把事实与意见分开，并使不同观点、见解得到平等表达。但最具影响力的新闻媒体之一美国有线电视公司（CNN）却并未将精力放在为公众提供客观公正的报道上，违背了独立新闻媒体的客观性和中立性。在报道中，CNN站边美国政府支持对象，敌对美国政府反对对象，它已经偏离新闻媒体所产生的初衷，不再客观中立的报道，有失主流新闻媒体风度。

CNN过于主观，有失偏颇的行为，致使新闻媒体行业的公信力下降，大众对新闻媒体的信任感降低。同时，一面之词的报道也会妨碍世界各国了解事实真相，造成严重消极影响。

当然，CNN的表现也为我国政府与民众敲响警钟，在现代社会互联网技术蒸蒸日上的现况下，铺天盖地的新闻媒体报道对我们来说既是机遇同样也是挑战。中国媒体应在国际舆论平台上积极发声，讲好中国故事，传递中国声音，提升其报道的曝光量、扩散量、互动量和认可度等，增强在世界主流媒体网络的影响力，平衡中国实力与中国国际话语权，以至在面临同样的境况时，能拥有在国际上的有效发声媒体，面对他国的片面之词，拥有反驳和辩论的渠道。面对事件，我们要敢于报道，勇于发声，向国际清楚摆明中国态度，强调国家底线，不让有心之人有可乘之机。同时，我们应鼓励国际上的多种声音，听取多方角度，恢复新闻媒体的活力，不致使某些国家主导国际舆论，成为其一家论坛。

参考文献

[1]陈海萍，赵荣博.集装箱航运市场2021年回顾及2022年展望[J].集装箱化，2022，33（01）：1–9.

[2]雷甫.以深度思维提升新闻发现力[N].晋中日报，晋中日报社，2020–11–30.

[3]李杰.航母，几艘够用?[J].现代舰船，2011（12）：10–17.

[4]李雪冬.商务英语翻译中英汉褒贬义词的应用探讨[J].疯狂英语（理论版），2016（04）：169–170.

[5]唐晓.美国总统在中国名校英语演讲的文体学分析[J].海外英语，2017（22）：207–209.

[6]田琳.论新闻中起“点睛”之用的标题制作[N].科学导报，山西日报报业集

团三晋都市报社，2014–12–26.

作者简介

李晓滢，副教授/硕士，广西大学硕士生导师，主要研究领域：文化对比与翻译研究、教育管理。

曲思樾，学生/本科，广西大学学生。

陈开奇，学生/本科，广西大学学生。

文彦苏，学生/本科，广西大学学生。

薛晴，学生/本科，广西大学学生。

基于语料库的近十年博鳌亚洲论坛主题开幕致辞的积极话语分析

谷莹莹　朱建斌

摘要：积极话语分析作为一种独特的形象建构方式，在当今互联网信息互通的时代显得更加重要。本文以自建语料库为依据，通过分析十年来博鳌亚洲论坛开幕致辞关键词变化来发现历年来的发展变化，从注重高速发展到注重区域协调的高质发展，再到全球化的普及，注重创新和改革，再到“一带一路”的兴起和面临疫情等全球化的挑战。本文采用UVM系统功能学软件，分析2022年开幕致辞的语言的三大功能，主要侧重于评价系统研究中国的话语态度，发掘语篇建构方式和对国家形象建构的影响。此外，本文还利用Nvivo编码软件对语篇的情感价值分析。研究发现本篇致辞大多体现了积极情感，整体表现了中国希望多边和谐、共同发展、共同繁荣的愿望。本文采用定量分析和定性分析相结合的方法，展现科学的研究依据，进而科学地解释语篇的合理性，并为未来的积极话语语篇提出建设性建议。

关键词：积极话语分析；博鳌亚洲论坛；开幕致辞；语料库分析；系统功能语言学

一、引言

积极话语分析（Positive Discourse Analysis，PDA）主要关注话语积极方面来促进社会的和谐发展（Martin，2004）。它重视身份建构的话语分析实践，并在这一过程中探索语言的社会性（旷战和刘承宇，2017）。关于国家形象的建构，中国致力于树立大国形象（胡百精，2022），立志民族复兴，国家富强，构建人类命运共同体。亚洲博鳌论坛是一个总部位于中国的非营利性组织，论坛当今的使命是为亚洲和世界发展凝聚正能量。因此每年年会的主题开幕致辞对国家形象建构和亚洲以及世界的和平发展显得尤为重要。本文基于博鳌亚洲论坛主题开幕致辞，通过积极话语分析对中国国家形象建构的意义展开研究，基于此进行的话语分析也对建构国家形象，讲好中国故事具有重要作用。

二、研究理论框架

积极话语分析是以批评性话语分析（Critical Discourse Analysis，CDA）为基础的，随着批评性话语分析的深化而逐步发展起来（王旭，2021）。但是批评话语分析致力于揭示意识形态和权力之间的关系，这种角度从消极的方面看待问题，因此，它必然会产生一些消极的后果。1999年，澳大利亚学者马丁（J.R. Martin）在他的报告《积极的篇章分析：联盟与变革》中，正式提出了“积极话语分析”的概念，后来又做了补充（Martin，2004）。积极话语分析强调那些包含积极内涵的文本，以积极的态度探索和平、平等的语言形式，从而引导人类批判性思维走向积极、和谐的方向（王旭，2021）。马丁和怀特（Martin & White，2005）完善语言的评价理论（Appraisal Theory），其评价理论之后成为积极话语分析的主要理论基础，评价理论关注文本中所反映的各种态度、所涉及的情感强度以及态度的来源。评价理论由三个系统组成，即态度系统（Attitude）、介入系统（Engagement）和级差系统（Graduation）。其中，态度系统是评价理论的核心内容，又可分为情感（Affect）、判断（Judgment）和鉴赏（Appreciation）三个子系统。北京大学英语系教授、博士生导师胡壮麟（2012）认为 Martin 发展积极话语分析的目的并不是要取代批评话语分析，而是为批评话语分析作出补充，提示人们应多关注积极的层面，但无论是积极话语分析还是批评话语分析都是服务于和谐话语的构建，以期建构最佳形象。

三、文献综述

关于积极话语分析，有很多学者已经从访谈、新闻报道、企业文化、网络流行语、抗疫话语展开了研究。

中国学者王正（2019）对于一期关于民生的焦点访谈的分析，以评价理论为根基，构建了积极话语分析的理论框架，从声音、感情、叙事等三个方面，揭示了在语篇中群体与读者以及作者结盟过程的运作机制。该机制表明该期节目有着促成观众与节目中普通民众群体结盟的倾向，同时体现了节目本身与节目中民众群体结盟的倾向。从了贴近大众的民生话语，文学话语也可以展现形象。过去人们都以为文学话语的译介和传播是为了国与国之间的交流，但是事实上文化话语也是国家话语的一种体现，从对外文学话语到对外话语再到国家话语，中国对外文学话语体系涵盖译介、话语分析、海外出版三个环节。

总体来说，将积极话语分析作为理论基础对各要素进行逐步分析，构建对外文学话语体系，让所有环节都有助于输送积极意义的作品，使其在海外受到阅览，浸润目标读者（刘凯和余登兵，2021）。对于新闻报道类文章，评价系统多采用判断和鉴赏，很少有情感类词汇，由于重大场合的正式性，通常表达未来的积极趋势的预判，因此态度资源分布不平衡，体现了话语的真实性和公正性。比如，在石油类报道中，积极的情感、判断、鉴赏肯定了各方在能源开发方面所做的努力，有利于促进国际合作和创新（徐万治，等，2021）。

中国学者王旭（2021）从电商企业文化进行积极话语分析，并以京东和亚马逊作为对比参照，运用积极话语的评价理论框架，对比态度资源的分布，以期探讨其对企业文化和企业形象建构的影响。作者运用语料库进行分析，发现其判断资源和鉴赏资源占比较大，因此认为应该因地制宜使用积极话语，才能够有效构建企业形象。

中国学者李雪晴和刘佳奇（2022）运用评价理论对2020年与部分突发事件相关的网络流行语进行积极话语分析，以帮助人们发现其背后反映的积极含义和建构的不同社会群体的身份，作者对网络流行语的高频词进行态度系统进行分析，分析其高频词的情感，判断和鉴赏，研究发现，在疫情大背景下，网络流行词大多都展现出中华民族不惧挑战，众志成城抗击疫情的决胜信念；彰显出我国心怀天下的大国气度与大国担当；传递着人与人之间的关切、感激与真情，也揭示了话语背后的不同意识形态和构建出来的不同身份，进而让人们认识到话语的背后力量，人们可以乐观积极，共击疫情。2022年，我国成功举办冬奥会、冬残奥会，这对我国的国家形象建构起着很大的促进作用，在“两个一百年”奋斗目标交汇时刻，双奥之城北京向世界展示了中国实力，立足于讲好中国故事，进一步构建新时代中国国家形象。

中国学者胡百精（2022）从四个角度“主题–价值”框架来分述冬奥向世界讲述的中国故事，即讲好体育赛事的故事，讲好大众的冬奥的故事，讲好中华文化的故事，讲好人类命运共同体的故事。这些故事承载着奥林匹克精神、人民中心论、国家现代化和人类命运共同体等宏观重大主题。同时，这些故事也是具体精微的，指向冰雪上飞舞的精灵、朝夕相伴的志愿者的身影、场内外献给奋斗和奇迹的呐喊、“一起向未来”的欢呼和梦想，这些故事都向世界展示了中国的大国形象。

中国学者李子吟（2022）以评价理论框架，综合话语历史分析的研究方法，立足于文化维度对中国抗疫话语进行积极话语分析，探讨了话语隐含的情感、态度和话语建构的中国形象，中国的抗疫话语通过大量积极正面的情感、判断和鉴赏资源，建构起了关心人类共同命运、充满文化自信和人文精神、具有大国风范和担当的国家形象。

积极话语分析可以应用于多个场合，作为批评话语分析的补充学支，它更多地以语言的积极方面为出发点，进而进行提倡和发扬，以往学者已经分析了中国的抗疫话语、网络流行词、奥运会的身份建构、企业文化、焦点访谈、对外文本翻译等多个广泛领域，对于博鳌亚洲论坛开幕致辞的研究较少，此外，之前的研究只关注于一个时间的话语研究，并没有跨时间进行话语对比分析研究，因此本研究以十年间的开幕致辞作为参照，并主要侧重于最新一年2022年的开幕致辞依据评价理论进行主要分析，话语的积极方面为出发点，研究对国家形象建构的影响，并对未来的趋势进行预测。

四、研究设计

（一）语料来源

本文对博鳌亚洲论坛主题开幕致辞进行积极话语分析，以2012年到2022年十年的开幕致辞作为语料，利用Lancbox对比分析十年内致辞侧重点的变化，以对近十年的发展变化从注重高速发展到注重区域协调的高质发展，再到全球化的普及，注重创新和改革，再到“一带一路”的兴起和面临新冠肺炎疫情等全球化的挑战等做出总结。之后集中分析2022年的开幕致辞，以对目前发展情况和对未来发展做出预测。

（二）研究步骤

本文采用定量和定性相结合的方法，以十年的亚洲博鳌论坛开幕致辞进行自建语料库，并导入到Lancsbox进行分析，考察其高频词及其占比，梳理其历史发展的脉络变化，并探究其背后发生变化的深层原因。找出每一届亚洲博鳌论坛的主题词，探索中国未来的发展规划和将要采取的措施。最后，本文集中研究2022年的开幕致辞，并在UAM中集中以评价理论作为依据，利用软件的自动编码和后期的手动修改编码，将2022年开幕致辞语篇的评价系统中的情感、态度、判断进行分类，并分析三类的占比情况，从而发现其国际正式场合的语篇分布情况。最后，运用质性研究软件Nvivo来验证2022年主题开幕致辞的情感态度，并对2022年开幕致辞的不同板块进行不同节点的编码，利用扎根理论，深究起源，发现其最后的归结点。

（三）数据分析

1.语料库分析

据Lancsbox统计发现，2012年语料库共有2673个字符，其中词语使用类型850种；2013年语料库共有2334个字符，726种词语使用类型；2014年语料库有3296个字符，1070种使用类型；2015年语料库有3728个字符，1067种词语使用类型；2016年语料库分别为4198个，1207种；2017年分别为2924个，939种；2018

年3791个，1120种；2019年分别为3429个，1099种；2021年分别为1946个，698种；2022年分别为2109个，800种。通过语料库的词频查询功能进行统计分析，其中去除功能词和以亚洲（Asia/Asian）和中国（China）为首的高频词，因为会议是围绕亚洲和中国的发展来进行，因此"中国"（China）、"亚洲"（Asia）并没有实际意义，之后来统计剔除后的前十高频词如表1。

表1 2012—2022年开幕致辞前十高频词

2012 年前十高频词		2013 年前十高频词	
单词	频率	单词	频率
development	57	development	46
countries	21	world	27
world	21	cooperation	23
growth	20	countries	22
economic	19	global	14
people	14	peace	13
sustainable	13	common	12
cooperation	12	people	12
promote	12	growth	11
sound	12	promote	10
2014年前十高频词		2015年前十高频词	
development	52	development	46
countries	25	countries	44
new	25	cooperation	31
economic	24	world	27
growth	18	security	26
people	18	common	22
regional	13	people	21
global	10	regional	20
trade	10	peace	17
Cooperation/ environment	9	community	15

续表

2012 年前十高频词		2013 年前十高频词	
单词	频率	单词	频率
2016年前十高频词		2017年前十高频词	
economy	48	economic	46
development	41	development	36
growth	34	growth	26
new	34	globalization	25
people	25	cooperation	24
need	18	new	20
financial	14	trade	13
market	12	free	11
innovation	11	reform	10
reform	9	shared	8
2018年前十高频词		2019年前十高频词	
development	31	development	28
people	30	foreign	23
opening	29	investment	21
reform	21	growth	20
cooperation	15	market	20
global	14	trade	14
economic	13	economy	12
open	13	innovation	11
progress	11	business	10
system	10	law	6
2021年前十高频词		2022年前十高频词	
cooperation	23	development	21
world	21	global	15
development	18	security	15
people	11	cooperation	14
global	10	international	13

续表

2012 年前十高频词		2013 年前十高频词	
单词	频率	单词	频率
road	10	together	12
green	9	peace	11
belt	8	people	10
economic	8	challenges	8
Mutual benefits	7	humanity	6

数据显示，每年出现频率最高的就是“发展（development）”，这说明“博鳌亚洲论坛”对亚洲、对中国、对整个世界的关注，并不仅仅是对自身经济的关注，而是对各方互惠互利。另外，在年度十大高频率词汇中，“人民（people）”一词有8次被提及，这说明中国是一个以“人民为本”的发展理念。2013年，相比于上一年重点强调了和平与安全，因为当时的国际形势发生深刻的变化，亚太地区一些潜在的安全风险尚未解决，习近平主席在主旨演讲中强调：“和平犹如空气和阳光，受益而不觉，失之则难存。”2014年，相比于前两年更加关注“新”（new），调查发现，当时亚洲原有的经济体乏力，而且该年度强调地方经济（regional），鼓励地方经济，而且只有通过结构性改革发现新的增长动力，才能继续推动经济的可持续增长。2015年，相比于往年更加强调共同体（community）的概念，人类命运共同体是由习近平主席2013年在莫斯科国际关系学院提出，在2015年得到大力提倡和发扬。随着经济的不断发展，国家的不断富强。2016年，转向创新（innovation）和结构性改革（reform），符合当时的主题“亚洲新未来，新活力与新愿景”，为了新的未来愿景，中国坚持创新发展，新发展理念（创新、协调、绿色、开放、共享）是在2015年提出，因此2016年度博鳌论坛中国将该发展理念推广至世界。

随着科技的不断前进，世界正在慢慢缩小变成了一个地球村。2017年，全球化（globalization）浪潮不断涌进，这就要求亚洲国家要加强与世界其他地区的合作，另一方面，该年年会为全球化提出建议。2018年，度会议中国致辞体现了对体系（system）的重视，不仅是中国发展道路体系，还强调了经济体系的完善，以及和世界体系的联合。2019年，度会议侧重于国外直接投资（investment）和自由贸易，总结了2018年的新兴经济体的发展强劲，鼓励更加吸引投资和营造良好的贸易环境。2020年，由于新冠肺炎疫情暴发博鳌亚洲论坛年会取消举行。2021年度论坛按时进行，在发展和合作的基础上，该论坛强调了“road”即“一带一路”，因为亚洲和世界各国正面对新冠疫情，国际金融危机等威胁，中国希望通过“一带一路”带动其他国家发展，互惠合作，齐心协力，共抗疫情。2022年4月20日举行本年会，新增了安全（security）、挑战（challenges）、人类（humanity）高频词，体现出中国在疫情大环境下，呼吁全球安全，勇于面临挑战，号召人们不畏艰难。

总的来说，从历届发展脉络来看，中国致力于自身和整个亚洲国家的共同发展，习近平主席做出庄严承诺，2020年消除绝对贫困，而中国整体经济发展，扩大投资，发展地区经济，在全球化背景下，面临百年未有之大变局，加上新冠肺炎疫情的阴霾，中国始终坚持人民至上，让中国人民摆脱贫困，践行了习近平主席“江山就是人民”的深刻理念。

2.UAM评价系统分析

评价理论分为三个子系统：态度、介入、级差。态度系统是评价理论的核心，其中态度又可再分为情感，评判和鉴赏。系统功能语言学认为意义就是选择，情感系统是整个态度系统的核心（孙铭悦、张德禄，2018），说话者用语言来表达对人，对事物，对现象的表现出来的一系列的或高兴或悲伤等一系列情感反应来影响听众的取向。介入的意义在于说话者发表个人意见时，创造了与听者的对话，自言和借言分别可以由不同的人称代词来体现其在话语资源中的不同功能。级差指的是一些区分强度的量值，通过这些值，说者来加强或减少话语的人际影响和语势。通过UAM软件分析（表2）发现2022致辞中积极情感占比79.5%，消极情感仅仅20.5%，其中消极情感大多指向百年未有之大变局带来的挑战、冷战思维、大国博弈等，从评判角度看，消极情感的评价全部站在道德评判的角度进行批判。此外，介入资源共使用28次，自言和借言占比分别为85.7%和14.3%。自言资源中使用we, us, our, family, let me等来创建说话者与听话者之间的联系，拉近彼此之间的距离；此外，借言使用中国特色的名句名言来突出中国特色，并表达对未来的憧憬，如“安危不贰其志，险易不革其心”“治国常富，而乱国常贫”“遇山一起爬，遇沟一起跨”“甘蔗同穴生，香茅成从长”等等。极差有利于加强或削弱话语者的态度，经研究发现本篇加强和削弱的比例占比为95.8%和4.2%。例如，加强极差言语：要秉持相互尊重、要共同应对全球治理挑战、世界各国要穿越惊涛骇浪、当今世界，任何单边主义、极端利己主义都是行不通的等加强态度话语。表明了我国坚定与他国共同发展的，致力于共同发展的决心，同时也坚决抵制单边主义，极端主义的决心。说明致辞中习近平主席的态度立场非常明确，坚决立足中国，亚洲和世界发展，在命运共同体中，互惠互赢。

此外，评判可以从个人立场和道德立场做出推测，该致辞有六处评判都是从道德立场出发，如“人类历史告诉我们，越是困难时刻，越要坚定信心”“事实再次证明，冷战思维只会破坏全球和平框架”等道德评价，说明在博鳌论坛言辞的严谨性和客观性。从鉴赏来看，该致辞只有两处鉴赏，如“中国向世界奉献了简约、安全、精彩的北京冬奥会”和“中国经济韧性强，潜力足，回旋余地广，长期向好的基本面不会变”分别表达了本次2022年冬奥会的成功举办给世界人民带来温暖和希望，中国的经济给世界的经济稳定和经济复苏带来强大动力。

表2　评价系统各部分数量及占比情况

情感	数量	占比（%）	评判	数量	占比（%）	鉴赏	数量	占比（%）
积极	31	79.5	个人	0	0	正向	2	100
消极	9	20.5	道德	6	100	负向	0	0
介入	数量	占比（%）	极差	数量	占比（%）			
自言	24	85.7	升高	20	95.8			
借言	4	14.3	降低	1	4.2			

3.Nvivo验证情感分析

（1）2022年致辞情感分析

表3　2022致辞Nvivo情感分析

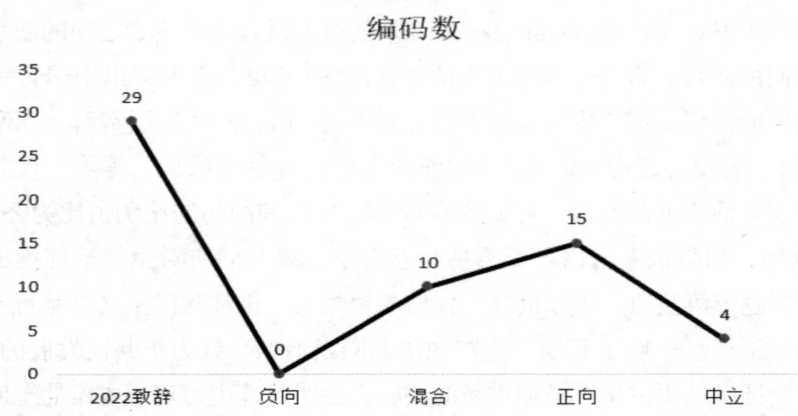

通过Nvivo自动编码发现，2022年致辞情感编码总参考点有29个，其中正向为15个，混合性为10个，中立的有4个，通过进一步的细化分析如表4。

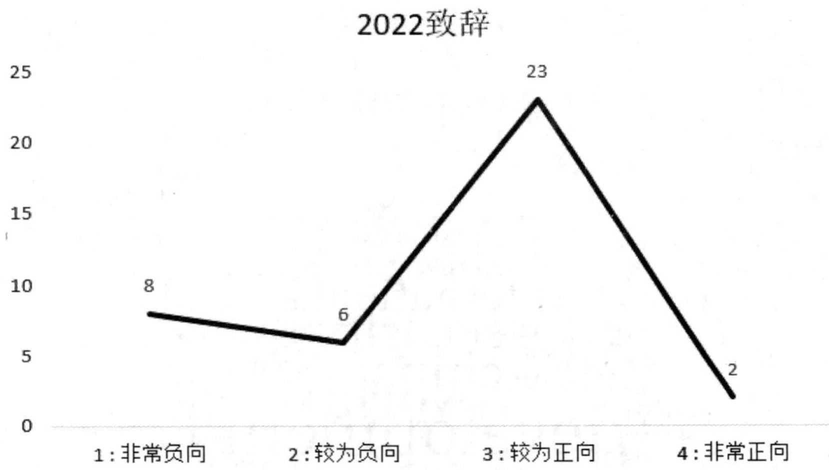

通过进一步的分析发现致辞整体呈现出积极正向的情感，其中正向情感占比64%，如“矛盾并不可怕，正是矛盾推动着人类社会进步”“携手迎接挑战”“冲出迷雾走向光明”等积极情感。负向仅占比36%，较为负向的情感主要是因为在新冠肺炎疫情大背景下，人类面临重重挑战，诸如粮食危机、安全危机、经济萎靡、各国经济复苏极不平衡、发展差距进一步扩大等种种问题。非常负向的情感包含疫情的阴霾与挑战，冷战思维、霸权主义等对人类命运共同体的危害。但其负向情感中指的是中国对这些负面行为的抵制，引起人们的危机意识，并积极号召国家应休戚与共，不应秉持冷战思维、霸权主义等。

（2）2022致辞Nvivo词语云

从词云分布来看，论坛致力于共同发展（development），将中国与亚洲与世界联系在一起（China, countries, and world）。在新冠肺炎疫情和其他连锁的挑战下（challenges），中国致力于同各国合作实现安全（cooperation and security），为全人类做出贡献（humanity），构建人类命运共同体（global and community），加快减贫进程（poverty）。尊崇人民至上的理念，面对多重挑战（eg. pandemic），中国也将一如既往齐心合力，不怕艰难，战胜困难挑战。秉持和平、可持续发展的理念（sustainable and stability），和其他国家一起在全球体里有序共同发展。即使在新冠肺炎疫情的大阴霾之下，中国也始终坚信各国只要通过合作，实现共赢发展，保证全球的安全与和平。安全是保证一切发展的前提，因此只有保证了这个大前提，才有一切的可能。在新冠肺炎疫情的紧急情况之下，人民情绪容易不稳定，各国经济发展也受阻碍，因此各方面的安全保障需要得到重视。目前，从历史发展脉络来看，只有合作，摒弃单边主义、极端主义，才能冲突迷雾走向光明。

表4　2022致辞词语云

五、研究结果

通过Lancsbox语料库统计显示每年的论坛致辞高频词都会向特定的主题进行靠拢，文中列出每年的前十高频词，每一年在共同的愿望基础上又增加了新的内容。例如，2021年度论坛在发展和合作的基础上，该论坛强调了“road”即“一带一路”，因为亚洲和世界各国正面对新冠疫情，国际金融危机等威胁，中国希望通过“一带一路”带动其他国家发展，互惠合作，齐心协力，共抗疫情。2022年4月20日举行本年会，新增了安全（security）、挑战（challenges）、人类（humanity）高频词，体现出中国在新冠肺炎疫情大环境下，呼吁全球安全，勇于面临挑战，号召人们不畏艰难。通过十年的论坛致辞对比研究发现，该论坛致力于区域发展和世界发展，2015年之前中国提倡健康可持续发展，因此健康（sound）和可持续（sustainable）等词多次出现，2015年之后秉行新发展理念，转向新（new）、创新（innovation）等。中国之前强调经济的高速发展，2017年提出经济不仅仅追求高速发展，还要追求高质发展。2020年暴发新冠肺炎疫情以来，全世界都在面临其威胁，安全（security）再次摆在了重要位置，更加强调以人为中心（people）和互惠发展（mutual benefits），因为疫情无国界，病毒不分种族，只有国家间（international）和国家内部（domestic）齐心协力共同合作，才能共抗疫情，渡过难关。

本研究采用 UAM软件，以评价理论为基础，对2022年致辞的正向话语进行了研究，其中情感、介入、极端差三个维度在致辞中均有体现。通过对致辞的分析，我们发现贺词中有更多的正面情绪在致辞中表现出来，反映了习近平主席在致辞中所表现出来的正面情绪，是对中国人民、中国政府对美好未来的一种积极的期望。另外，评判和鉴赏资源使用较少，站在道德的角度对反面行为进行评判，并从积极鉴赏的角度肯定了中国冬奥会和中国经济对全世界人民的做出的贡献。介入中大多使用自言来拉近话语者与听众之间的距离，并借用中国的谚语委婉的表达态度，同时又利用极差来提高话语者的坚定信心。最后通过Nvivo分析来验证致辞的情感，并利用Nvivo做出的词云图来概括分析本年度的致辞。

六、结论及启示

总的来说，习近平主席的2022年度博鳌亚洲论坛致辞中总体给人们带来积极的情感，同时又在提示诸如冷战思维、大国博弈、霸权主义等对国家和世界人民的危害。从致辞话语中体现出中国愿同各国一道互惠共赢，实现共同发展，共击疫情，完美地呼应“疫情与世界：共促全球发展，构建共同未来”的论坛主题，冲出迷雾走向光明，体现了中国的大国形象。

新一代青年，应努力提高自身能力，为国家的发展奉献自己的一份力量，疫情之下，做最美的逆行者。在全球化背景下，讲好中国故事，在世界民族之林中树立良好的中国形象，促进文化交融。未来，中国定会继续致力于本国和其他国家的共同发展，践行人民至上的理念，坚守初心，牢记使命。目前，经济了三年的经济波折，新冠肺炎疫情的阴霾也即将散去，经济转型、学习转型等必定会随之而来。经历了三年的特殊时期，人们的思想和生活方式也会有相应的变化。国家应出台相应的激励政策，重新恢复经济的一片盎然。此外，网络的生态环境也必须受到重视，随着网络的普及化，网络舆论的力量是很强大的，因此，正确地引导网络舆论方向，确立良好的网络生态是重中之重。最后，数字化已经是大势所趋，注重科技创新，加强数字转向，科技保障也是经济发展的一大重点。

通过话语分析，我们可以发现其背后隐藏的力量，话语不仅可以树立个人的或者国家的身份，也可以表达情感，同时也可以深度挖掘语言认知，发现其背后的心理加工方式。因此本文从积极话语分析出发，对博鳌亚洲论坛开幕致辞进行深度挖掘分析，对过去十年的发展进行纵览，对未来发展做出预测，对以后的研究具有重要意义。

参考文献

[1]胡百精.北京冬奥会与新时代中国国家形象构建[J].当代世界，2022,（02）: 10–14.

[2]胡壮麟.积极话语分析和批评话语分析的互补性[J].当代外语研究，2012,（07）: 3–8+76.

[3]旷战，刘承宇.个体化视域中的身份建构研究：回顾与展望[J].外语学刊，2017,（01）: 31–37.

[4]李雪晴，刘佳奇.积极话语分析视角下网络流行语的身份建构研究[J].文化学刊，2022,（02）: 28–31.

[5]李子吟.中国抗疫话语的文化维度——基于评价理论的积极话语分析[J].岭南学刊，2022,（01）: 116–121.

[6]刘凯，余登兵.基于积极话语分析理论的中国对外文学话语体系构建策略研究[J].出版发行研究，2021,（08）: 79–84.

[7]孙铭悦，张德禄.评价策略分析框架探索——以英语社论语篇为例[J].外语学刊，2018,（02）: 27–34.

[8]王旭.中美电商企业文化陈述的积极话语对比研究——以京东和亚马逊为例[J].对外经贸，2021,（09）: 22–27.

[9]王正.多模态积极话语分析框架的探索与应用——以央视“焦点访谈”节目为例[J].青海师范大学学报（哲学社会科学版），2019，41（03）: 147–154.

[10]徐万治，等.基于评价理论“态度系统”的能源话语之积极话语分析——以《第十一届国际石油技术大会专题报道》为例[J].中国石油大学学报（社会科

学版），2021，37（02）：28–34.

[11] J. Martin. Positive Discourse Analysis: Power, So–ciety and Change [J]. Revista Canaria de Estudios In–gleses，2004，49.

[12] J. Martin and P. R. R. White. The Language of Evaluation: Appraisal in English [Z]. Palgrave MacMillan，2005.

[13] J. R. Martin. Positive discourse analysis: Solidarity and change [J]. Revista canaria de estudios ingleses，2004，49（1）：179–202.

作者简介

谷莹莹，研究生，桂林理工大学，研究方向：认知语言学及心理语言学。

朱建斌，教授，桂林理工大学外国语学院，主要研究领域：心理语言学；话语分析。

寻找真实的自我——以拉康镜像理论看《光之逝》中迪克的自我构建

秦钰杰　关熔珍

摘要：法国著名的精神分析学家雅克·拉康认为个体自我的塑造建立在他者的影响之上。只有处于在他者的凝视之下，才可能建立完整的人格。英国诺贝尔文学奖的获得者鲁德亚德·吉卜林创作的《光之逝》讲述了主人公迪克受限于社会大众的娱乐标准、屈服于物质诱惑、迷失了艺术本心，后来幡然醒悟，在寻找过去引以为傲的生活方式的过程中，肯定了自我的价值，找到了最原始的、最纯粹的、最真实的自我的过程。

关键词：拉康；镜像理论；《光之逝》；迪克；自我构建

《光之逝》是迄今获得诺奖最年轻的作家鲁德亚德·吉卜林创作的一本半自传体小说，讲述了才华横溢的男主人公迪克跌宕起伏却短暂的一生。迪克与梅茜青梅竹马，对她从小便情根深种。迪克在她的影响下，也决定致力于艺术创作，创作出足以影响世界的作品。苏丹战场赋予了他丰富的战场经历和源源不断的艺术灵感，使他得以在艺术界声名大噪。但他与梅茜的爱情之路十分坎坷，其间无数次迷失自我。为了让梅茜意识到艺术的真谛，倾尽全力创作《米兰可利亚》，但在完成之际，画作被无情损毁。经历了爱情的破碎，艺术的陨落之后，他再一次踏上苏丹战场的旅途，找到自己生命的价值，完成了英雄主义的"重生"（关熔珍、周楚汉，2019：126）。

值得探讨的是，迪克在短暂的生命中经历了自我的迷失、陨落、探寻与重生。在这曲折的过程中，迪克的自我是如何构建的？受到了哪些“他者”的观看和影响，其影响机制是怎样的？拉康的镜像理论对应的人类自我构建有独到的见解。本文欲从拉康的镜像理论研究《光之逝》中男主人公迪克迷失自我、重塑自我的过程。

一、镜像理论与自我形成

在雅克·拉康的镜像理论中，镜像阶段是儿童从支离破碎的虚幻状态逐步意识身体的基本同一性的经验过程，是构建自我的一个重要阶段。这一理论由两个阶段构成：前镜子时期和镜子时期。

胎儿还未出生之时，与母亲不论是在情感还是在生理上都连接在一起。因为有母体的包裹以及持续不断地供给养分，胎儿此时处在一种圆满的状态。婴儿出生之后，这种联系仍会持续，不会快速割裂，但其还不能将母体与外部环境区分开来。然而这种完满的状态不会持续很久。出生一段时间后，婴儿要脱离母体，走入人类社会辨认自我，这个过程是痛苦的。此时婴儿会经历母亲的缺失，生理、心理的需求无法全部得到及时满足，只能独自适应与母亲分离的痛苦。接下来的镜子时期（6—18个月与18个月以后），儿童通过镜像辨认出自我的形象并体现出高度的热情和兴趣，表现出“一见钟情”，感知人物和周围的环境来构建对自我的认识，开始独自探索世界。这种人类与生俱来的智力行为帮助他们进行情境认识，即婴儿“立即会由此发生一连串的动作，他要在玩耍中证明镜中形象的种种动作与反映的环境的关系以及这复杂潜象与它重现的关系，也就是说与他的身体，与其他人，甚至与周围对象的关系”（拉康，2001：89-90）。婴儿开始意识到自我的存在，对镜中的幻象愈发着迷，兴趣不减。

拉康镜像理论指出，“他者”在个体识别自我、构建自我、塑造自我的过程中尤为重要。“自我的认同总是借助于他者，自我是在与他者的关系中被构建的，自我即他者。”（福原泰平，2002：43）婴儿在成长过程中，身边存在着各式各样的他者，但他们眼中的他者实际是虚无缥缈的，是由自己的意识构建出来的不真实的影像。但由于对于自我的构建还未完整，自我的缺失导致他们需要与他者进行接触来完善对自我的认知。由此看来，他者对于自体的影响不止限于婴儿时期，而是囊括人的一生，在人格塑造上产生或多或少的作用。人性的构造实际是自体对他人评价吸收以及内化的过程。本文从迪克的自我构建以及他者的影响两方面来进行阐释和研究。

二、迪克的自我主体生成

迪克通过连接镜中虚幻界的影像与真实界中周围事物包括外部环境、亲朋好友的行为动作来构建一个想象的世界进行感知。对镜像的感知是碎片化的，因此迷惑了迪克的心智，自我经历了迷失和混乱。但是伴随身边重要之人的出现，迪克在梅茜身上刻画了一幅理想中的自我的形象。在期望梅茜改变的同时自己被对象化，自体的感知趋于明晰，最后逐渐完整、逐渐统一，将镜中之像与自我合二为一，构建和确认对自我的意识。（任小青，2019：115）《光之逝》通过迪克所展现出来的，正是经历了长时间的穷困潦倒的艺术家从迷失自我，再到对自我的坚守，最终完成确认，实现精神的超越与重生的过程。

首先是消费观的迷失和自我认知的混淆。作为一名艺术家，资金的支持是他们提升艺术水平的必不可少的物质基础，但对于身为孤儿的迪克来说，这是他巨大的困扰。他在使用完在苏丹战场上赚得年薪后，生活拮据，甚至到了不堪忍受的地步。如此窘迫的生活境况在他心中埋下了想方设法赚取物质利益这种思想的种子，因为他不想再一次忍受这种悲恶交加的生活。此时，迪克逐渐迷失在外界环境给他建立的迷宫中了。

自从迪克从托尔潘纳口中得知自己的画作出名之后，便乘着“一艘陈旧的货船”（吉卜林，2016：33）到了伦敦。他当时囊中羞涩，甚至还在弯腰检查鞋子之时被路人撞到臭水沟里，这样穷困被人欺的日子使他对金钱、名利愈发渴望，想象着日后拥有专属“男仆和女仆”,“国王的专属宝物”和“时髦的衣服和鞋子”（34），报复曾经对自己施恶的人。甚至为了面子，想展示出百万身家，推迟领取中央南方财团30到40英镑的劳务费，并拒绝与其联系，谎称自己要去乡下度过一个月。为了脸面将自己大部分的积蓄拿去买体面的衣服，导致自己食不果腹、痛苦不堪；为了装出自己家财万贯，不接受救命钱财，白白受苦。如此说大话的后果是要靠50先令吃香肠和土豆泥度过24天。迪克在心中构造的上流艺术家的生活状况和衣冠服饰，只是他构筑的理想自我，只是碎片化的虚幻的镜像，不具有完整性和统一性。此时他混淆了内部世界与外部世界的界限，将自己带入到这一角色之中，受其中的美丽镜像使得真实的自我与之相契合。故而为了片刻的精神和物质享受超前消费，对真实的消费水平没有概念，克服不了自身经验所带来的碎片化的影响，造成了想象性的误认（曹锦秀，2022：111）。

迪克也经历了自我认知的混淆。随着迪克的画作销量越来越高，他十分“满意现在衣食无忧的生活”（46），想方设法只为把画作卖出去，认为艺术是一次又一次向人们展现他们知道的事物，而不是发掘、创造新事物，甚至在创作《致命一击》时，把一个身上带着伤“慵懒散漫”（49）喝过酒，且男人味十足的士兵画成一个温文尔雅，文质彬彬，全身上下没有一点儿污渍的绅士，只因为艺术经理告诉他人们不喜欢“太血腥、粗野、暴力”（50）的画作。想要成为社会所认可的艺术家、绘画家，提升在业界的地位，就必须听取出版公司的要求、顺应社会主流的娱乐思想。社会环境和时代背景将艺术家们塑造成供社会大众娱乐的工具，并引导他们主动认同，这实际上是抹杀了艺术家的创作热情和灵感，按照社会制定的条条框框生产出千篇一律的文化商品，不允许他们拥有自我意识，否则会被社会洪流所淘汰。受到社会的规约，迪克的画作在出名了之后，为了赚取钱财，将画作修改为不符合战争历史和实际情况但受社会大众喜爱的画作。他最初对绘画纯粹的热爱被功利之心所压抑，被动地迎合群众的口味，创作出违背艺术初心的作品。迪克处于一种对自我认知的困惑与混沌之中，原来的那个为了寻找艺术灵感而前往危险之地，执着于创造的自我完全迷失了。

其次是自我的找寻以及坚守。迪克深深地陷于金钱与权势的漩涡中无法自拔。他自从遇到梅茜，得知她不注重基本功、内心浮躁，只想着如何靠技巧取得事业上的成功，便在心里构造了一位对艺术执着追求、脚踏实地作画的画家的形象，这幅形象映射到梅茜身上，希望她与这一形象趋近。他倾尽全力想告诉梅茜艺术的根本，给她传递艺术的真谛。“觉得一味急于求成，总想着功成名就，就会失去绘画的感触。”（邓倩茹，关熔珍，2018：34）在他的潜意识中，也希望真我能与此形象相融合。迪克每个周日如期指导她作画。梅茜认为自己“尽管很努力，但是迄今一事无成”（70）。于是迪克教导她应该花时间练习画线条，“坚持自己的绘画风格、自己的绘画手法”（70）。梅茜想要画出《米兰可利亚》以证明她的绘画功底和实力。迪克却认为梅茜的画工不足以画出其真实的神韵以及情感。梅茜不愿遵循绘画的最基本的原则和规律，不注重线条的勾勒和构图。迪克深知，她的一意孤行将会带领她走向一条愈来愈黑的道路，即使她壮志满怀、更加透支身体工作也不会有所成就，最终只会是一场空。于是他决心画出惊世之作《米兰可利亚》，让梅茜接受自己的绘画理念。在此过程中，他逐渐意识到真实的自我已经被社会洪流、物质利益埋没，主体将为梅茜创立的形象投射到自己身上，从这一视角来构建自我，逐渐找回了那个为艺术而痴狂、对绘画保持着执着和热情的主体，坚守了最本真的自我。

最后是自我的确认。迪克因为创作《米兰可利亚》而双目失明。他如果始终处在原来让他痛苦的环境中，不去寻找生命的意义，那么他会经历无尽的痛苦和绝望，会害怕孤独地活着，“无所事事地活着”（247），迟早被对黑暗的恐惧和绝望所吞噬。于是他决定放弃现有的一切，把财产留给梅茜，独自去寻找托尔潘纳，希望“回到原来的生活状态中”（291）。在前往战乱地区的旅途中会面临许多困难。好不容易在乔治的帮助下骗过了英国的军官上了火车，在火车夜间行驶时遇到了敌袭。但迪克对子弹的碰撞显得既兴奋又怀念，甚至高兴得“在地上又蹦又跳”（289），十分渴望再一次经历这种既疯狂又刺激的冒险。他需要重新回到枪林弹雨的生活才能获得一些内心的满足，找回一些自我。随后他们到达了沙漠侦察兵宿营的地方，迪克凭借着过人的智慧和胆识雇到了比沙林骆驼，在天亮之时到达了营地，以生命为代价见到了托尔潘纳。对迪克来说，忘掉处于无尽的黑暗之中，再一次体验最刺激、最真实的战场的生活，死亡亦是值得的。过去为了搜集素材而走南闯北，体验疯狂、激情人生的迪克便成为现在的迪克的“他者”。对梅茜的爱长期被忽视、最引以为傲的作品被毁的迪克需要重新走一遍过去丰富多彩的道路，需要过去的迪克这一“他者”的影响来完成自我确认。只有这样，他才能重新获得对自我的感知以及肯定自己的能力，找回最本真、最纯粹、最真实的自我。

三、自我构建过程中的“他者”

主体的生成不能脱离他者的认识。一方面，主体需要他者的认识、注视与影响才能较客观地认识到本体的身份塑造的模样，形成一个“真实”的对自我的认知；另一方面，人总是不可避免地生活在社会的关系网当中，每时每刻受到他者的注视，这一客观条件决定了人类必须在他者的影响与注视下完成自我塑造。如果自我的发展与外界对本体的期望符合，那个体构建便会达到一个理想状态。个体不可避免地会成为他者的傀儡，按照他者所期望的那样发展（刘君，2019：118）。

在《光之逝》中，迪克了解到梅茜想要从事艺术行业，便在他者身上描绘了一幅艺术家的镜像，并将这幅镜像映射到他自己身上，赋予极大的兴趣和热情，义无反顾地走上了艺术道路。经历了长达数年的压力与磨炼，他处在周边的他者的凝视之中完成自我确认和塑造，如托尔潘纳对他的评价和看法来逐步确证他的艺术家这一身份，通过在苏丹战场上给中央南方财团画素描以印刷，获得了一笔数目颇大的报酬。他通过艺术获得了个体所需的生活物资，不断地认识和认可个体本身所处的情境，梳理并认可拥有艺术才能的自我与周围的朋友和环境的关系。在他从托尔潘纳这一他者口中得知自己的画作一举成名之后，愈发感到对艺术痴狂与执着的成功艺术家的存在，对这一形象越发痴迷，在名利的漩涡中迷失了自我。随后再次卷入与梅茜的关系网中逐步确认了自身与艺术的关系。艺术贯穿了迪克的一生，他在追寻艺术的道路中起起伏伏，最后找到了真正的自我。

（一）与梅茜的爱情——心理构建的“他者”

在拉康看来，个体还在母亲腹中时，其与母体浑然一体，和谐统一。在这个阶段，个体成长所需的食物、温暖、养分等都能得到及时满足，能够获得最完满的情感供给。婴儿出生后，这种相互依存的紧密的纽带关系还会持续，导致婴儿不能清晰地感知外部环境。随着母亲在婴儿成长环境的缺失，婴儿的需求不能得到及时的满足，这种完满的状态逐渐出现裂痕，自我与周边环境的界限开始明晰起来，主体意识逐步发展。在逐步形成主体意识的过程中，母亲、身边的亲朋好友、周边环境充当了婴儿构建自我的“他者”，在自我构建过程中起作用。

梅茜与迪克原本处在相知相融的环境中，是一种完满的状态。他们有相似的身世和生活、成长环境。在幼时生活在一起的时光里，他们渗入了对方的世界，成为对方自我塑造过程中不可替代、独一无二的一部分。他们共同生活、成长、共同对抗珍妮特夫人，尤其是两人共有对艺术的热情与追求，这种心灵的纽带让他们的关系愈发紧密，心理的距离也愈发靠近。在射击练习中，更是互通了心意。在迪克压抑甚至灰暗的童年生活中，梅茜给他带来了太多的色彩。这样的生活给迪克留下了深刻的印象。他们的这种和谐美好的关系，像是融合在一起的婴儿和母亲，互相感知、互相依赖，处于和谐统一、完满的状态，彼此都能够满足对方的需求。但无论他们处于何种完整、和谐的状态之中，还是会经历分离和缺失。自体一旦脱离了原本相融、熟悉的环境和他者，在适应新事物的过程中，会产生不安感、不适感，且这样感觉是单向度的、不可逆的。自体在感受到痛苦和不适的同时，后期自我的形成也会极大程度授予他关系密切的他者的影响。

迪克与梅茜长大成人后，面临着不同的人生选择。梅茜决定外出求学、未来进军艺术行业，她对绘画持有一种痴迷又狂热的态度。根据拉康的镜像理论，主体只有将自我处于与他者的关系网当中，才能在他人的认同和看法中认识自己，成为自己。自我并不是独自、孤立地生成的，而是他者塑造的产物（周文莲，2013：39）。因此，梅茜的理想无形之中影响了迪克，因为迪克幼时就对梅茜清根深种，他明白梅茜认可、喜爱的是在艺术方面有所造诣的人。故而在他们分开的几年里，迪克也一直前往世界各地甚至去往苏丹战场搜集战争的绘画素材。他渴望再次见到梅茜之后成为她眼中的在艺术事业有所成就的大人物。他理想中的自我在与梅茜的互动之间形成。

形成理想中的自我之后，需要对自我进行判断。人们对自我的判断须通过“他人的形式”来判断（周文莲，2013：39）。迪克见到梅茜之后，梅茜对待艺术的态度不过是想快速地获得事业上的成功。虽然情感丰富，但缺乏创新。色彩天赋卓越，但不注重基本功，只是想用花团锦簇、鲜艳色彩来掩盖人物糟糕的造型。她只想获得成功，却对绘画的基础置之不理，没有创新和美感可言。但事实上，迪克那时的状态就如梅茜一般只是将艺术当成是敛财、娱乐大众的工具。但是他自己并没有意识到这点。对于梅茜，他确证梅茜所走的不是一条正确的路，他希望梅茜能够不为世俗物欲所蒙蔽，用心作画，勇于创新，不急于求成，不断提高绘画技艺，“不能做材料的奴隶”（104）。他希望梅茜成为的正是他原初进入艺术领域时期望契合的镜像。于是他将自己原初的绘画理念和艺术的真谛传授给她，试图将她拉上正轨。迪克在这一过程中不断地确证自己对艺术的看法，意识到被金钱诱惑的行为是有多么可怕，自我逐渐认同了施加在梅茜身上的形象，于是废寝忘食创作《米兰可利亚》向梅茜证明自己原初的镜像的正确性。他在与梅茜这一他者的认同的辩证关系中被抛进了他最原始的艺术形式之中，被对象化，而后又通过创作惊世之作以期获得梅茜的肯定而得以复生，使其作为具有能动性和主动性的个体产生作用。

（二）以艺术为线索的“他者”

综观本小说，艺术就像一条无形的纽带，将迪克重要的生活时期串联起来。这条纽带的作用绝非只是连接整个故事这么简单，它也揭示了迪克自我的迷失、坚守以及确认。艺术创作不仅是迪克赖以生存的工作，更是他的心灵寄托，是他逐步确立自我，构造自我的见证。

迪克作为一名艺术家，能够前往世界各地，把各种各样的人和物当作绘画的素材，一一踏足了许多人意想不到的地方，遇到了各式各样的人，画下了“中国劳工船上的栏杆”“被买凶刺杀的大副”“函馆岸上的垃圾”“索马里被殴打的马夫……”（20）这些常人容易忽视或没有机会亲眼见识到的事物。他把这些记录下来为了自己内心对艺术真诚的热爱。后来意外被卷进苏丹战争，遇到了一生的好友托尔潘纳。战争结束之后，迪克再次独自踏上了旅途。他踏足了苏伊士运河，“享受那里的运河风光，炽热的沙滩，络绎不绝的船舶和英国白人战士医院”（31），用所有能够使用的颜料进行绘画创作，描绘着世界的罪恶和不公。他敏锐的洞察力展现出了一个“全新的艺术领域”（37）。他的画作中描绘的场景真实，表现手法新奇，以至于备受人们喜爱和追捧，有多家报社想要聘用他，希望给他们的书配图。人们能够见识到全新的艺术表现形式，感受到世界的真实和不堪。透过这些画，最本真的社会展现在人们的眼前。

迪克的众多画作无疑是他所经历的现实世界的人和事的情感和艺术映射。他画中的“他者”与读者心中的“他者”相重合。在他用自己的双手、用省吃俭用攒下来的颜料画出来的人生百态也深深地印刻在他的心中，他的成长、自我的构建又怎会不受这些画作中“他者”的经历和情感所影响呢？诚然，在他创作的过程中，自我会受到“他者”的观看与注视。画下别人的人生场景、记录他人经历的悲欢离合，这又何尝不是自己的经历、情感的映射呢？迪克在这一次又一次的勾勒中，对本我人生的看法、性格的塑造以及自我的坚持与确认，得以逐步加强。

鲁德亚德·吉卜林的小说《光之逝》，艺术家因为生活的贫困而迷失了对热爱的事业的追求，逐渐迷失了自我。但在身边他者的凝视、观察与评判之下，他逐渐发掘出内心深处对艺术的最真实的渴望，想要通过自己的笔触来创作出影响世界艺术界的作品，保持了对艺术创作的初心与热忱。这种不屈服于世俗物欲的诱惑，最终重塑了自我的人格构造的过程在《光之逝》中得到了揭示。

注释

① 凡引自鲁德亚德·吉卜林《光之逝》中的内容，均出自关熔珍、祝远德译，桂林：漓江出版社，2016年版。引用时只出现页码，不另做注。

参考文献

[1]曹锦秀.镜像理论视域下索默斯太太的身份建构[J].名作欣赏，2022（26）：111.

[2]邓倩茹，关熔珍.美好破碎———《光之逝》的断裂性书写[J].漯河职业技术学院学报，2018，17（06）：34.

[3]福原泰平.拉康：镜像阶段[M].王小峰，李濯凡译.石家庄：河北教育出版社，2002：43.

[4]刘君.《进京城》的镜像理论解读[J].电影文学，2019（21）：118.

[5]鲁德亚德·吉卜林.光之逝[M].关熔珍，祝远德，译.桂林：漓江出版社，2016.

[6]任小青.寻找真实的自我——以拉康镜像理论看《她》中主人公的自我建构[J].电影新作，2019（05）：115.

[7]雅克·拉康.拉康选集[M].褚孝泉译.上海：上海三联书店，2001：89–90.

[8]周楚汉，关熔珍.光之陨：《光之逝》悲剧多重性表现探究[J].广西大学学报（哲学社会科学版），2019，41（05）：126.

[9]周文莲.对雅克·拉康“镜像理论”的批判性解读[J].学术论坛，2013（01）：39.

作者简介

秦钰杰，广西大学外国语学院硕士研究生，主要研究领域：美国文学。

关熔珍，教授，博士，广西大学国际学院，研究方向：比较文学与世界文学。

《伊甸之东》中约翰·斯坦贝克的道德思想辨析

林潼昕　周柳琴

摘要：《伊甸之东》是美国作家、诺贝尔文学奖得主约翰·斯坦贝克的一部最著名的小说。小说标题“伊甸之东”引自《圣经》中同名的一个罪恶与希望并存的地方。该书虽备受许多文学评论家的批评，但书中斯坦贝克独特的道德思想，值得后人认真研读。本文将立足于《伊甸之东》，从“自由意志”与“罪恶继承”这两个层次入手，剖析小说中的一些重要人物和隐喻，分析斯坦贝克的道德观念，并从中获得启发。

关键词：《伊甸之东》；道德；自由意志；罪恶继承；斯坦贝克

一、引言

道德是一种社会意识形态，是行为规范的总和，不仅可以调节人与人之间的关系，也可以调节个人与社会之间的关系。它可以用真诚与虚伪、善良与邪恶、正义与非正义、公正与偏袒等概念来衡量和评价人们的思想和行为。通过各种形式的教育和舆论的力量，人们逐渐形成了某些信仰、习惯和传统。在如今的现代生活中，道德在平衡人与自然的关系和教育人们追求善良等方面起着愈发重要的作用。

诺贝尔文学奖得主斯坦贝克是20世纪的美国作家，其代表作有《人鼠之间》《愤怒的葡萄》等。斯坦贝克的作品表现出强烈的道德感，“斯坦贝克一直是一位道德作家。他关注的是善与恶的选择以及这些选择的后果”（John H. Timmerman，2005：33）。与美国传统文学的道德教义不同，他并非简单进行道德评判，而是通过生动的叙述，展现美国现代社会中人们道德选择的矛盾和痛苦，同时强调了“自由意志”在道德选择中的关键作用。评论家们对其道德观褒贬不一。诺贝尔奖的组织者称赞他是一个教人善良的好老师，是人类价值的捍卫者。（转引自蔡荣寿，2014：229）然而与此同时，评论家亚瑟·米泽纳（Arthur Mizenner）在《纽约时报》上发表了一篇文章，题为：“我们应该为30年代的道德颁发诺贝尔文学奖吗？”（转引自蔡荣寿，2014：229）文章对斯坦贝克获得诺贝尔文学奖质疑。

无独有偶，斯坦贝克的杰作《伊甸之东》也备受争议。许多文学评论家批评其结构和材料组织松散。美国著名作家、诺贝尔文学奖获得者欧文斯（Owens）表示，由于斯坦贝克在《伊甸之东》中变成了一位毋庸置疑的道德家，其巨作失去了创造真谛的力量（1989：108）。当斯坦贝克处理道德问题时，就变成了“三流畅销书的作者”（McElrath，1996：399）。这部小说不值得再读。（Harold Bloom，1987：introduction）可事实上，该著作对“罪恶继承”和“自由意志”之间的斗争进行了深入探讨。这不仅是一部体现了作者道德观的杰作，更是激发读者对自由选择重要性思考的启蒙书。

到目前为止，世界各地关于斯坦贝克的研究大多集中在斯坦贝克的其他著名作品上，如《葡萄的愤怒》和《人鼠之间》。至于《伊甸之东》，仍有许多问题没有解决。过去几十年来，西方国家的学者从伦理学、政治学、生态学、宗教学、全球化以及与其他作家的比较等角度对斯坦贝克的思想层面进行了研究。相比之下，由于在近年来的中国现代翻译文学史研究中，斯坦贝克未能引起学者们足够的重视，导致国内对其研究的成果明显较少。因此，与国外的斯坦贝克研究相比，国内的斯坦贝克研究可谓匮乏。

在过去的七十多年里，大多数文章都集中于分析斯坦贝克作品中的政治倾向，而且关注点几乎都在《愤怒的葡萄》和《人鼠之间》这两部作品的政治进步性上，缺乏创新点。由于注意力集中在作品的主题和人物上，很少有文章研究作品的写作技巧或伦理学。在少数分析《伊甸之东》的文章中，关注点大多在宗教观、女性观上，对于其道德观的剖析实为匮乏。

小说《伊甸之东》的标题借用了《圣经》中的典故。在《圣经》中，该隐因为嫉妒亚伯的贡品受到上帝的青睐杀了亚伯，被上帝放逐到伊甸园的东部。但在这片土地上，该隐仍然受到上帝的保护使其免受伤害。因此，作品的名字“伊甸之东”既代表邪恶之地，也代表希望之地。在本书中，可以看到理想家园“伊甸园”毁灭—重建—再毁灭的过程，这也反映了美国当时的现实社会：在物质主义驱使下的人们面临着善恶选择的道德危机。

在为数不多剖析《伊甸之东》中斯坦贝克的道德的文章中，北京航空航天大学外国语学院教授、博士生导师田俊武（2011：66–69）因其对善恶问题的关注称其为道德歌手，并以文学伦理学和神话原型批评理论为评判标准，立足于几部中长篇小说进行分析；贵州师范大学外语教学部研究员安蔷（2015：79–86）则通过剖析《伊甸之东》中两个家族中的夫妻关系、亲子关系并运用文学伦理学批评方法加以探讨；从自由意志和道德责任构成的社会伦理的相反命题入手，广东工业大学外国语学院院长蔡荣寿（2014：229–239）通过剖析卡西自由意志的形成法则与莉莎的道德谱系加以剖析。在这些为数不多的文章中，并未有从罪恶继承角度入手探析道德的。

本论文将立足于《伊甸之东》，研究角度为“自由意志”与“罪恶继承”。通过对小说中三个重要人物和两个隐喻进行剖析，旨在分析斯坦贝克的道德观念，从而加深读者对斯坦贝克的认知与了解，并从中获得启示。

二、道德观在人物身上的体现

（一）查尔斯的罪恶继承

在《圣经》中，农夫该隐和牧人亚伯都是亚当的儿子。该隐给亚当送了一些田地里的新果实作为贡品，而亚伯带来了一些刚出生的羊崽。由于上帝更偏爱亚伯的贡品，嫉妒得该隐杀死了亚伯。在《伊甸之东》中，同样的悲剧再次发生。弟弟查尔斯在父亲赛勒斯的强硬态度下顽强成长。在与亚当交谈时，赛勒斯如此评价查尔斯：“查尔斯不害怕，所以他永远也学不到什么勇气。他不知道自己以外的事情，所以他永远无法获得我试图向你解释的东西。”（Steinbeck，1979：70）事实上，查尔斯不仅继承了父亲的强壮身体和勇气，还继承了其自信与暴力。塞勒斯生日时，亚当和查尔斯都送了礼物，但亚当送的礼物更讨塞勒斯喜欢。赛勒斯对亚当的偏爱使查尔斯受到了伤害，他对亚当举起拳头，重演了该隐的第一次罪行。

通过仔细观察，不难发现，《伊甸之东》中的人物名字有着一定的规律。亚伯（Abel）、亚当（Adam）和亚伦（Aron）都以A 开头。然而，该隐（Cain）、查尔斯（Charles）、卡尔（Cal）和卡西（Cathy）都以“C”开头。这些人物的命运也十分相似：名字以C开头的人注定要犯罪，即罪恶继承。由于父亲的偏爱，查尔斯打了亚当并永远失去了亚当的信任和爱。卡尔亦然，他告诉亚伦母亲卡西的现状并导致了亚伦死亡。作为人，他们继承了与我们的前辈相似的血统，因此继承了同样的罪恶人性。通过《伊甸之东》，读者可以了解到，斯坦贝克坚信，所有人都可以从祖先那里继承罪孽，而且，当罪孽降临之时，我们别无他法，只能接受它并犯下同样罪行。

（二）卡西的自由意志

在《伊甸之东》中，斯坦贝克大胆创造了邪恶且迷人的卡西。卡西从小就对犯罪和邪恶有一种特殊的感觉。对于那些具有传统道德和习俗的人来说，卡西是一个怪物，但是，从她的角度来看，那些评判她的人也是怪物。（C.L. Hansen，2011：310–319）正如瘸子能利用自身不足，在有限的领域中变得比正常人更厉害，卡西亦然。她利用自身不同，在她的世界里产生了痛苦和困惑的轰动。

卡西的自由意志寓于行为之中。她常常为了摆脱纪律、工作或义务而撒谎，她也从不服从别人的命令与规则，而是做自己的主人。与当时的人们不同，卡西10岁开始学习性冲动，感知性力量并利用性来胁迫男人。14岁时，她勾引了两个同龄男孩儿并致使拉丁文老师自杀，可她却未被怀疑、惩罚。16岁时，由于不想去上学，被父母鞭打，她便纵火烧死了父母。卡西对道德责任一无所知，也从未对引诱他人自杀或杀害他人感到后悔或遗憾。

显然，她是有罪且自由的。她成长于中产阶级的正统家庭，这样的女孩儿本有一条既定道路：成为教师，嫁人生子，照顾家庭。可她对此感到不满与失望，并选择自由地走自己的路用邪恶来彰显其独立而强大的内心世界与自由意志。虽然她犯下诸多不可饶恕的罪行，但她仍然过上了自己理想的生活，这说明人们可以通过控制自己的生活来获得自己想要的东西，而这就是人性的力量。

由此，我们可以得知：无论好人或坏人，每个人都有自由意志。你可以用自己的方式思考、行动，甚至选择生活的方式，因为这是你的选择。斯坦贝克试图用卡西来说明每个人身上都存在原罪和邪恶，但不是每个有罪之人都将受到惩罚。但卡西与所有的母亲一样，她关心和爱护自己的孩子，也有自己的长处。（魏蔚，2018：161–163）当她知道亚伦是自己的儿子且为人善良时，她便偷偷跑去看亚伦，最后还把遗产留给了他。这也彰显了斯坦贝克的信念：尽管没有通过惩罚来消除恶，但善终将战胜恶。

（三）卡尔挣扎于善恶之间

从家庭伦理而言，兄弟关系与父子关系一样，是相对的亲属关系，是家庭单位的最基本关系之一（明丽，2016：16–17）。他们有着共同的祖先，相似的血脉，因此，兄弟姐妹之间理应帮互助。

《伊甸之东》中的卡尔和亚伦是双胞胎兄弟，但他们在外表和性格上都截然不同。亚伦感情丰富，为人真诚；卡尔却很狡猾自私，妄想改变世界。于卡尔而言，他不曾享受母爱，父亲也不负责任。母亲卡西生下双胞胎后，抛弃了他们以急于寻求自由生活；父亲亚当沉浸在妻子离开的痛苦中，不愿面对生活的现实。

事实上，卡尔生来就有原罪。他是一个复杂的人物：既善良又残酷，既坚强又脆弱。正因其性格复杂，他在伦理上感到十分困惑。其实卡尔也喜欢亚伦，但他感到非常孤独，因为即使卡尔在很多方面做得比亚伦好，父亲却一直偏爱亚伦。两兄弟长大成人后，亚当也只看到亚伦的进步。亚当生意失败后，亚伦提前参加高考并考上了斯坦福大学。这让父亲亚当更欣赏亚伦，甚至决定送亚伦一份漂亮的礼物。而卡尔为了弥补父亲的损失，得到父亲的认可和表扬，他和威尔逊一起卖大豆，成功地赚回了父亲损失的所有钱。在感恩节当天，他把钱给了父亲，渴望看到父亲的正向反馈。但父亲的注意力却在从斯坦福大学学习回来的亚伦身上，父亲亚当甚至认为这笔钱财来源不正。最后，亚当用言语冷冷地刺伤了卡尔。他说："如果你能给我——嗯，像你哥哥那样——让我为他所做的事情感到自豪，为他的进步感到高兴，我会很高兴。钱，即使是干净的钱，也比不上这个。"（John Steinbeck,1979：1688）

卡尔的童年已经没有了母爱，父亲的冷漠更是让他觉得自己不受欢迎。得知母亲的真实情况后，他每天都怀疑自己是否继承了母亲的邪恶血统与魔鬼性格，他被自我憎恨所吞噬、折磨。所有人都更喜欢亚伦，于是，卡尔对亚伦更加嫉妒不满，甚至产生了报复心理。最后，他违背了对父亲的承诺，把母亲的事告诉了亚伦。因为他知道，亚伦非常单纯，他对母亲的想象也非常美好。如果得知母亲没有死，甚至还在经营妓院，亚伦一定会疯掉。果然，亚伦知晓真相后，谎报年龄参军，丧生于战争之中。听到亚伦的死讯，亚当中风了。

显然，卡尔与亚伦的死有直接联系，卡尔也为此十分愧疚。幸运的是，他得到了阿布拉和老李的支持。阿布拉帮助他理性处理现实问题，老李也在精神上给予他指引。于是，他开始考虑告诉父亲真相以乞求父亲的原谅，还想买一束玫瑰花到妈妈的墓前。他开始像亚伦一样思考，显示出他的内心世界从“C”到“A”的进步。

《伊甸之东》中三个人物的不同选择与之产生的不同生活方式与结局跃然纸上。查尔斯不曾对其罪恶继承进行反击，所以未曾得到亚当的原谅；卡西利用自由意志；顽强抗争，得到了想要的权力和金钱；卡尔摇摆挣扎于罪恶继承和自由意志之间，但他比查尔斯幸运，因为他得到了阿布拉和老李的帮助。最后，他勇敢面对错误，从挣扎中解脱出来，得到了亚当的原谅。

斯坦贝克通过该书向读者传达：人们不可避免地继承了祖先的罪恶，或者无法预知、不可避免地犯下与祖先一样的罪恶。但我们依然拥有选择的权利，也拥有自由意志，而且我们可以控制自己。只有遵循自己的自由意志，并加以适当控制，才能追求自己想要的生活，不惧过往，从头再来。由此而言，《伊甸之东》作为拯救迷失的美国人的道德指南，具有不可替代的价值。

三、道德观在隐喻中的展现

除了上述三个人物，还可以从两个隐喻出发剖析作者的道德观。在西方文学中，大多数书籍都可以被划分为圣经和希腊神话两派，而圣经典故的特征又可分为四个部分：人物、动物、植物和事件。众多的圣经典故是斯坦贝克作品中最令人印象深刻的特点之一。因此，许多人研究其中的宗教思想，却很少有人探索其背后的道德思想。以下旨在通过分析《伊甸之东》中的两个隐喻以探析作者的道德观。

（一）伊甸园

本书的书名出自《圣经》。伊甸之东，是该隐在杀死了兄弟亚伯后被上帝流放之地。但在此，该隐仍然受到上帝的保护，使其免受伤害。因此，一方面，伊甸之东是上帝惩罚子民的地方，这里是令人感到痛苦的。但另一方面，它也是一个充满希望的地方。在本书中，亚当决定与女神卡西建立一个理想的伊甸园时，词语“伊甸园”被多次提及。当他们在去找水的路上，亚当对热心邻居塞缪尔说：“看，塞缪尔，我要在我的土地上种植一个花园。记住我的名字是亚当。到目前为止，我还没有一个伊甸园，更不用说被赶出来了。”（John Steinbeck，1979：500）

亚当以为自己找到了真爱，对未来满怀信心和希望。然而，在伊甸园安顿好，妻子诞下双胞胎后，妻子卡西朝他开枪并逃跑了。这第一次打破了亚当的伊甸园。在老李的帮助下，亚当花了很长时间治愈卡西留下的伤疤，然后开始和两个孩子一起改造伊甸园。可悲的是，他和父亲一样，都选择了偏爱的错误道路。这让卡尔羡慕、愤怒，并促使亚伦去世，这标志着伊甸园的第二次毁灭。

至于卡西，她在离开丈夫亚当后也建立了自己的伊甸园。她改名为凯特，在一家妓院找到了一份工作。得到了老板信任后，她毒死老板并接替了她。往后几年，她利用妓院作为其犯罪场所以赚取想要的东西。不幸的是，她被疾病缠身，最终自杀。她的死亡标志着其伊甸园的毁灭。伊甸园的多次毁灭表明，努力工作并不一定能让我们过上想要的生活，人注定会因为其罪恶继承而犯错。

在1948年，也即斯坦贝克开始写书之时，美国正处于重建之中。美国人刚刚经历第二次世界大战，他们不知如何调整道德原则以适应战后的新生活方式。因此，在生活中，他们对彼此失去了信任和依赖，这一紧急情况也成为当时公共舞台上的焦点。同时，美国写作界出现了一个被称为“垮掉的一代”的作家群体，他们向传统价值观和压迫性社会秩序宣战，对美国文学和社会予以重击。在此等严酷环境下，美国人迫切需要找到自己的路，恢复社会秩序。斯坦贝克意识到，如果人们不重建道德准则，新的生活就无法开始。因此，斯坦贝克希望通过《伊甸之东》在他的祖国构建一个伊甸园。正因《伊甸之东》可以引发读者共鸣，使人们形成在美国建立一个共同伊甸园的追求，该书成为斯坦贝克的又一力作。北京航空航天大学的田俊武教授（2011：66–69）也因此称赞斯坦贝克为道德艺术家。

（二）“Timshel”

本书所有内容都围绕着《圣经》中的Timshel一词。斯坦贝克塑造了名为老李的中国人物，老李不仅聪明伶俐，善于与人打交道，而且像斯坦贝克本人一样熟悉《圣经》。在《伊甸之东》中，老李对比不同的《圣经》译本后发现，希伯来语 Timshel在詹姆士王的翻译中被误译成 Thou shalt，即“你必须”；而在标准美国翻译中是Dothou，即“你必须”。但事实上，希伯来语 Timshel 应为Thou mayest，即“你可以”。因此即使该隐犯下滔天大罪，也能拥有统治自己的机会。斯坦贝克认为，人应该是掌握自己命运的主人，这是上帝赋予的权利。虽然卡尔出于嫉妒，告诉了亚伦母亲的真相，但事后他感到非常后悔与失落，认为自己背负着罪孽的冲动，而这种冲动继承于母亲，他无力抵抗。但老李理解卡尔的挣扎，并告诉他有另一种选择，可以帮助他摆脱这种困境——卡尔需要乞求宽恕的人是他自己。如果他愿意接受上帝的想法，给自己一个选择，他就可以如同母亲卡西一般，利用自由意志开启新生活。总而言之，“Timshel”允许个人有二次机会来处理罪恶继承并利用自由意志。

人类意志的力量是强大的，尽管上帝把伊甸园的东部变成了惩罚之地，但他使用了“Timshel”一词，以便把选择权留给他的子民。在本书中，斯坦贝克没有否认邪恶的存在，也没有为他的读者构建一个梦幻世界，恰恰相反，他大胆宣称犯错无法避免。但与此同时，他积极寻找处理犯错的方法，同时也向所有读者传授正确的方法。

四、结语

本论文以三个人物和两个隐喻为基础，通过对人物和结局的讨论和分析，总结斯坦贝克的道德观。斯坦贝克是《圣经》的忠实读者，他相信人都是生来有罪的，但他也相信自由意志具有巨大力量，认为自由意志使人们能够控制自己的生活，而且他不断地向读者灌输自由意志的重要性。此外，《伊甸之东》中多次提到伊甸园，不难看出，他非常向往一个温馨舒适、民风淳朴、生机勃勃的伊甸园。同时，他又热衷于倡导人类由恶向善的转变。在斯坦贝克看来，“善恶终有报”这句话始终适用。虽然生活中充满了善与恶的纠纷，也总有一些人投其所好，但无论是物质世界还是精神世界，善终将战胜恶。

斯坦贝克并不认为邪恶是应该从人类身上完全消除的绝对负面因素。相反，他认为，正是善与恶之间的斗争推动了人类历史的发展与进步。正因为善恶难分，所以善需要恶来维持平衡，反之亦然。此外，坏人并不总是坏人，他们可以被救赎，最终被善拥抱。斯坦贝克就像一座不可替代的灯塔，指引着人们走向光明人生，《伊甸之东》就是那指引之光。

《伊甸之东》是斯坦贝克倾其所有的一部杰作。许多来自不同文化背景的学者从不同角度研究了这部作品，而且研究还在不断发展。然而，从这方面的研究还远远不够。在今后的研究中，需要从更多的角度对《伊甸之东》进行研究，笔者相信，今后学者们会对《伊甸之东》进行更全面、更系统的研究，挖掘出斯坦贝克在书中所体现的更多思想。

参考文献

[1]安蕾.《伊甸之东》中的家庭伦理道德观[J].牡丹江大学学报，2015，24（06）：79–80+86

[2]蔡荣寿.自由意志与道德责任的相反命题——约翰·斯坦贝克《伊甸之东》的伦理困惑[J].外国文学评论，2014（03）：229–239.

[3]明丽.《伊甸之东》中的伦理困惑与救赎之路[D].重庆：西南大学，2016.

[4]魏蔚.《伊甸之东》中独特的道德观[J].吉林省教育学院学报，2018，34（03）：161–163.

[5]田俊武."迷茫时代"的道德歌手——约翰·斯坦贝克小说的伦理叙事[J].外语教学，2011，32（01）：66–69.

[6] Bloom, H. John Steinbeck: modern critical views[M]. New York: Chelsea House Publisher，1987.

[7] Hansen. C.L. Beyond Evil: Cathy and Cal in East of Eden[M]. D.R. Noble（Ed.），sec. 3，2011，pp. 310 - 319.

[8] McElrath.J.R. 1996. John Steinbeck: The contemporary reviews[M]. NewYork: Cambridge University Press，1996.

[9] Owens.L. John Steinbeck's Re–Vision of America[J]. Athens: the University of Georgia，1985.

[10] Steinbeck.J. East of Eden[M]. Penguin Books Ltd，1979.

[11] Timmerman.J.H. 2005. John Steinbeck: An Ethics of Fiction[J] The Moral Philosophy of John Steinbeck, Lanham:Scarecrow Press, Inc, 2005，p.33

作者简介

林潼昕，广西科技大学外国语学院翻译专业在读研究生，研究方向：文学翻译。

周柳琴，教授，硕士，广西科技大学外国语学院，研究方向：应用语言学与英语教学研究。

从“顿悟”解读《他们眼望上苍》中的女性意识

谭瑶

摘要：探寻黑人女性自我身份的构建始终贯穿于赫斯顿的文本世界中。《他们眼望上苍》开创了黑人女性文学在表现女性对精神生活的独立追求上的先河。本文通过小说《他们眼望上苍 》中主人公珍妮在不同成长阶段中顿悟分析，探讨女主人公珍妮如何实现自我意识的觉醒，勇敢追求丰富精神世界的权利。同时也阐释作者赫斯顿本人对黑人女性成长的期待和愿景。

关键词：顿悟；《他们眼望上苍》；女性意识；佐拉·尼尔·赫斯顿

一、引言

《他们眼望上苍》（*Their Eyes Were Watching God*）是美国黑人女作家佐拉·尼尔·赫斯顿（Zora Neale Hurston,1891—1960）所著的探寻黑人女性完整生命价值的典型作品，它是黑人文学中第一部充分展现黑人女子内心中女性意识觉醒的作品，在黑人文学中女性形象的创造上具有里程碑式的意义（赫斯顿，2017：250）。小说描写的是反抗传统习俗的束缚、争取自己做人权利的珍妮的一生。她向往幸福的爱情，但外祖母为了使她过上有保障的生活，强迫她嫁给了有60英亩田产的中年黑人洛根。可珍妮过着没有爱情的死水般的生活，受到黑人小伙乔·斯塔克斯的引诱，跟随他到佛罗里达去开创新生活。但在乔发迹过后，他开始要求珍妮俯首听命于他，限制她与其他人交往。作为洛根的妻子，珍妮是干活儿的牛马；作为乔的妻子，她是供乔玩赏的宠物。乔死后，她结识了一个无忧无虑、充满幻想，既无钱又无地位的叫甜点心的黑人青年，于是毅然抛弃了市长遗孀的身份和漂亮的家宅，跟着甜点心到佛罗里达州去做农业季节工，白天一起干活儿，晚上和其他黑人季节工一起尽情玩乐。她终于实现了从童年时代起就具有的、按照自己渴望的方式生活的心愿，从一个被物质主义和男人支配下生活的女人发展成为自尊自立的新型女性。小说自出版以来，赫斯顿的作品被认为缺乏种族抗议和种族斗争的观点，受到冷落。在赖特看来,《他们眼望上苍》“没有主题，没有启示性，没有思想”（Wright，1937：6）。一直到女权运动高涨的20世纪70年代，赫斯顿的作品才从尘封中脱出，受到应有的重视。当代著名黑人女作家爱丽丝·沃克赞誉赫斯顿为“南方的天才”，同时,《他们眼望上苍》被评为“哈莱姆文艺复兴时期最伟大的作品之一”。而现如今，摆脱掉当时偏狭的文学题材和审美观念的束缚，研究者们从女性文学角度深入剖析了作品所渗透的女性意识觉醒的强烈表现。而本文将基于“顿悟”手法来分析小说女主人公珍妮独立意识觉醒和对于丰富精神世界的强烈追求，更利于读者们走入珍妮的内心世界，揭示赫斯顿在创作中看到的女性自我价值的重要性，从而萌生出希望改变现状的要求。

二、顿悟

顿悟，又称“精神顿悟”，源自希腊语，意为“显灵”（manifestation）。根据美国著名评论家弗罗伦丝·沃尔索（Florence Walzl）的定义,“精神顿悟”是“某种文学和技巧意义上的突然显灵，或者说心灵的顿悟”。顿悟的瞬间就是“人在某一时刻豁然醒悟，看清自己的处境，悟出人生的真谛”。[3]（49）而“精神顿悟”常常被认为是詹姆斯·乔伊斯早期作品中所采用的主要写作技巧，并奠定了他日后长篇小说中登峰造极的意识流技巧的基础[4]（14）。乔伊斯对此的解释是“一种猝然的心领神会”……仅仅是一个片段，却包含全部生活的意义。[5]

乔伊斯将其作为一种特殊的创作技巧并加以运用，在小说中则突出表现为揭示主人公对人生与社会现实瞬间的感悟。[6]（91）“精神顿悟”不仅构成了小说的高潮，而且还具有深刻的象征意义。[6]（90）在《斯蒂芬英雄》中，乔伊斯借主人公之口对此做了解释：精神顿悟是一种突然的精神显灵，它往往通过某种粗俗的言语和动作，或头脑本身异常的意识活动得以实现。[7]（216）半个多世纪以来，乔伊斯的精神顿悟技巧，对西方小说产生了一定的影响，同时也引起了一些评论家的浓厚兴趣，乔伊斯的精神顿悟技巧具有以下三个明显的艺术特征：（1）"精神顿悟"不是一种无缘无故、出乎意料的感悟，而是与故事的情节和人物的经历密切相关。在获得"精神顿悟"之前，人物往往有意或无意地经历了一个心理上的准备过程。（2）"精神顿悟"通常发生在人物心理变化的关键时刻，同时代表了小说真正的高潮。（3）"精神顿悟"往往需要外部条件的刺激与配合，即通过某种情境或某些事件唤起人物的感情，使其茅塞顿开。因此它不仅是人物个人的一种狭隘的自我认知，而且还具有广泛的象征意义。[6]（111–112）

三、珍妮的"顿悟"之旅

《他们眼望上苍》描写的是黑人女主人公珍妮反抗传统习俗束缚、争取自己做人权力的一生。怀着对幸福爱情的向往，珍妮像一棵开花的梨树，她期待着能有亲吻自己的蜜蜂。她先是被迫嫁给了拥有60英亩田产的中年黑人洛根，后又跟从黑人青年乔·斯塔克斯私奔到一个建造中的黑人小城去开创新生活。珍妮不愿意只是作为宠物般供人玩赏逗乐，也不愿只是享受着万人追捧般无所事事。斯塔克斯死后，她毅然地跟随着充满幻想又无忧无虑的无权无势的年轻黑人小伙甜点心到佛罗里达做季节工。在一场突然而来的洪水中，甜点为救她被疯狗咬伤得了狂犬病，神志不清时向她开枪。珍妮被迫自卫打死甜点心，最后在白人陪审团判决无罪后又回到了黑人小城。整部小说都围绕着珍妮的婚姻来展开，在每一次的婚姻中，珍妮都获得了女性意识的一次觉醒，直到最后她完全成长为一个独立的成熟女性。

孩童时代，黑人身份带来的欺辱和压迫就一直伴随着珍妮。"那时候他们都管我叫字母表，因为有那么多人给我取了不同的名字"。[1]（12）小时候的珍妮天真地以为自己和别人一样，直到照片中辨认不清的黑人小孩儿的图像才让珍妮感到震惊和醒悟："我在哪儿？我看不见自己。""啊！啊！我是黑人！"[1]（12）迫于等级的压迫，珍妮过得痛苦且无助。而珍妮的第一次顿悟发生在她的性意识被大自然唤醒的时刻。"她看到一只带着花粉的蜜蜂进入了一朵花的圣堂，成千的姊妹花萼躬身迎接这爱的拥抱，梨树从根到最细小的枝丫狂喜的战栗，凝聚在每一个花朵中，处处翻腾着喜悦。原来这就是婚姻。”[1]（14）性意识的萌发让懵懂的珍妮产生了对未知世界的向往，她渴望着、期盼着、等待着新世界的形成。而这一顿悟也标志着珍妮童年的结束。

童年的仓促结束，珍妮便迎来了她的第一段婚姻。性意识刚刚萌发的珍妮，便被姥姥“你是一个女人”的过于新鲜的沉重念头所限制。受过奴隶制摧残的姥姥深谙黑人女人的生活境遇，她告知珍妮“黑女人在世界上是头骡子”[1]（18）这句具有丰富意蕴的话，道出了女性生存的艰难处境：这个男性为主导的社会不能容纳她们，女人一出生，就注定要在这个男权社会中进行艰难的生存挣扎。[8]（107）为了能让珍妮拥有在门廊上坐着的美好人生，为了让她未来生活有保障，姥姥要珍妮嫁给一个“形象亵渎了梨树”，[1]（P18）但拥有60英亩土地的中年黑人洛根·基利克斯。可婚后的生活并没有让珍妮感受到幸福和快乐，洛根对于婚姻的想法与珍妮大相径庭，他把自己当成了解救珍妮的救世主。正如他对珍妮说的：“没有专门是你干的活，我要你干什么就得干什么。……我这是等于把你从白人的厨房里救出来。让你体体面面地待在这儿。”[1]（37–38）男性强烈的支配欲望在洛根身上体现得淋漓尽致，他将珍妮当成了自己的附属品，是他赐予了珍妮的新生，而珍妮理应对他感激和顺从。而此时的珍妮已经完全厌倦了无理由地依附丈夫的生活，姥姥做主的婚姻并没有给她带来对爱情的向往，物质丰盈而精神匮乏的新生活并没有给她带来快乐。她明白了，“婚姻并不能造成爱情。”[1]（30）珍妮的第二次顿悟也就发生在此时，“你干的是你的活儿，我干的是我的活儿。”[1]（37）她意识到了自己想要摆脱男性压迫的生活的新生想法，她朦胧地感知到了自己对于自由和平等的男女关系的渴望，因此对未来充满憧憬的珍妮希望走出自我的狭小空间，希望一种新的生活。这一阶段的珍妮已经完全抛弃了对于物质世界的满足感，她开始产生了对于精神世界的更高追求。所以，乔·斯塔克斯的出现似乎给她带来了“突如其来的新鲜感和变化感”[1]（38）。她有了自己的主见和价值观，理智地选择离家出走，开始了寻找自我的旅程。这一行为也反映了珍妮反抗命运的精神和女性自我意识觉醒的开始，也象征着她走向人生新的旅程。

怀揣着希望与梦想，珍妮嫁给了雄心勃勃的乔·斯塔克斯去遥远的伊顿维尔追求希冀的新生活，有野心的乔很快发迹，成了小城的市长和首富。珍妮也成了市长太太，过上了富裕、体面、有地位的生活，也体会到了像贵妇人般的滋味。但是，珍妮很快发现她与乔的婚姻并不美满：乔一心专注于他的事业，对珍妮也不再上心，让她十分孤寂；她最初所期望的性别平等的愿景在乔所打造的新生活里并没有实现，她还是没能摆脱男性附属的身份。在乔眼中，珍妮只是供他欣赏的“笼中鸟”：她需得将秀发梳起，包上头巾；她需得帮着乔管理商店的事宜，她的言谈衣着必须符合市长太太的身份，远离普通人。这种看似身份尊贵却备受限制的生活让珍妮心生厌倦。正如她所描述的：“她是大路上的车辙，内心具有充沛的生命力，但总被车轮死死地压着。”[1]（89）面对乔男性霸权的强势压力，珍妮不想顺从和忍让。厨房里乔扇了珍妮一巴掌后，促使她开始考虑起这段婚姻的实质，她明白了：她和乔的爱情只给人以名存实亡之感，乔在她心中的形象“从来就不曾是她梦想中的血肉之躯，只不过是自己抓来装饰梦想的东西”。[1]（84 但逐渐成熟的珍妮并不消极地逃避现实，为了在一个不完美的世界里继续生存，反而学会一定程度的妥协。可是继续和固执且霸道的乔生活，让珍妮与最开始跟随他逃离时所期盼的新世界南辕北辙，她内心的自由意志让她觉醒，珍妮的第三次顿悟发生在乔死后。当她独自待在家里时，她看着自己的内心世界。正是在这个过程中，珍妮经历了一个重要的顿悟：她讨厌她的姥姥。多年来，她一直把自己的仇恨隐藏在心底，但现在，她能强烈地感受到它。姥姥对珍妮的影响是深刻而持久的。

首先，她破坏了珍妮对爱情的幻想。她非常害怕珍妮会走她所遭受的那条悲惨的旧道路，所以她不顾一切地想为珍妮的未来做好安排。虽然她所做的是基于她对珍妮的爱，但她试图杀死珍妮自己的想法，并把她以前的传统观点强加给珍妮。姥姥坚信，爱情不会给珍妮带来任何美丽的生活，只会带来灾难。只有财富和地位才能保护珍妮免受外部世界的伤害。

其次，正是在乔死后，珍妮清楚地知道她对姥姥的感觉。事实上，她所经历的这两段婚姻都是姥姥所期盼的，拥有财产和权势，可是这种生活并不像姥姥所告诉她的那么快乐。为了得到男人的保护，她一直被困在精神枷锁中。以至于在乔的葬礼上，她完全的自由了，“外面是饮泣与哭号，在昂贵的黑丧服里面是复活与生命”“她把自己的面孔送去参加乔的葬礼，她自己则随着春天到世界各地去欢笑嬉戏。”[1]（104）摆脱了不平等婚姻的困囿，珍妮烧掉了所有的包头巾，放下了头发，随意支配着下半辈子的时间。这时候的珍妮表现出了人的自由意志，她不愿意再受困于所谓有钱有势的地位，也象征着她的女性自我意识的进一步觉醒。

乔死后，珍妮结识了一个充满幻想，但无钱又无地位、绰号叫“甜点心”的黑人青年韦吉伯·伍兹。“甜点心”的细心体贴使珍妮第一次体验到了渴望已久的男女平等的幸福感受。“甜点心”的赞美和欣赏使她容光焕发，开始重新审视自我。年轻的“甜点心”在珍妮面前表现出了超出年纪的成熟和感性，他向珍妮揭示了生活的真谛，帮助珍妮走出了女性深陷的狭小天地。珍妮热爱这自由自在的生活，她感到幸福充溢全身。这样多姿多彩，快乐无限的生活，让珍妮如获新生。为了爱情，充满勇气的珍妮再次离家远行，跟着“甜点心”来到了高深莫测的大沼泽地，按“甜点心”的方式开始了全新的生活。在这儿，他们互相分享着一切，一起干活儿，一起玩耍，珍妮不但发现了自己的才能，而且掌握了瞄准射击的技巧，呈现出女性自我价值感。全新的生活让珍妮成了一个独立自主的人，也让旁人肯定了她女性的智慧和力量。在浪漫的生活之中，长久的梦想终于成真，珍妮体会到了自我价值的珍贵。可命运并没有让幸福持续太长时间，“甜点心”为救落水的珍妮而不幸患上了狂犬病，至此性情大变，而在一次混乱中，珍妮因自卫而打死了“甜点心”。

故事的最后，珍妮选择回到了伊顿维尔。和朋友讲述完自己人生大半辈子的经历时，她回到自己的房间，躺到床上，想着和“甜点心”在一起的生活，让经历了种种磨难的珍妮对生活和爱有了全新的认识，获得了精神上的顿悟，也是最后一次顿悟：“只要她自己尚能感觉、思考，他就永远不会死。……她如同收拢一张大渔网般把自己的地平线收拢起来，从地球的腰际收拢起来围在了自己的肩头。在它的网眼里充溢着如此丰富的生活！她在自己的灵魂中呼唤：快来看看这多彩的生活吧。”[1]（226）因为这种认识，珍妮重新获得了面对生活的勇气，并在她的内心世界中找到了最终的平静。并且在文章的最后，作者还刻画了一个女性间相互支持的群体的雏形。听完珍妮故事的费奥比重重地吐出一口气说，“天啊！光是听你说说我就长高了十英尺，我不再对自己感到满足了，以后我要让山姆（丈夫）去捕鱼时带上我。”[1]（225）此时的费奥比从珍妮一生的奋斗与追求中看到女性自我价值实现之重要，从而萌生出希望改变现状的要求。费奥比也获得了一种新生的顿悟，她理解了珍妮对于追求自由和自我的渴望。从她的话语中也能感知到，费奥比的内心中也埋下了一颗自由和独立的种子。故此我们可以预见在未来，生活在伊顿维尔的女性都能获得新生，能像珍妮一样唤醒自我意识，去勇敢地追求自我，丰富自我的精神世界。

由此，《他们眼望上苍》中珍妮的四次顿悟都发生在她人生的重要阶段。并且这几次顿悟都不是无缘无故发生的，而是与她每一次的经历密切相关。同时，上文提及的顿悟都是珍妮心理变化的关键时刻，从对性意识的萌发——追求物质的富足和权利的主宰——追求精神意义上的独立、自由，自我意识的觉醒这一阶段的变化都是作者对于黑人女性自我意识觉醒的精心刻画。最后从珍妮的四次顿悟中，我们也能看到珍妮都是在受到特殊事件的刺激后，突发了对人生的顿悟。并且这一顿悟的过程也能对普遍受到男性压迫的黑人女性施以启发，具有广泛意义上的启示作用，也表达了作者对于黑人女性的成长的希冀。

四、结语

赫斯顿在《他们眼望上苍》中，唤醒了黑人女性主人公珍妮的梦想。每次珍妮顿悟之后，她都明白一些她以前没有想过的事情。这些特殊的时刻对于珍妮追求梦想和寻找真实的自我来说是极其重要的。随着她内心世界的成熟，她逐渐成长为一个独立的女人。珍妮的成长故事具有一个时代的典型性，为美国黑人妇女树立起值得借鉴的角色和生活方式。因此，《他们眼望上苍》不仅是反映黑人女性成长的佳作，也是黑人文学中绚烂的一章。

参考文献

[1]佐拉·尼尔·赫斯顿.他们眼望上苍[Z].王家湘，译.杭州：浙江文艺出版社，2017.

[2]Wright,Richard. *Between Laughter and Tears* [J].The New Masses,1937（5）.

[3]Dominic Head. *The Modernist Short Stories*[Z]. CUP.，1992.

[4]蒋虹.“精神顿悟”与“重要瞬间”——试比较乔伊斯的《死者》和伍尔夫的《墙上的斑点》[J].四川外语学院学报，2001（05）：14–17.

[5]詹姆斯·乔伊斯.都柏林人[Z].孙梁，等译.上海：上海译文出版社，1984.

[6] 李维屏.乔伊斯的美学思想和小说艺术[M].上海：上海外语教育出版社，2000.

[7] James Joyce. *Stephen Hero* [M]. London: Jonathan Cape，1956.

[8] 陈凤兰.解读美国成长小说《他们眼望上苍》中的顿悟和象征[J].漳州师范学院学报（哲学社会科学版），2011，25（02）：106–108+117.

作者简介

谭瑶，南宁师范大学外国语学院在读研究生，研究方向：主要从事英美文学研究。

修辞叙事理论视阈下罗切斯特的不同婚姻叙事

梁新霞

摘要：修辞叙事理论是当代西方后经典叙事的三大主流学派之一，它回归亚里士多德的“修辞学”与“诗学”观点，强调文本与叙事的修辞功能和目的。费伦作为修辞性叙事理论的集大成者，为其发展做出了系统性的理论贡献。从费伦的“多维读者观”出发，分析罗切斯特在《简·爱》与《藻海无边》文本中的不同婚姻叙事，有助于我们跳出后殖民主义批评与女性主义批评的反抗阅读范式，从作者、文本与读者的动态关系与多维度的互文性阅读中分析作品的修辞功能与修辞目的。

关键词：修辞叙事学；《简·爱》；《藻海无边》；多维读者观

一、引言

西方文论自古就有将修辞学与文学相联系的传统，亚里士多德将“思想”列为决定悲剧性质的成分之一，认为“性格显示人的道德意向，因此，一番话如果根本不表示说话人的取舍，是不能表现性格的”（1996，65）。20世纪以来，修辞学逐渐摆脱只关注文体技巧研究的狭窄视野，重新回归到亚里士多德的“论辩”与“劝说”的修辞传统上来，这种回归同样也为文学领域拓展了思路。其中，以芝加哥学派为发源的修辞叙事学逐渐发展成为系统的文学批评理论，为文学文本分析提供了独特视角。

芝加哥学派先锋人物一反当时文学批评界“重历史背景而轻文本”的倾向，强调细读文本与人物、情节等结构因素在文本中的作用（申丹，2020：80）。以美国著名文学批评家布思（Wayne C. Booth）为代表的第二代学者再进一步，认为作者、叙述者、人物和读者之间的关系“是一种修辞关系，亦即作者通过作为技巧手段的修辞选择，构成了与叙述者、人物和读者的某种特殊关系，由此达到某种特殊的效果”（1986：3）。芝加哥学派第三代学者、美国当代著名叙事学家费伦（James Phelan）堪称修辞叙事学的集大成者，他进一步强调了叙事的修辞学意义，将叙事定义为“某人在某个场合出于某种目的对某人讲一个故事”（2002，14）。在前人研究的基础上，费伦拓展了“不可靠叙事”的理论，重新审视了叙述者与读者之间的距离关系，发展了动态、全面的“三维人物观”与“多维读者观”，强调作者、叙述者与读者之间的动态交流构建了叙事，为文学批评提供了值得实践的理论支撑（申丹，2020；尚必武，2008；唐伟胜，2008；Phelan，2008）。

“多维读者”是费伦强调的叙事理论六大原则之一。费伦既不认同作者决定论，也不认同读者决定论，他认为“叙事修辞是作者代理、文本现象和读者反应之间的多层次关系”，不存在其中一个占有绝对主体地位的现象（转引自唐伟胜，2008）。费伦以芝加哥学派重要的修辞叙事学者拉比诺维奇（Rabinowitz）的四维读者理论为基础，提出叙事中应当存在五种不同维度的读者，包括“有血有肉的或实际的读者”（实际每一个人）、“作者的读者”（作者的理想读者）、“叙事的读者”（有血有肉的读者在叙事世界中承担的观察者位置）、“受述者”（叙事者发言的对象）与“理想的叙事读者”（叙事者假定的完美的受众，这个受众理解叙事者的所有言外之意）（Phelan，2008：42）。

《简·爱》与《藻海无边》都是经典女性作品，历来被文学批评家所关注，研究论文涉及女性主义、后殖民主义、原型批评、马克思主义批评等多种主流文论。然而，很少有研究关注罗切斯特在两个文本中的叙事差别，本文从多维读者理论出发，聚焦于男主人公罗切斯特在与“安托瓦涅特”和“简·爱”的两场婚姻中的自我叙述以及他与女性角色的交流过程，致力于厘清不同时代作者的文本选择以及修辞目的，跳出后殖民主义批评与女性主义批评的抵抗式阅读思路，从文本细读与读者反应两个侧面补充对这两部经典作品的文学探讨。

二、罗切斯特对简·爱的婚姻叙事

自1847年出版以来，《简·爱》赢得了无数读者的喜爱，被翻译成多种语言畅销全球，在世界文学经典的殿堂里占据了一席之地。样貌平凡的女主人公与贵族庄园主罗切斯特的爱情故事称颂了女性的光辉人格力量与打破世俗枷锁的非凡勇气，由此树立了简·爱独立、自强、自尊的经典形象，激励了无数女性追寻个人独立和人格尊严，催生了女性主义浪潮的萌芽。罗切斯特是女主人公简的择定伴侣，他富有且拥有较高的社会地位，在文中通常以可靠、深情、坚忍而富有威仪的形象出现。作为简的雇主，他尊重简的专业劳动与人格独立，且从日常相处中跨越了身份地位的隔膜，发现了她的高贵品质，由此萌生了爱慕。在整个故事中，罗切斯特虽然不是主要叙事者，但他依然能够在与文本主要叙事者“简·爱”的对话过程中发出自己的声音，使读者们短暂地从简的叙事认同中脱离出来，转而与罗切斯特发生情感共鸣，认同他的叙事。

在追求简的过程中，罗切斯特曾不止一次隐晦或明显地提及他与第一任妻子伯莎·梅森（Bertha Mason，即《藻海无边》中的女主人公安托瓦涅特Antoinette）的婚姻，对此，他的叙述常常是消极和阴暗的。然而，与故事逐渐揭露的事实婚姻相比，他对简的爱慕与倾诉又往往是温暖而光明的。由于罗切斯特对简的爱慕、简对罗切斯特的感情与他的第一场事实婚姻这三个信息归属于不同读者维度，因此，在情节发展与人物互动的过程中，实际读者能够获得多维的阅读体验，对人物产生较深刻的认识。

“疯妻子”伯莎的兄长梅森去阁楼见过妹妹并意外受伤，在为他医治的过程中，梅森复述伯莎的话“她吸血，她说要把我心里的血全吸干”，而罗切斯特安慰梅森道，“别去管她那些胡说八道……等你回到西班牙城，你可以当她已经死了，埋了——或者你压根儿就不必去想她”，从“受述者”简的视角来看，他的表情是“交织着厌恶、恐惧、憎恨的”（226–227）。随着情节发展，梅森希望罗切斯特“好好照顾她，尽量让她得到体贴关怀”，罗切斯特则言“我会尽力这样做的，过去是这样，将来也是这样”（227）。此时，“受述者”“叙事的读者”与“作者的读者”所得到的信息基本一致，都不明白梅森与罗切斯特的“她”所指的到底是谁。然而，这三个维度的读者都明白，罗切斯特对此事的反应是明显消极的。而对于“理想的叙事读者”来说，罗切斯特虽然在与第一任妻子的婚姻中受到了伤害，视其为“最好能被忘记”的包袱，但他依然肩负起了照顾伯莎的责任，并始终坚持到如今，是一位正直、负责任、可靠的男人与丈夫。此时，“叙事的读者”与“作者的读者”都有可能在阅读全书之后再回顾，成为“理想的叙事读者”，从而理解罗切斯特叙事的言外之意并认可他的人格。而“受述者”简则能够在与他的误会解开过后回望此事，认同罗切斯特的品格与对她的倾慕。“隐含作者”通过文本选择对不同维度的读者创造了不同的阅读体验，而在读者维度的转换过程中，这种差异又能够动态变化。最后，随着不同维度读者信息的补足，罗切斯特成为一位“高尚的受害人”，获得了读者的同情与认可。

此事过后，罗切斯特在花园里对简谈起了自己对梅森先生的某种惧怕，并隐约谈起自己曾经在“遥远的异国他乡……犯下了一个大错”。在阅读过程中，“有血有肉的读者”努力进入“作者的读者”位置，去理解罗切斯特的“犯错”叙事。在他的叙事之前，“隐含作者”对“一声传遍桑菲尔德府的狂野、尖利、刺耳的喊声”的叫声描写与梅森先生的意外受伤着墨已经为“作者的读者”设置了离奇悬念，由此引导“作者的读者”成为罗切斯特的“叙事的读者”。在这个位置上，读者们首先好奇于罗切斯特的恐惧来源于梅森先生的受伤原因，然后就被罗切斯特的独白所吸引。在这里，“叙事的读者”突然意识到与他们一起聆听罗切斯特叙述的“受述者”，即叙事者发言的对象简·爱囿于自身经历和性格，并不能完全得知罗切斯特独白——即暗中告白的言外之意。此时“有血有肉的读者”已经努力成为“作者的读者”，同时知晓简和罗切斯特双重叙述的关键信息——即简对罗切斯特的同情与罗切斯特的爱慕。因此，在某种层面上，“有血有肉的真实读者”成了某种意义上罗切斯特的“理想的叙事读者”，获得了多维度的阅读体验。由此，读者与隐含作者、文本一起构建了多层次的叙事修辞关系，在“隐含作者”文本选择的过程中，罗切斯特在这一时期的修辞叙事里成了一位隐忍、深情、独具慧眼的英伦绅士，使“作者的读者”在男女主人公相互试探的过程中逐步到体会无关财富与美貌的两颗独立自由心灵的相恋魅力——这同样也是作者对婚姻的设想。

三、罗切斯特对安托瓦涅特的婚姻叙事

《藻海无边》是简·里斯（Jane Rhys）的代表作，也是经典的女性小说文本。作为对《简·爱》的重写，《藻海无边》是典型的“同故事”结构，即“从‘前

文本’中抽取一条叙事辅线（通常与次要人物有关的行动），使原先的次要情节成为重写文本的故事主线，从而扩充、增补或改变了先前故事信息”（王丽亚，2017：4）。通过重写，作者重构了伯莎·梅森的形象，将其从罗切斯特的疯妻子升格为有血有肉的克里奥尔女性安托瓦涅特，发出了自己的声音。其中，《藻海无边》的前半部分以安托瓦涅特为叙事者，描写了她的整个少女时代。而她在后文的失语。《藻海无边》的后半部分完全以罗切斯特的视角展开，他一改在《简·爱》的配角地位，成了故事的主要叙事者。作为“隐含作者”的文本选择，叙事者的急剧转变——即“安托瓦涅特的失语”这一修辞行为或许与罗切斯特在婚姻中攫取了绝对的权力相对应，使读者更关注叙事者与不同篇章的互文性，从而获得多维、动态的阅读体验。

在与安托瓦涅特婚姻的罗切斯特叙事中，读者身份的多维转变更加明显。在第二部分开始，“作者的读者”突然从安托瓦涅特的“叙事的读者”成了罗切斯特的“叙事的读者”，与安托瓦涅特对西印度群岛环境的熟悉、浸润与享受不同，罗切斯特对妻子的故乡是全然陌生的，他开门见山地对“叙事的读者”表明他对这桩婚姻的漠然态度，“不论是福是祸，反正大事已定”——而与罗切斯特进行对话的“受述者”安托瓦涅特依然沉浸在新婚的欣喜与期待中。随着时间的逐渐延伸，不同维度读者的反映在罗切斯特的叙事中缓慢累积，直到这场婚姻的根源被彻底揭露，“不是我买下她，是她买下我……三万英镑已交付给我，既无异议，也无条件……对方并未为她开列任何条款（那是必须保证办到的）”。这封罗切斯特对“受述者”父亲的独白，彻底使“作者的读者”陷入惊愕——父亲与安托瓦涅特这两位“受述者”与“叙事的读者”获得的信息对比使罗切斯特成了一个为了财富而哄骗无知少女的无耻之徒。

当叙事进入婚礼之前的倒叙，罗切斯特搂着安托瓦涅特表白，“你要是信任我，我也信任你……你要是不跟我讲我哪儿得罪了你就打发我走，那就会害得我很痛苦……我会怀着一颗忧伤的心离开你”，他的婚姻叙事彻底在其态度的随意转变中成了女性金钱物质基础之上的泡沫，而“有血有肉的读者”处于“作者的读者”的状态中，亦能从罗切斯特的叙事转变感受到女性权力失语对安托瓦涅特的残忍打击。随着“隐含作者”对人物叙事的选择设置，“有血有肉”的现实读者能够同时体会“叙事的读者”与不同的“受述者”的矛盾情感，在对罗切斯特欺骗行为的惊愕中，现实读者逐渐向“作者理想中的读者”靠拢，对安托瓦涅特产生了切实的同情，由此，“隐含作者”在这一过程中达到了自己的修辞目的——修正《简·爱》中伯莎的“疯女人”形象，表明出身西印度群岛殖民地的安托瓦涅特并不是野兽，而是受到父权主义与殖民主义压迫的克里奥尔少女。

四、罗切斯特婚姻叙事的互文性分析

罗切斯特婚姻叙事的互文性分析可以分为两部分：读者已阅读《简·爱》而未读《藻海无边》以及读者已阅读《藻海无边》而未读《简·爱》。这两种分析并非互相对立，它们互为依靠，相辅相成。奇妙的是，无论以何种阅读顺序进行多维读者分析，罗切斯特在《简·爱》中的形象塑造都会被《藻海无边》终结，最终成为一个矛盾而消极的人物。这种人物降格或许与《藻海无边》中揭示的残酷社会现实，即“妇女没有财产权与继承权”不无关联。

如果以阅读过《简·爱》为读者前提对《藻海无边》进行分析，我们会发现此时“有血有肉”的现实读者恰恰成了隐含作者所选择的“理想读者”。身为真实作者的“第二人格”建构，“隐含作者”与“真实作者”有紧密的联系——里斯曾在信中提及《藻海无边》对《简·爱》改写的由来，即意图一叙被原文主人公爱情纠葛隐藏的安托瓦涅特的故事（Wyndham & Melly，1984）。作者与这个来自殖民地的“疯女人”感同身受，给予了她说话的权利，使其从“一个奇异的野生动物”变为了有血有肉的牙买加白种克里奥尔女性。在隐含作者的文本选择中，罗切斯特的“受述者”戏剧性地全部呈现在“作者的读者”眼前，使读者对《简·爱》中罗切斯特的叙事反应全然崩溃，从侧面烘托出“伯莎”被描画为“野兽”的残酷与野蛮。

如果以阅读过《藻海无边》为读者前提对《简·爱》进行分析，我们会发现此时“有血有肉的读者”不仅仅处于成为“作者的读者”的过程中，还同时是反叛的“叙事的读者”与叙述者“简·爱”的“受述者”。譬如在罗切斯特叙述自己对梅森的恐惧时，曾提到“打从我认识梅森以来，只需我对他说一声‘做这个’，他就会去做”，然而梅森的唯命是从在《藻海无边》中却体现为对安托瓦涅特的冷漠，“她能嫁给罗切斯特就已经撞了大运，何必还需要律师协议来为难一位绅士呢”。此处，在简·爱叙述中“我看出梅森先生对罗切斯特先生唯命是从，后者的坚强意志完全左右了前者的软弱性格”对罗切斯特先生的赞扬完全成为一种夸张的反讽，反衬出安托瓦涅特随人摆弄的残酷命运。

五、结论

在《简·爱》与《藻海无边》的婚姻叙事中，罗切斯特恰巧（或许亦有作者的主观文本选择因素）都是不可靠叙述者，然而，这两种不可靠叙述导致的修辞效果却截然不同。罗切斯特对简·爱同时隐瞒了自己的爱意和已婚的事实，但由于作者对他在与伯莎婚姻中遭受痛苦的文本选择描写，罗切斯特最终成了深情、坚韧不拔、负有担当的受害者，以“密切型不可靠叙述”的形式受到读者在情感与伦理上的欢迎。而罗切斯特对安托瓦涅特隐瞒了自己的结婚原因，对“受述者”安托瓦涅特进行了“错误报道”“错误解读”和“错误判断”，在一些时刻对“叙事的读者”进行“不充分报道”，使他的“疏远型不可靠叙述”扩大了与读者之间的距离，产生了强烈的反讽效果。罗切斯特在两部作品中的不同婚姻叙事伴生于两位作者的不同修辞目的与相应的文本选择，这两种叙事在不同维度的读者中产生多维动态的阅读体验，并在互文阅读中互相回应，成为螺旋式上升的阅读过程，并在“有血有肉的读者”中催生其对女性、婚姻、爱情和殖民等不同话题的思考。从修辞性叙事理论来看,《藻海无边》不仅是对《简·爱》的抵抗式重写，亦是对不同维度读者阅读体验的发散和补充。

参考文献

[1]亚里士多德.诗学[M].陈中梅，译.北京：商务印书馆，2002.

[2]韦恩·布思.小说修辞学[M].华明，等译.北京：北京大学出版社，1986.

[3]夏洛特·勃朗蒂.简·爱[M].宋兆霖，译.上海：上海文艺出版社，2007.

[4]詹姆斯·费伦.作为修辞的叙事：技巧、读者、伦理、意识形态[M].陈永国，译.北京：北京大学出版社，2002.

[5]唐伟胜.“叙事修辞阐释的若干原则——以爱伦·坡的《一桶阿蒙提拉多白葡萄酒》为例”[J].江西社会科学，2008（1）：39–44.

[6]简·里斯.藻海无边[M].陈良廷，刘文澜，译.上海：上海译文出版社，2001.

[7]尚必武.展示修辞性叙事理论的力量：评《体验小说：判断、进程及修辞性叙事理论》[J].外国文学，2008（4）：108–115+128.

[8]申丹.修辞性叙事学[J].外国文学，2020（1）：80–95.

[9]唐伟胜.叙事进程与多层次动态交流——评詹姆斯·费伦地修辞叙事理论[J].

四川外语学院学报，2008（3）：6–9.

[10]王丽亚. “‘经典重写’小说叙事结构分析”[J].外国语文，2017（6）：1–8.

[11]Wyndham, Francis, and Diana Melly, eds. *The letters of Jane Rhys*[M]. New York: Elisabeth Sifton Books，1984.

作者简介

梁新霞，广西大学外国语学院在读研究生，研究方向：英美文学。